パートナーに対する暴力のメカニズム

――Dark Triadと生活史戦略による個人差に対するアプローチ――

喜 入 暁 著

風 間 書 房

目　　次

序章 ……………………………………………………………………………… 1

第1章　IPV，Dark Triad，生活史理論 …………………………………… 5

　第1節　パートナー暴力 ……………………………………………………… 5

　　第1項　ドメスティックバイオレンス（domestic violence: DV） ………… 6

　　第2項　親密なパートナー間暴力（intimate partner violence: IPV） ……… 10

　　第3項　IPVのリスクファクター ……………………………………………… 22

　　第4項　まとめ …………………………………………………………………… 32

　第2節　生活史理論（life history theory） ……………………………………… 33

　　第1項　進化心理学的アプローチ ……………………………………………… 34

　　第2項　進化的適応としてのIPV ……………………………………………… 36

　　第3項　個人差に対する進化心理学的アプローチ …………………………… 41

　　第4項　IPVと生活史戦略 ……………………………………………………… 49

　　第5項　まとめ …………………………………………………………………… 52

　第3節　Dark Triad ………………………………………………………………… 53

　　第1項　Dark Triadを構成するパーソナリティ ……………………………… 56

　　第2項　Dark Triadとパーソナリティ理論 …………………………………… 63

　　第3項　Dark Triadの特徴 ……………………………………………………… 65

　　第4項　Dark Triadの進化的基盤 ……………………………………………… 74

　　第5項　考察 ……………………………………………………………………… 77

　第4節　日本におけるDark Triadと5因子性格モデルとの関連 ……………… 82

　　第1項　日本におけるDark Triad研究の動向 ………………………………… 82

　　第2項　方法 ……………………………………………………………………… 83

第3項　結果 ……………………………………………………… 85

第4項　考察 ……………………………………………………… 87

第5節　第1章の総合考察 ……………………………………… 91

第2章　測定尺度 …………………………………………………… 95

第1節　IPV の測定尺度 ……………………………………… 95

第1項　調査1 …………………………………………………… 97

第2項　調査2 ………………………………………………… 107

第3項　調査3 ………………………………………………… 110

第4項　総合考察 ……………………………………………… 112

第2節　生活史戦略の測定尺度 ……………………………… 115

第1項　問題と目的 …………………………………………… 115

第2項　方法 …………………………………………………… 119

第3項　結果 …………………………………………………… 120

第4項　考察 …………………………………………………… 129

第3節　第2章の総合考察 …………………………………… 132

第3章　モデル検証 ……………………………………………… 135

第1節　モデル検証1：至近・究極要因からの IPV メカニズムへの
アプローチ ……………………………………………… 135

第1項　問題と目的 …………………………………………… 135

第2項　方法 …………………………………………………… 136

第3項　結果 …………………………………………………… 139

第4項　考察 …………………………………………………… 143

第2節　モデル検証2：IPV メカニズムのさらなる検証 ……… 146

第1項　問題と目的 …………………………………………… 146

第2項　方法 …………………………………………………… 147

第3項　結果 ……………………………………………………… 150

第4項　考察 ……………………………………………………… 159

第3節　第3章の総合考察 ………………………………………… 166

第4章　総括と展望 ………………………………………………… 169

第1節　知見のまとめ ……………………………………………… 169

第1項　研究の背景と目的のまとめ …………………………… 169

第2項　測定尺度のまとめ ……………………………………… 172

第3項　モデル検証のまとめ …………………………………… 174

第2節　限界点と今後の展望 ……………………………………… 177

第3節　ヒトの本質的理解へ向けて ……………………………… 182

第4節　まとめ ……………………………………………………… 185

References ……………………………………………………………… 187

謝辞 ……………………………………………………………………… 217

序　章

　われわれは，さまざまな他者と出会い，関わり，相互作用しながらライフ
コースを歩む。このような関係性は，血の繋がりのある他者だけではなく，
むしろ，多くは血の繋がりがないさまざまな他者との間に形成される。そし
て，そのような他者との相互作用によって，われわれは発達し，人間的にも
成長していくといえるだろう。その中でも恋愛関係は，われわれのライフコ
ースにおける特別な意味を持つ関係性であると考えられる。恋愛関係は，一
般的には特定の人物との関係であり，そこには排他性や，性関係性など，そ
の他の対人関係と比して特徴的な側面を持つ。また，そのような関係性がわ
れわれの発達・成長に及ぼす影響は，そうではない一般他者に比して，圧倒
的に比重の大きなものであることが容易に推察される。

　さまざまな他者との対人関係は，必ずしもわれわれに良い影響を与えると
は限らない。対人関係は，お互い敵視し合うような葛藤状態を生む可能性も
孕んでいる。そして，このような葛藤状態は，水面下における対立から，暴
力を伴う物理的な衝突，または殺人にまで発展する可能性がある。このよう
な対人関係間の葛藤は，婚姻関係や恋愛関係にある二者間においてももちろ
ん発生し，そして，やはり時には暴力を伴う。このような暴力も，二者間関
係に対するネガティブな影響を及ぼすだけでなく（Copp, Giordano, Longmore,
& Manning, 2015），ストーカーへの発展や（Douglas & Dutton, 2001; Melton,
2007），さらには殺人にまで発展する可能性が示されており（Nicolaidis et al.,
2003），公衆衛生上の問題（public health problem）の一つとして，国内外を問
わず予防や抜本的な解決が社会的な急務である（Bair-Merritt et al., 2014）。

　婚姻関係を前提とした二者間におけるこのような暴力は，ドメスティック
バイオレンス（domestic violence: DV）と呼ばれる。一方で，婚姻関係を前提

2

としないような恋愛関係においても，同様の暴力形態が示されることが指摘され（Dillon, Hussain, Loxton, & Rahman, 2013; Ohnishi, Nakao, Shibayama, Matsuyama, Oishi, & Miyahara, 2011），これらはデーティングバイオレンス（dating violence）などと称される。国外の研究においては，婚姻関係の有無にかかわらず，これらの暴力を，親密なパートナー間暴力（intimate partner violence: IPV）として扱い，多くの研究がなされている（Vagi et al., 2013）。わが国においても，DV だけでなくデーティングバイオレンスの研究の必要性が指摘されており（赤澤，2015），これらの暴力を IPV として包括的に扱い，研究を進めることが必要だろう。

このように，IPV は社会的な問題である一方で，研究の発展や臨床場面への応用という面では未だに課題が多い（Bell & Naugle, 2008）。特に，IPV のメカニズムに関する研究では，個々の IPV リスクファクターに注目がなされており（Vagi et al., 2013），それらを統合するアプローチがなされていない。臨床場面や，予防・教育的介入などの実務に応用させるためにも，IPV メカニズムの統合的な基礎的知見を提供することが必要であると考えられる。

本研究では，このような現状に鑑み，IPV のリスクとなる個人特性としてのパーソナリティを明らかにする。個人特性，とりわけ，その個人を特徴づけると考えられるパーソナリティは，その個人の心理メカニズム，行動パターンを規定する強力な要因の一つであるため，これまで示された IPV のリスクファクターを，パーソナリティの枠組みから統一的に捉えることができるかもしれない。

しかし一方で，「あるパーソナリティが IPV のリスクとなる」ということが示された場合にも，実は，IPV メカニズムの根本的な理解には至らない。なぜなら，そのパーソナリティが，なぜ，IPV のリスクとなるのか，という疑問や，なぜ，IPV はそのようなパーソナリティに規定されるのか，というような疑問には対処できない。つまり，「あるパーソナリティであるから IPV を行う」以上のことには言及できない。たとえば，「あるパーソナリ

ティは攻撃性が高いという特徴を持つため，IPV を行う」という回答もあるだろう。では，なぜ，そのパーソナリティは攻撃性が高いのだろうか。それは，攻撃性が高いという特徴を持つのがそのパーソナリティだからである。つまり，パーソナリティが原因であると結論づけた時に，疑問に対する答えはトートロジーとなってしまう。われわれが IPV のメカニズムを本質的に理解するためには，「××の理由によって，あるパーソナリティが存在し，そのパーソナリティは△△であるため IPV を行う」というような，根本的な疑問を解決する必要があるだろう。

　このような疑問に対処する一つのアプローチとして，進化心理学的アプローチが挙げられる（Buss, 2015）。進化心理学的アプローチに則れば，ヒトを含むすべての生物の心理メカニズムや行動パターンは，自然選択（natural selection）の結果であると解釈できる。すると，現代社会において不条理であると考えられるさまざまな現象を，なぜこの心理メカニズムや行動パターンが自然選択において維持されてきたのか，という出発点から仮説を導き出せる。単純化して言い換えれば，最終的な結論は，その心理メカニズムや行動パターンが，進化的適応に寄与した（または，進化的適応機能を持つ），という結論に向かうための合理的な解釈を導く仮説の検証が可能となる[1]。このような，進化的適応に関する要因を究極要因（ultimate factor）といい，一方で，先のパーソナリティなどのような，心理メカニズムや行動パターンの直接的な要因を至近要因（proximal factor）という。これは単にアプローチの相違であり，いずれかの要因がより上位であるというわけではない。しかし，いずれかのアプローチだけではなく，両面からアプローチして初めて根本的なメカニズムの理解に至ることができるだろう。

　本研究では，IPV の基礎的研究として，至近要因，究極要因の両面から

---

1) ただし，もちろん，すべてがこの結論に向かうわけではない。副産物仮説や，進化の過程でランダムに発生するノイズなどの可能性にも十分に注意を払う必要がある（Buss, 2015; 第 1 章 2 節参照）。

IPV のメカニズムを明らかにすることを試みる。本稿の構成は次のとおりである。第 1 章では，本研究で扱う概念について概観する。第 2 章では，モデル検証を行うための測定尺度を確立する。第 3 章では，第 1 章に基づく仮説について，第 2 章で確立した測定尺度を用いて検証する。最後に，第 4 章では，一連の研究における限界点と今後の展望について考察し，さらに，至近要因と究極要因にアプローチすることによる，心理学の発展性および人間の根本的理解を促進する可能性について考察する。

第1章　IPV，Dark Triad，生活史理論

　本章では，本研究において扱う概念について概観し，まとめる。まず，第1節において，IPV についてこれまでに示された研究知見を概観し，IPV のリスクファクターについてまとめる。次に，第2節において，IPV の進化的基盤について，想定しうる可能性についてまとめる。すなわち，IPV は進化的適応機能としてのパートナー関係維持行動（mate retention behavior）である可能性，また，パートナー関係維持行動として IPV を選択することの個人差が，生活史理論（life history theory）によって説明できる可能性を示す。第3節では，第1節で示した IPV のリスクファクターを包括すると考えられるパーソナリティ群として Dark Triad に着目し，その特徴を概観し，さらに，その進化的基盤についてまとめる。しかし，Dark Triad は比較的新しい概念であり，わが国における知見の蓄積は不十分である。そこで，第4節では，わが国においても Dark Triad が国外における概念的構造と一致することを検証し，また，世界的に標準的である5因子性格モデル（five factor model）と弁別されうる概念であることを示す。

第1節　パートナー暴力[2]

　本節では，DV を含む IPV について，概説する。一般的になじみのある DV は，IPV の一つであるが，特に，婚姻関係を前提としたパートナー間での暴力を指す。また，古典的な研究がなされてきた。しかし一方で，婚姻関係を前提としないパートナー関係においても同様の暴力が発生し，特に，デ

---

[2] 本節は，「喜入暁（2017）．第8章　ドメスティック・バイオレンス　越智啓太・桐生正幸（編）テキスト　司法・犯罪心理学（pp.133-159）北大路書房」を一部加筆・修正したものである。

6

ーティングバイオレンス（dating violence）などと称される。DV，デーティ
ングバイオレンス共に，その本質はパートナーに対する暴力であり，これら
を包括的に親密なパートナー間暴力（intimate partner violence: IPV）として捉
え，多くの研究がなされてきた（Vagi et al., 2013）。これらを踏まえ，まず第
1項では，ドメスティックバイオレンス（DV）についての概要と，古典的
な研究知見をまとめる。そして第2項では，DV だけでなく，デーティング
バイオレンスを包含する IPV について概説する。第3項では，IPV のリス
クとなるさまざまな要因について概観する。第4項では，知見をまとめ，問
題点を指摘する。

第1項　ドメスティックバイオレンス（domestic violence: DV）

ドメスティックバイオレンスとは

　ドメスティックバイオレンス（Domestic Violence: DV）の明確な定義づけは
なされておらず，家庭内暴力と直訳されるため，広義には児童虐待や子から
親への暴力，嫁姑問題などというような家庭というコミュニティで発生する
暴力全般を包含すると考えられる。しかし近年問題となっている DV は配偶
者からの暴力であり，一般的な認識も同様であるため，本章では DV を「配
偶者による暴力」として扱う。DV とその他の暴力行為との特徴的な違いは，
基本的には加害者と被害者との間の何らかの愛着関係に加えて，性的に親密
な関係があること，繰り返しの暴力に曝されながらも，その相手と日常生活
をともにすることである（桝田，2011）。

　DV 防止法　世界的に DV が法律によって定められ，明確に犯罪として位
置づけられたのは，近年になってからである。わが国においては，2001年4
月13日に初めて「配偶者からの暴力の防止及び被害者の保護に関する法律」
（以下，DV 防止法とする）[3]として DV を取り締まる法律が公布され，同年10

3）婚姻関係を前提とする二者間の暴力に関して第三者の介入や保護などを定めた法律である。改正
　を経て，適用可能範囲の拡大，保護や自立支援体制の拡充が図られた。

月13日から施行された。その後 4 回の改正（それぞれ，2004年，2007年，2013年，2014年）がなされており，DV に対する法律は徐々に充実してきている。具体的には，DV 行為の範囲，対象者，被害者支援などの範囲の拡大である。

　近年に至るまで DV 防止法や，これに準ずる法律が制定されてこなかったのは，時代背景による影響が大きいと考えられる。DV が法律として制定される以前は，民事不介入の原則に基づき，家庭内または配偶者間の対立に関して警察や司法は原則として介入しなかった。また家庭内の暴力，特に DV のような配偶者間で発生する暴力は，それが愛ゆえの行いであるという認識がなされていたこともあり，第三者の介入の余地はないという考えが一般的だった。しかし，桶川ストーカー事件などが発生し，親密な関係間であっても警察の介入が行われてしかるべき状況が存在することが契機となり，ストーカー行為等の規制等に関する法律（ストーカー規制法）や DV 防止法などの法律の制定がなされた。

　しかし，このような婚姻関係のない二者間での事件が発生しているにもかかわらず，DV 防止法の適用範囲は婚姻関係や実質的婚姻関係がある，もしくはあった場合に限られている。2010年に未成年カップル間で発生し，他者を巻き込んだ殺傷事件にいたった石巻事件，同じく他者を巻き込んだ殺人にいたったストーカー事件である2011年の長崎ストーカー殺人事件でも，カップル間で暴力が頻繁であったことがわかっている。このようなことから，親密な二者関係間における暴力に積極的に介入可能な法律の制定および警察や司法関係組織による実質的な介入が必要であると考えられる。

　現状の DV 被害率　2001年に DV 防止法が制定されてから DV の認知件数は徐々に増加しており，2004年の段階で 1 万4,410件であった DV 事案の認知件数は，2013年には 4 万9,533件となっている（Figure 1.1）。ただし，この数字は DV が単純に増加しているということを意味するわけではない。なぜなら，警察の認知件数には含まれない，暗数（警察が認知していない件数）が存在するためである。特に，DV やストーカー，強姦などの犯罪は，その

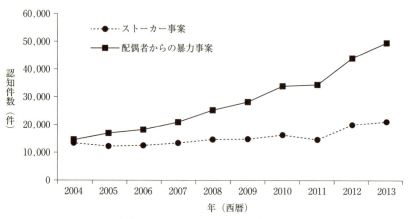

Figure 1.1 ストーカー事案および配偶者からの暴力事案の認知件数の推移（警察庁, 2014）

　被害者のプライベートに関わる側面が大きかったり，被害者自身が犯罪を犯罪と認識していないなどのことから，警察に通報されるケースが実際の発生数よりも少ないと考えられる。2001年のDV防止法の制定により，それまで犯罪としてあまり認知されていなかったDVが徐々に認知され始めたために，数字上DV被害の増加がみられたと考えられる。言い換えれば，DVの絶対数は変わっていない可能性がある。

　警察や自治体の対応の変化　DVが犯罪として広く認知されることによって，警察や地方自治体の対応はどのように変化したのだろうか。警察や司法が介入する最も一般的な犯罪は，窃盗や侵入窃盗などといったいわゆる盗む行為や，対人関係のもつれによる暴力，傷害などであろう。DV，特に身体的暴力は，行為の質としては暴力や傷害と同質であるが，このような行為が明らかに敵対関係にある人物間で起こるか，それとも配偶者間というある程度信頼し合う仲であると思われる人物間で起こるかという点において大きな違いがある。一般的な傷害，暴力，殺人などの場合には犯罪であることが自明であり，警察に通報があればすぐに取り締まることが可能であると考えら

れるが，DV の場合は単なる痴話喧嘩の延長であるというように重篤性を軽く見積もられたり，配偶者間のプライベートな問題として処理されてしまう可能性もある。さらに，DV の加害者や被害者が当該行為が DV であると認識していない場合も多い。これも警察による DV への介入を困難にしている大きな原因の一つであると考えられる。

このような背景から，警察では，上記のような二者関係間の問題であっても介入を積極的に行おうとする動きがみられる（警察庁，2014）。またこのような積極的な DV の取り締まりに加え，DV 防止法は被害者の保護や相談室のための費用の支弁を定めている。それに伴いさまざまな自治体で相談機関が設けられ，メンタルヘルスケアや相談室の充実が取り組みとしてなされている。このような司法および行政の変化に加え，それぞれの自治体では DV の認識そのものを浸透させるような試みがなされている。

しかし，DV 防止法の適用範囲はいまだに共同生活をしている交際関係に限られており，一般的なカップル関係，特に青年期以前でのカップル関係での暴力に関しては範囲外であることは大きな問題であると考えられる。さらに，このような関係での暴力は，加害者・被害者ともに DV に準ずる行為であるという認識がなされていない場合も多い（Ohnishi et al., 2011）。Ohnishi et al. (2011) の調査では，認識がなく暴力の加害者となっている大学生は男女ともに半数以上であることが示されている。特に侮辱などの言語的暴力，行動範囲の制限などといった支配・監視に関するものにおいて顕著である。また，被害者の相談がされにくかったり，予防セミナーや相談所があまりうまく機能していないことも示されており，これも被害者側の認識が欠けていることに起因する可能性が考えられる。そのため，DV やこれに準ずる行為の認識の浸透を目指し，より相談をしやすい環境をつくる取り組みは，今後も必要だろう。

DV のメカニズム：被害化，継続（ループ）

DV の大きな問題点として，他者に相談しにくい，法的介入が困難である
ということは上述したとおりである。加えて，DV そのものが継続的に行わ
れているにもかかわらず，パートナーとの関係が解消されないことも，DV
の大きな問題の一つである。直感的には，継続的な暴力は破局を招くだろう
と推測されるにもかかわらず，それがなされない場合がある。この点につい
て，DV の継続メカニズムのモデルとして暴力のサイクルモデルが提案され
ている（Walker, 1979 齋藤訳 1997）。暴力のサイクルモデルによれば，カップ
ル間の暴力関係は 3 相からなる。第 1 相は緊張形成期，第 2 相は爆発期，第
3 相は開放期（ハネムーン期）といわれる。暴力のサイクルモデルからわか
るとおり，DV は常に行われているわけではない（Table 1.1）。

Walker（1979 齋藤 1997）は，開放期を犠牲化の完了する相であると指摘
しており，被害者が加害者との暴力関係から離脱しないことの大きな理由の
一つであると指摘している。被害者女性の多くは，基本的には離婚などはあ
り得ないと考える傾向にあり，開放期のパートナーが本来のパートナーの姿
であることを信じ込む。また子どもがいる場合や，経済的にパートナーに依
存している場合には物理的にも離脱しにくい。一方で別れた場合の復讐を怖
れるため，別れることができないというケースもあることが指摘されている。

このように，DV は社会的な注目がなされる事象であり，古典的な研究も
なされている。しかし，DV は婚姻関係が前提である関係において成立する
事象である一方で，その本質はパートナー間の暴力であり，メカニズムを明
らかにする際には婚姻関係の有無に限定すべきではない。したがって，第 2
項以降では，DV を含む親密なパートナー間暴力（intimate partner violence:
IPV）に関する研究知見を示す。

第 2 項　親密なパートナー間暴力（intimate partner violence: IPV）

本稿では，IPV（intimate partner violence）を，「親密なパートナー（一般的

第1章　IPV，Dark Triad，生活史理論　　11

Table 1.1
暴力のサイクルモデルの相と概要（Warker, 1979）

相	概　要
第1相 （緊張形成期）	パートナーとの関係に緊張，緊迫感が持たれ始める。加害者には些細なことでの苛立ち，些細な暴力や暴力的言動が示される。この段階にある被害者は，加害者であるパートナーをできるだけ刺激しないような行動，言動をとる。加害者に迎合的になり，加害者の八つ当たりによる被害を受けても，これくらいで済んでよかったと思うようになる。また，第2相（爆発期）を予期して怖れることが心理的ストレスとなる。
第2相 （爆発期）	第1相で高まった緊張が，何らかのきっかけによって激しい暴力として表出する。この暴力は抑制が効かないものであり，この段階での抵抗は無意味である。第1相の暴力との違いとして抑制の欠如と重篤性が挙げられ，またどのようなきっかけで第1相から第2相に移行するのかという予測ができないことも，第2相の性質である。一般的に第2相の持続時間は2〜24時間程度だが，1週間以上続く場合もある。
第3相 （開放期，または ハネムーン期）	加害者は自身が悪かったとはっきり認め，後悔し，謝罪する。また，これを償おうとする姿勢や愛情深く優しい態度をとる。そして，このような暴力を二度と振るわないというような約束をしたりする。または，被害者がいなくなると生きていけないなどの関係を修復しようとする行為や言動を示す。被害者はこれを自身に信じ込ませ，結果として関係は持続するのである。

には交際しているパートナー）による暴力」として論じる。前項でも述べたとおり，DV防止法の最大の問題点として，実質的な配偶関係や共同生活歴がある，もしくはあったという関係でないと適用できないということが挙げられる。つまり，DV防止法では婚姻関係のない場合であっても適用される可能性があるが，それでも青年期以前のカップル関係は一般的には適用範囲外である。しかしDVに準ずる暴力は，中学生や高校生などであっても同様に発生する（Giordano, Soto, Manning, & Longmore, 2010）。また，この暴力の発生因や行為の内容は配偶関係の有無にかかわらずほぼ同質である（Dillon et al., 2013）。そして，配偶関係に至る前に暴力関係が形成されている場合には，配偶関係をもった後にも暴力関係が持続するだろう。これらのことからパー

トナー間の暴力は，配偶関係の有無にかかわらず包括的に扱う必要がある。そのため，DV か否かにかかわらず，その本質である IPV についての研究知見を概観する。

IPV の中でも青年期の暴力に焦点を当てた研究は1980年代頃に行われはじめた比較的新しい領域である（Vagi et al., 2013）。初期の研究では横断的研究が多くを占めたが，近年では縦断的研究も多くなされており，発達的視点や環境による影響などの継時的な検討もなされている。

IPV 加害者の類型

同一の犯罪であっても，犯人像や犯行形態はさまざまである。そのためさまざまな犯罪を類型化する試みも多くなされている。IPV においても類型化がさまざまな側面からなされている。

精神病質に注目した分類　暴力の重篤性，暴力の一般性（暴力を，家族に対して振るうのか，家族以外に対しても振るうのか），精神病質（psychopathology）の観点から，男性の IPV 加害者の分類が試みられた（Holtzworth-Munroe & Stuart, 1994）。その結果，「家族限定型（family only）」「不快気分・境界型（dysphoric/borderline）」「一般暴力・反社会型（generally violent/antisocial）」の3パターンが明らかになった（Table 1.2, 1.3）。

ただしこの分類について，IPV 加害者男性を実際の暴力のレベルやパーソナリティ障害の特徴を用いてクラスタ分析[4]によって検証した研究では，3つのタイプに加えて準一般暴力・反社会型（low-level antisocial）も抽出された（Holtzworth-Munroe, Meehan, Herron, Rehman, & Stuart, 2000）。このタイプは，暴力の重篤性やパーソナリティ障害特徴の程度が不快気分・境界型や一般暴力・反社会型と家族限定型の中間に位置するものであった。また不快気分・境界型と一般暴力・反社会型の間には，家族に対する暴力に関しては

4）複数の特徴を用いて対象者（または対象データ）をいくつかのグループ（クラスタ）に分類する分析手法である。

第1章 IPV, Dark Triad, 生活史理論   13

Table 1.2
Holtzworth-Munroe and Stuart（1994）による IPV 加害者のタイプと概要

タイプ	概　要
家族限定型 （family only）	暴力は一時的であり，重篤性は低く，精神的・性的虐待も少ない。家族にのみ暴力を振るい，家の外では暴力やその他法律に触れる問題は起こさない。また，精神病質やパーソナリティ障害を持たない。このタイプは男性の IPV 加害者の50％程度であると推測される。
不快気分・境界型 （dysphoric/ borderline）	中程度から重度の暴力を振るい，精神的・性的虐待も行う。しばしば家族以外にも暴力を振るったり犯罪行動をとる。このタイプの男性 IPV 加害者は，不快気分（dysphoric），心理的ストレス，感情的不安定さ（emotionally volatile）を持つ。また，統合失調症傾向特徴や境界性パーソナリティ特徴（schizoidal/borderline）を持つ可能性があり，同時にアルコールや薬物の乱用といった問題を抱えている場合がある。このタイプは，男性の IPV 加害者の25％程度を占めると推測される。
一般暴力・反社会型 （generally violence/ antisocial）	中程度から重度の暴力を行い，精神的・性的虐待も行う。また，家族以外の他者に対しても一般的に暴力を振るい，ほとんどが法に触れる犯罪行動歴がある。アルコールや薬物乱用に関する問題を抱えており，反社会性パーソナリティ障害もしくはサイコパシーである場合が多い。このタイプは，男性の IPV 加害者の25％程度を占めると推測されている。

Table 1.3
Holtzworth-Munroe and Stuart（1994）による IPV 加害者のタイプと特徴（Holtzworth-Munroe & Stuart, 1994, p. 482, Table 2 を改変）

側　　面	家族限定型	不快気分・境界型	一般暴力・反社会型
重篤性	低い	中程度	中程度－高い
心理的/性的虐待	低い	中程度	中程度－高い
暴力の一般性			
家族以外への暴力	低い	低い－中程度	高い
犯罪行動, 法的関与（legal involvement）	低い	低い－中程度	高い
精神病質/パーソナリティ障害			
パーソナリティ障害	なし/ 受動・依存的	統合失調症傾向/ 境界性傾向	反社会性/ サイコパシー
アルコール/ドラッグ乱用	低い－中程度	中程度	高い
うつ	低い－中程度	高い	低い
怒り	中程度	高い	中程度

14

統計的な差はなく，家族以外の他者一般に対する暴力が大きな違いであることが示された。

IPV のレベルに注目した分類　IPV 加害者への治療介入プログラムに参加している IPV 加害者男性を対象にした研究では，潜在クラス分析[5]による IPV のレベルを指標とした分類が行われた（Mauricio & Lopez, 2009）。この分類の結果，IPV の程度・頻度の観点から高レベル，中程度レベル，低レベルの 3 カテゴリに分類することが最も妥当であることが示された。また，どのような IPV 形態であっても高レベルになるほど発生率が高いことが示されている。

わが国における分類の試み　わが国においても IPV 加害者の類型が提案されている。越智（2013）は動機の観点から大きく 2 タイプに分け，さらにそれぞれのサブグループを提案した。この分類で示されたタイプは，主に物理的な暴力などを行うパワー型と，主に行動の制限などを行うコントロール型である（Table 1.4）。

ただし，越智（2013）の日本における IPV 加害者の分類は，統計的な手法を用いた分類ではない仮説的な分類であるため，今後のさらなる研究が望まれる。

IPV 形態の分類

IPV 加害者の分類に加えて，IPV 形態そのものの分類もなされている。

一般的な分類　最も広く一般に普及している IPV 形態の分類は，身体的暴力，精神的暴力，性的暴力の 3 つに分類するものである。国外においてもこの分類は広く用いられている（Leen et al., 2013; Table 1.5）[6]。日本において

5）量的な得点から実質的なカテゴリ数を推定する分析手法である。

6）ただしこの分類を定義した Saltzman et al.（2002）は，身体的・性的脅迫を含む 4 パターンを提案した。Leen et al.（2013）では身体的・性的脅迫は身体的暴力および性的暴力にそれぞれ含めている。

7）女性はレイプを望んでいる，などの誤った信念を指す。

第1章　IPV，Dark Triad，生活史理論　　15

Table 1.4
越智（2013）による IPV 加害者のタイプと概要

タイプ	概　　要
【パワー型】	
男性優位思想型	このタイプの加害者は男性であり，恋人や配偶者である女性が被害者となる。加害者である男性は，男性が女性よりも優位な立場にあるという信念の持ち主であり，女性を男性の支配下にある存在として扱う。レイプ神話[7]を信じていたり，女性蔑視的な態度を形成している。このタイプの IPV は，主に男性の優位性や，それによる支配のために行われる。同時に性的暴力も行われるが，これも性欲によるものであるというよりも男性の優位性を示すための暴力の手段の一つであると考えられる。
補償的暴力型	このタイプは，日常生活において溜まったストレスや不満をパートナーに対して暴力としてぶつけ，うっぷんを晴らそうとするタイプである。加害者は周囲からはおとなしい人，対人関係に長けている，などの評価がされることも多い。しかし，被害者は加害者のストレスがすべて向けられる，いわばはけ口であるためその被害は決して軽いものではない。また，交際初期にはこのような側面が見えにくく，交際を続けているうちに徐々にその片鱗を見せはじめる。男女ともこのタイプに分類される可能性があるが，男性が大半を占める。
【コントロール型】	
心理的支配型	このタイプは，パートナーの行動を監視または支配したり，過度に介入するというようなことで特徴づけられる。パーソナリティ特徴として，プライドが高く，一方で自分自身にあまり自信を持っていないということが挙げられる。対人関係においては，全般的に，見捨てられるという不安が極端に強い。この不安はパートナーに対しても同様であるため，パートナーが自分を見捨てるのではないかという極度の不安感や恐怖心から，パートナーの行動を常に監視したり，パートナーが自分から離れないように脅迫をするというような行動がみられる。このタイプも補償的暴力型と同様，交際初期においては問題点が見えなかったり，またはこのような行為の原因を，愛しているから，というようなことに帰属し，問題視されない場合が多い。このタイプには男性も女性も当てはまることがあるが，多くは男性であると考えられる。
不安定型	このタイプは，パートナーを含む対人関係の形成が適切にできないというような特徴がある。具体的には，完全に支配している立場，もしくは完全に依存している立場といった，極端な関係を築く傾向にある。しかし，実際の人間関係における立場は微妙で複雑なものであり，完全にどちらかの立場をとるということはほぼないだろう。そのため，この人間関係を維持できずに極端な関係を揺れ動く。このタイプは，過度な甘え，愛情などを示す一方，過度に排斥，暴力的行為などを行ったり，自殺をほのめかして自身に注意が向くように仕向けたりするようなタイプである。この変動は短時間で発生するため，パートナーは振り回されやすい。「過度な理想化とこき下ろしをくり返す」ことを特徴とする，境界性パーソナリティ障害として診断されることもある。交際初期にもこのような不安定な感情や態度を見せるが，それも魅力の一つだと判断されてしまい，問題視されない場合が多い。このタイプも男女ともに当てはまる可能性があるが，女性の IPV の加害者にはこのタイプが多いと考えられる。

16

Table 1.5
Leen et al.(2013)による暴力形態の分類と Saltzman et al.(2002)による各形態の概要

暴力形態	概　要
身体的暴力	被害者に危害を加える（死，身体障害，傷害などの可能性のある）物理的な力の意図的な使用によるもの。代表的なものには，殴る，ひっかく，首を絞める，噛む，武器の使用，物理的な拘束などがある。また，このような行為を他者に強要することも含まれる。
精神的暴力	トラウマを誘発する行為，恐怖を誘発する行為，強要など。これらは被害者や加害者の認知（気づかない，または冗談の範疇であると判断するなど）によっては軽いものとみなされてしまう。代表的なものには，恥をかかせる，意図的に自尊心を傷つけることを言う，行動を管理する，友人や家族との連絡を取らせない，物にあたる，お金をせびるなどがある。精神的暴力が IPV の中でも最も一般的に行われる可能性の高いものである。同時に，これに該当すると考えられる行為の範囲が広く，共通した定義が困難である。そのため，さまざまな知見が示されているにもかかわらず身体的暴力や性的暴力に比べて一貫していない。
性的暴力	性的暴力には3つのサブカテゴリがある。①身体的な力による，意思に反する性行動の強制，②状況や性質が理解できない，拒絶できない，性行動が不本意であることを伝えられない者に対して性行動をする，③虐待的な性行動である。

もこの分類は広く用いられ，内閣府の調査においてもこの分類に基づいてなされている。研究の文脈においてもこの分類が用いられることが多い。

　ただし，深澤・西田・浦（2003）では，IPV は「冷静―興奮」と「身体的傷害」の2軸で表現できることを示しており，さらに，暴力のエスカレートの方向には，直接的暴力と間接的暴力の2パターンの進路を示唆している。

　IPV を測定する尺度　IPV 形態の分類や，リスクファクターの検証をするためには，IPV を定量的に捉えることが不可欠である。また，サンプルサイズが大きかったり，横断的にさまざまな地域のデータを収集する際には質問紙調査が多く用いられることが考えられる。そのため，IPV を測定する尺度が研究の発展に寄与すると考えられる。

　IPV を測定する尺度として，葛藤戦術尺度（conflict tactics scale: CTS）が開発された（Straus, 1979）。さらにその後，葛藤戦術尺度改訂版（revised conflict tactics scale: CTS2）が（Straus et al., 1996），また，より少ない項目で測定が可能な CTS2 の短縮版が開発されている（Straus & Douglas, 2004; Table 1.6）。

　IPV 形態を広く捉える試み　葛藤戦術尺度の日本語版は研究論文として発表されておらず，CTS2 を基に IPV（DV）のスクリーニングを目的として開発されたドメスティックバイオレンス（DV）簡易スクリーニング尺度（DVSI: 石井他，2003）には極端な項目が多い。これまでの日本における IPV の研究で主に用いられる尺度の一つは，小泉・吉武（2008）の考案した項目を，それぞれの研究で因子分析をして用いるという形がとられる。基本的には小泉・吉武（2008）の項目は，身体的暴力，精神的暴力，性的暴力の3因子構造となることが，いくつかの研究から示されている（赤澤・井ノ崎・上野・松並・青野，2011；上野・松並・青野・赤澤・井ノ崎，2011）が，その妥当性や信頼性の正確な検証はなされていない。その他にもさまざまな IPV に関する質問項目が考案され，これを使った調査研究が実施されているが（野口，2009；深澤他，2003），いずれも尺度作成や尺度の信頼性および妥当性を検証しようとする試みはなされていない。

　日本においても系統的な IPV の研究を行うためには，尺度の整備が不可欠であり，上記のような現状からも大きな意義がある。加えて，嫌がらせ（ハラスメント）を含めてこれらの行為を包括的に捉えることも必要だろう。ハラスメントの中には，物理的な傷害がないために気づかれにくい一方で，大きな心理的ダメージを与える可能性があるものもあるからだ。これらの問題に対して，越智・長沼・甲斐（2014）は，IPV 形態についての新たな分類を提案し，これらの形態を測定する尺度の作成を行っている。研究の結果，IPV 形態の6つのタイプが見出された（Table 1.7）。「直接的暴力」「間接的暴力」「言語的暴力」「支配・管理」「経済的暴力」「つきまとい」である。

　また，これらの IPV 形態は相互に強く関連していることが示されている（越智他，2014）。越智・喜入・甲斐・長沼（2015）は高次因子分析により，これらの IPV 形態がさらに高次の単一因子によって説明されることを示して

Table 1.6
各葛藤戦術尺度の特徴

尺度	特　　徴
CTS	家族内の対立にどのように対処するのかを測定する尺度として初めて作成されたものである。このときには，葛藤戦術（二者間の対立状態の解決法略）について3つの概念が想定されている。すなわち「冷静，合理的な話し合いによる解決（Reasoning）」「言語・非言語での脅迫的行為による解決（Verbal Aggression）」「物理的な暴力による解決（Violence）」である。この尺度は配偶者間というよりも家族内のすべてのパターンを考慮するものであった。そのため夫婦間はもちろん，親と子の間の対立や，兄弟間の対立に関しても測定できるように作成されている（Straus, 1979）。
CTS2	CTS2は，主にカップル間の対立を対象に測定するものである（Straus et al., 1996）。CTSの改訂版として発表されたものであり，葛藤戦術として既存の3概念である「交渉（negotiation）」「精神的攻撃（psychological aggression）」「身体的暴力（physical assault）」に加え，パートナー暴力の概念である「性行為の強要（sexual coercion）」と「暴力による結果（損傷；injury）」が含まれている。また交渉以外のそれぞれの概念を反映すると考えられる項目には，命に関わるかどうかという観点に関して「深刻なレベルの項目（severe）」と「深刻ではない項目（minor）」とがある（交渉の概念に関しては認知的側面と感情的側面で構成されている）。そのため，それぞれのIPV概念を測定するとともに，その深刻度も同時に測定が可能である。一方で項目数が39項目と多く，回答者に負担がかかる可能性がある。なお，ここでの深刻度は，命に関わるかどうかそのものに関しての言及であり，深刻度が低いから軽い，許されるということではない。
CTS2s	CTS2はさまざまな言語に訳され，世界各国で用いられている。しかし項目数が多く，回答者に大きな負荷がかかる。また質問紙調査によるIPVの研究は，自身についての回答に加えてパートナーについても回答することが一般的な手続きとなっている。つまり，39項目の尺度を自身とパートナーについて回答することになり，回答者の負担は極めて大きいことが予測される。そのためCTS2のそれぞれの概念を反映すると考えられる項目が2項目ずつ（深刻度が高いレベルと低いレベルのそれぞれ1項目ずつ，交渉の概念に関しては，認知的・感情的側面から1項目ずつ）選定され，全10項目の短縮版が作成された（Straus & Douglas, 2004）。つまり，自身に加えてパートナーに関して回答を行っても20項目であり，回答者の負担は大きく減るだろう。それにより同時に別の尺度を測定することが可能となるため，この尺度は今後のIPV研究においても広く用いられることが予想される。

第1章　IPV，Dark Triad，生活史理論　　19

Table 1.7
越智他（2014）による暴力形態とその概要

暴力形態	概　　要
直接的暴力	顔面を拳で殴る，身体を平手で打つなどの行為である。このタイプの暴力は身体的傷害を与える可能性がある物理的なものである。越智他（2014）の研究では，このタイプの暴力の生起率は極めて低いことが示されているが，裏を返せばこのような暴力がなされる場合，かなり危険な状態であることが予想される。
間接的暴力	殴るそぶりや物を投げつけるふりをして脅かす，机や壁を殴る蹴るなどして脅かすなどの行為である。直接的暴力と異なり身体的傷害を与えるわけではないが，これに対抗するまたは従わない場合に，物理的な身体に対する暴力を予期させる行為や脅迫である。
言語的暴力	人前で恥をかかせたり馬鹿にする，「ブサイク」などとわざと相手が嫌がる呼び方で呼ぶなどの行為である。これらの暴力は精神的ダメージを意図的に与えるタイプの暴力である。また身体的傷害を与えるわけではないため，外部からの介入はより困難であろう。
支配・管理	交友関係や行動をチェックする，勝手に携帯のメールや着信履歴を見るなどの行為である。常にパートナーより優勢であろうという行為であり，このような行為が物理的な暴力に発展する可能性がある。
経済的暴力	貸したお金やものを返さない，お金やものを貢がせるなどの行為である。これらの行為も交際関係にある二者の関係性や価値観によると推測されやすい内容であるため，これまで見過ごされてきた行為であろう。
つきまとい	相手の実家やアパートに押しかける，別れるなら死んでやると言ったなどの行為である。これらの行為は支配・管理と共通する点も多いと考えられるが，支配・管理は加害者が相手よりも直接的に優位に立つことを目的とするような行為であるのに対し，つきまといは結果として拒否できないようにするという間接的な側面を持つ。

いる。これは，どのような種類の IPV であってもその頻度の総合得点でその個人の全体としての IPV を測定可能であるということを示す。同時に，これらの IPV 形態のうちいずれかをとる者は，その他の IPV 形態も同時にとる可能性が高いということが示される。

　しかし越智他（2014），越智・喜入・甲斐・長沼（2015）で対象としたのは女性大学生のみであり，作成した尺度には性的暴力に関する項目が含まれていない。性的暴力はさまざまな研究で用いられており，IPV 形態を定義す

る際には不可欠であると考えられる。今後，性的暴力を含めたより包括的な
尺度の開発が必要だろう。

IPV の性差

DV を含む IPV は，男性がパートナーである女性に対して暴力を振るう
という構図が一般的であると考えられてきた。また，特に男性の支配性
（dominance）が重要な意味を持つということも同時に議論されてきた。その
ため，主に男性加害者に関する研究や，女性被害者に関する研究が多くなさ
れてきた。わが国においても基本的には男性の加害者と女性の被害者を想定
した研究や報告書が提出されている。

一方で現在は，女性も男性と同様に IPV を行ったり，または男性よりも
女性のほうがより IPV を行う可能性が明らかになってきた（Archer, 2000）。
Straus（2008）では，IPV の男女の同質性について，32地域の大学生を対象
に研究が行われた。この研究でのリサーチクエスチョンの1つは，IPV の
方向性を明らかにすることである。具体的には，IPV は一般的に男性から
女性に向けられるのか，女性から男性に向けられるのか，それとも双方向的
に行われるのか，を明らかにすることである。2つ目のリサーチクエスチョ
ンは，支配性が IPV に及ぼす影響は，男女でどのように重要であるのかを
明らかにすることである。この研究の結果，地域による IPV 発生率はさま
ざまであるものの，それぞれの地域での IPV の男女差はあまり見られなか
った。また，どの地域においても男性のみまたは女性のみが IPV を行うよ
りも，双方向的に行われることが示され，その比率は圧倒的に高いものであ
った（Figure 1.2）。さらに IPV のリスクファクターである支配性についても，
男女で概ね同様のパターンが示されることを明らかにした。

また，O'Leary et al.（2007）では IPV の予測因に関する探索的検討を行っ
た。ここでも男女に共通する加害予測因子として「支配性（dominance）・嫉
妬（jealousy）」「パートナーへの責任帰属（partner responsibility attributions）」

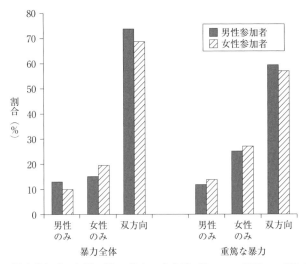

Figure 1.2　男女参加者の回答ごとの暴力の方向性（Straus, 2008, p. 259 Figure 1 を改変）

が挙げられ，カップル関係の満足度が加害を抑制することが示された。加えて，男性では家族の暴力の目撃，怒りやすさ，ソーシャルサポート知覚が低いことが，また，女性では子どもの頃の身体暴力加害経験がIPV加害と直接的に関連することを示している。

　ただし，IPVの重篤性やIPVを受けた場合の認識には性差があるという報告もある（Molidor & Tolman, 1998）。Molidor and Tolman（1998）は13～18歳の学生を対象に調査を行い，IPVの頻度に関しては性差が見られないことを示している。しかし，重篤度の高い暴力（物を投げる，殴る・首を絞める・武器で脅す）は男性の加害者が，重篤度が中程度の暴力（髪を引っ張る，ひっかく，はたくなど）には女性加害者が多いことが示されている。さらに，男性被害者は身体的な傷害を受けたのは10％に満たないが，女性では90％以上に達することを示している。

　このように，IPVに関する多くの現状が明らかになっている。しかし，

IPV のメカニズムを明らかにするためには，どのような要因が IPV のリスクになるのかという点にアプローチする必要がある。したがって，第3項では，IPV のリスクファクターについての研究知見を示す。

第3項　IPV のリスクファクター

IPV のリスクファクターに関する研究は，国外において精力的に行われている。アメリカとカナダにおける IPV に関する研究のレビューでは，53 パターンの IPV リスクファクターが挙げられ，9カテゴリにまとめられている（Vagi et al., 2013; Table 1.8）[8]。本項ではこのようなさまざまなリスクファクターに関して，まず，個人的な要因としての過去の経験，状況，個人の特性の観点から概説する。次に IPV は加害者個人の要因だけでなく，パートナー関係にある二者の関係性も同様に重要であると考えられるため，IPV とパートナー関係に関して説明する。また，リスクファクターは必ずしも単独で IPV に影響するわけではなく，相互に影響し合い複雑に関連している。この項の最後ではこのような複雑な関連性に関して触れる。

Table 1.8
IPV 加害リスクファクターとその具体例（Vagi et al., 2013を参考に作成）

加害リスクファクターカテゴリ	例
メンタルヘルス	うつ，不安
攻撃的思考/認知	交際関係での暴力受容
若い時の暴力	ケンカ，全般的な反社会行動
薬物使用	アルコール，マリファナ
危険を伴う性行動	8年生で性経験あり，セックスパートナーが多い
恋愛/友人関係の質が悪い	敵意的なカップル関係，反社会的友人との関与
家族の質が悪い	両親の対立，子どもの頃の身体的虐待
個人の属性	子供の性別，人種
暴力的なメディア	―

8）なお，同時に6パターンの加害予防ファクター（protective factor）も挙げられている。

過去の経験が IPV 加害に及ぼす影響

IPV のリスクファクターとしてまず考えられることは，過去に暴力を見たり受けたりした経験があり，これによって IPV という行動を学習しているということである。これは学習理論を基盤とする最も単純な仮説であるが，実際に，過去の経験が青年期の IPV を予測することが示されている。たとえば，身体的 IPV の加害は，過去の身体的 IPV の被害，心理的 IPV の加害の程度と正の関連があり，心理的 IPV の被害の程度とは負の関連があることが示された（Nicodemus, Porter, & Davenport, 2011）。

家族 学習理論を基に IPV のリスクファクターを明らかにしようとする研究では，バンデューラによって提唱された社会的学習理論が大きく注目されている。社会的学習理論は，「モデルを観察することによってその行動を学習し習得する」というものであり，このような学習は子どもの頃にすでに始まっている。またその頃に学習した行動パターンは，青年期やその後にもある程度持続していることが考えられる。

行動パターンが学習，特に社会的学習理論におけるモデリングによって成り立っているならば，IPV などの暴力的な行動も他の行動と同様，何らかのモデルを観察し，学習し習得した行動であると考えられる。また，社会的学習理論の重要なポイントは，学習者が学習する行動を自ら実行せず，その行動を実行しているモデルを観察することだけでその行動を習得する，という点にある。つまり，IPV の学習は，自らが暴力的な行動をとることは必要ではなく，それを行っている者を観察するだけで成立することが考えられる。具体的には，家族内での両親同士の暴力行動を目撃しているだけで学習が成立している可能性がある。実際に，母親から父親への暴力はその子どもの身体的 IPV を予測する事が示された（Temple, Shorey, Fite, Stuart, & Le, 2013）。

友人 家族や両親の影響は重要であると考えられるが，同様に友人関係も重要であると考えられる。特に青年期やそれ以前の年代での暴力行動をはじ

めとする少年非行は，家庭環境よりも友人や非行少年を取り巻く環境が大き
く関わっていることが示され，分化的接触理論をはじめとするさまざまな理
論化がなされている。IPV においてもこの枠組みが当てはまる。McDonell,
Ott, and Mitchell（2010）によれば，女性の IPV リスクファクターの1つと
して，加害経験のある男性友人と知り合いであることが挙げられている。一
方で，男性が加害者となるリスクファクターとして，男性本人の6か月以内
での逮捕歴があることが加害の確率を高めた。

　ミドルスクールの生徒を対象とした研究では，親による監視，親の非暴力
的解決志向，親の暴力的解決志向，友人の非行が身体的 IPV の程度と関連
するかどうかが検証された（Miller, Gorman-Smith, Sullivan, Orpinas, & Simon,
2009）。その結果，性別による影響の違いが示された。まず，親の監視は男
子の加害のみ抑制できるが女子ではこの影響は示されない。また，親の非暴
力的解決志向は，女子の加害のみ抑制できるが，男子では抑制効果は示され
ない。男女差のなかった項目として，親の暴力的解決志向に加えて友人の非
行が IPV を促進した。

　イベント　親や友人の影響に加えて，さまざまなイベントに関しても研究
が行われている。12〜17歳を対象に重篤な IPV の予測因を明らかにする研
究では，IPV の予測因として，潜在的トラウマイベントとストレスフルな
ライフイベントを測定している（Wolitzky-taylor et al., 2008）。潜在的トラウマ
イベントには，パートナー以外による性的暴行（sexual assault），薬物・飲酒
強姦（drug/alcohol-facilitated rape: DAFR），身体的暴力，交通事故，火事，自
然災害などのイベント，親密な友人や恋人を殺人や飲酒運転事故で亡くした
ことなどがある[9]。ストレスフルライフイベントには，1年以内に起きた，
両親もしくは友人の死，自身・兄弟・親の命が脅かされるような病気，親の
離婚や別居などがある。分析の結果，潜在的トラウマイベント，ストレスフ

9）この研究では自身の属するコミュニティにおける暴力の目撃，両親の暴力の目撃なども潜在的ト
　ラウマイベントとして扱った。

第 1 章　IPV, Dark Triad, 生活史理論　25

ルライフイベントともに IPV リスクを上げることが示された。加えて，12
〜14歳よりも15〜17歳が，また，男性よりも女性であることが IPV リスク
を高め，人種や民族は無関連であることが示された。

現在の状況が IPV 加害に及ぼす影響

　薬物・アルコール　IPV のリスクファクターとして最も言及されるものの
うちの一つが薬物およびアルコール問題である。Temple et al. (2013) によ
る縦断的な研究では，身体的 IPV 加害は一年後の身体的 IPV を予測するこ
とに加え，アルコール乱用およびマリファナを除く違法薬物（コカイン，シ
ナー，エクスタシー，覚せい剤など）の乱用も一年後の身体的 IPV を予測す
ることが示された。さらに，薬物乱用とその一年後の身体的 IPV の関係は，
薬物乱用時の身体的 IPV の有無にかかわらず関連していることが示された。
また，この関連に性差は示されなかった。ただし，Temple et al. (2013) は
友人関係など第三の要因が影響している可能性についても言及しており，因
果関係を決定づけてはいない。

　一方で，メタ分析では，飲酒と IPV の関連は大きなものではないことが
示されている（Foran & O'Leary, 2008）。具体的には，飲酒は，男性から女性
への IPV では低から中程度，女性から男性への IPV では低い程度の関連し
かない。ただし，男性から女性への IPV では，飲酒の量や頻度ではなくア
ルコール乱用やアルコール依存の大きな影響が示されている。

　怒り　犯罪行動，特に攻撃行動に関連したもの全般に共通するリスクファ
クターとして，怒りの表出が挙げられる。IPV も怒り感情表出と関連する。
Oberleitner, Mandel, and Easton (2013) は，IPV と薬物・アルコール依存の
治療介入プログラムに参加している男性を対象に，怒りを表出しやすい群と
そうでない群のさまざまな比較を行った。この研究の結果，怒りを表出しや
すい方が，暴力で逮捕される回数が多く，IPV として特に身体的暴力をよ
り行うことが示された。また怒り表出の程度が一般的な群は，治療介入プロ

グラムにおいて時間を経るごとに問題行動を示す参加者は減っていったが，怒りを表出しやすい群においては時間を経ても問題行動を示す参加者が減らないということが示されている。さらに，怒りを表出しやすい群はそうでない群よりも治療プログラム中にアルコールおよび薬物を使用することが示されている。

　また，Wolf and Foshee（2003）は，家庭内の暴力経験や目撃の IPV 加害への影響を，怒りの表出スタイルが媒介することを示した。この研究では怒りの表出スタイルを3パターンに分類し，それぞれがどのように IPV に影響するかを検討している。怒りの表出はそれぞれ建設的（constructive）」「破壊的・間接的（destructive indirect）」「破壊的・直接的（destructive direct）」に分類される。建設的な怒りの表出は，自分を落ち着かせ，なぜ自分が怒っているのかを相手に伝えるスタイル，破壊的・間接的な怒りの表出は，文句を言ったり相手を傷つけることを想像するスタイル，破壊的・直接的な怒りの表出は，実際に怒鳴って侮辱したり，物を投げたり傷つけるスタイルである。媒介分析の結果，男女ともに，破壊的・間接的な怒りの表出，破壊的・直接的な怒りの表出が，家族の暴力の目撃および経験と IPV の関連を媒介することが示されている。

パーソナリティ・態度が IPV 加害に及ぼす影響

　過去や現在の経験や，IPV の被害者および加害者を取り巻く環境と密接に関わり，相互に影響しあう重要な要因として，パーソナリティや信念・態度が挙げられる。このような特徴は遺伝・経験によって形成され，それが行動パターンや対人関係でのコミュニケーションなどに影響する。

　暴力に対する態度　暴力の受容，支持が，IPV の加害に加え，被害にも関連することが示されている（Leen et al., 2013）。中高生を対象にした McDonell et al.（2010）では，暴力には外的な原因（external causes）があり，正当化されるものであるという信念を持っている女性は，そうでない女性より

も被害者にも加害者にもなる確率が高いことが示されている。さらに，暴力は学習された反応であるという信念を持っている女性は加害者になる確率が高くなることが示されている。一方男性では，家族の暴力行動の受容によって被害者となる確率が高まり，また，パートナーに暴力行動を受容されている場合に加害者となる確率が高まることが示されている。

反社会性パーソナリティ　IPV のリスクファクターとして，反社会性パーソナリティは重要な特徴である。IPV 加害者の分類においても反社会性パーソナリティへの言及がなされる (Holtzworth-Munroe & Stuart, 1994)。実証研究においても反社会性パーソナリティが IPV リスクを高めることが示されている。Fals-Stewart, Leonard, and Birchler (2005) では，男性の反社会性パーソナリティ障害と飲酒が IPV のリスクを高めるかどうかが検証された。この研究の結果，反社会性パーソナリティ障害の男性はそうでない男性に比べて飲酒をしていなくても IPV リスクが高く，飲酒による IPV リスクの上昇率は反社会性パーソナリティ障害の男性でより大きいことが示された。

境界性パーソナリティ　Mauricio and Lopez (2009) は，加害治療介入プログラムに参加する加害者においては，反社会性パーソナリティ特徴はIPV のレベルに関連せず（つまり，そもそもこの傾向では高い IPV レベルであり），むしろ，不安・回避アタッチメントと境界性パーソナリティ特徴によって特徴づけられることを示している。また一般サンプルにおいても，反社会パーソナリティ特徴ではなく境界性パーソナリティ特徴が IPV に関連することが示されている (Weinstein, Gleason, & Oltmanns, 2012)。さらにこの関連には性差があり，女性の場合にのみ境界性パーソナリティ傾向が高いと IPV の確率が高い。

サイコパシー　犯罪行動に関連するパーソナリティ特徴として，サイコパシーがある。このパーソナリティは「対人操作性 (interpersonal manipulation)」「冷淡さ (callous affective)」「不安定なライフスタイル (erratic lifestyle)」「反社会行動（antisocial behavior）」の 4 側面からなる。後者の 2 側面（行動的側面）は反社会性パーソナリティ特徴とオーバーラップするが，大きく異なるのは先の 2 側面である（感情的側面）。また，これらの高次因子としてサイコパシー因子が仮定されているため，全側面の得点の合計をサイコパシー得点として扱うこともある。

Swogger, Walsh, and Kosson（2007）は，反社会性パーソナリティ，サイコパシー，IPV 加害の関連について研究を行った。参加者は収監者の男性で，全員反社会性パーソナリティ特徴を示す者であった。IPV 加害者とそうでない加害者の反社会性パーソナリティ特徴に差はなく，そのため IPV を行ったことがあるか否かをサイコパシー特徴によって予測できれば，サイコパシーが反社会性パーソナリティから独立した予測因となることが示される。分析の結果，サイコパシーの全側面を合計したサイコパシー得点では予測できなかったが，サイコパシーを感情的側面と行動的側面に分けた場合に，感情的側面が一貫して IPV に正の影響を示した。サイコパシーとしての総合計得点では関連が示されなかったものの，サイコパシーの中核となる感情的側面が影響することから，サイコパシーも IPV を予測するパーソナリティ特徴として挙げられ，研究することが必要であると考えられる。

ナルシシズム（自己愛傾向）　IPV のリスクファクターとして，ナルシシズムも挙げられる。ナルシシズムの特徴として，誇大な自己イメージ，特権意識（entitlement），称賛欲求などがある。一方，ナルシシズムの不安定な自己概念が，常に称讃を必要としているという指摘もある。つまり，ナルシシズムの持つ誇大性は自己虚栄を守るためであるということであり，ナルシシズムが過剰な誇大性と極端な脆弱性の両方を示すことからも裏づけられる。このようなパーソナリティは自己イメージを守るために，自己概念が脅かされるような状況に対して過剰に反応する。具体的には，侮辱，社会的排斥，無視などである。ナルシシズムはこれらの状況に対して怒り，復讐として暴力を行う。Ryan, Weikel, and Sprechini（2008）では，意識や行動として搾取

性・特権意識（exploitativeness/entitlement）や誇大な自己イメージを持つ顕在的ナルシシズムと，意識的には自尊心などが低いが無意識的には誇大な自己イメージを持つ潜在的ナルシシズムに加え[10]，性行為に関してのみこのような自己イメージを持つ性的ナルシシズムに着目した。その結果，男性の潜在的ナルシシズムはその男性の暴力を促すことが示された。また，男性の性的ナルシシズムは女性パートナーの性的支配を促し，女性の搾取性・特権意識は女性自身や男性パートナーの性的支配を促すことが示されている。

嫉妬　嫉妬（Jealousy）の影響も指摘されている。北アメリカの大学生を対象とした Puente and Cohen（2003）では，嫉妬がどのように暴力に繋がっていくのかということが明らかにされた。すなわち，嫉妬は愛によるものであるという信念によって，嫉妬に関連する暴力を暗黙のうちに受容してしまい，これが精神的暴力や性的暴力に発展する。また，10代を対象とした Giordano et al.（2010）では，愛の大きさと IPV との関係は示されないが，パートナー・自分自身の嫉妬や浮気が IPV に関連することが示されており，これは性別や年齢などの影響を統制しても示された（ただし，自身の浮気を統制すると明確な関連が示されなくなった）。

パートナーとの相互作用が IPV に及ぼす影響

パワーバランス　ここまでは個人やそれを取り巻く環境の要因に目を向けてきた。しかし，パートナー間の関係も重要な要因であるという事が明らかになっている。また青年期の場合，パートナーは一定ではないことも多く，したがって，パートナー関係も流動的であるため，パートナー関係に注目する研究が重要になる。

Giordano et al.（2010）は，口論（verbal conflict）や嫉妬の影響に加えて，パートナー間のパワーバランスが IPV のリスクファクターとなることを示

---

[10] 脆弱性ナルシシズム（vulnerable narcissism）と同義である。

している。つまり，カップルのどちらかがパワーバランスが好ましくないと認知している場合，特に男性が自身のことを劣っていると考える場合にIPVを行う。そしてこの影響は，これまでIPVと関連すると考えられてきた属性（年齢，性別，親の学歴，民族，家族構成），予測因（親の監視，親の口論，親から子への暴力，友人の暴力，学力）の影響を除外しても示される。

一方で，パートナー関係において力を持っているほうがIPVを行うという結果も示されている。32地域を対象としたStraus（2008）もパートナー関係における支配性（dominance）[11]に着目し，お互いがIPVを行うというパートナー関係の場合，男女どちらであっても支配性が高いほどIPVが発生する確率が高まることを示した。ただし，男性のみまたは女性のみのIPVの場合，支配性とIPV発生率の関係に若干の違いがある。男性のみがIPVをする場合，男性の支配性と同様に女性の支配性もIPV発生率と相関するが，女性のみがIPVをする場合，男性の支配性とIPV発生率に相関はなく，女性の支配性のみが関連する。

パートナー関係　パートナー関係に関する知見のための重要な手法として，さまざまな地域や学校での縦断的研究が挙げられる。それまでの一般的な手法である横断的研究では，大きなサンプルであってもそれぞれの個人の長期的な要因について言及することが困難であった。一方で縦断的研究では，パートナー関係の発展を長期的に捉えることができることは勿論，測定初期のパートナー関係が破局し次のパートナー関係を形成していた場合，同一個人の異なるパートナーとIPVの関連を検討することも可能である。さらに，2つの排他的なIPVリスクモデルのどちらが正しいかといった問題を検討する場合に，一時点での測定ではどちらのモデルでも解釈できてしまう場合であっても，縦断的研究を行うことによってこの問題が対処可能な場合もある。そのため，IPVのリスクファクターを探索するにあたって縦断研究を

---

[11] 二者の意見が食い違う場合に最終決定権はどちらが持つか，などの質問による。

行う事には大きな意味がある。

　Williams, Connolly, Pepler, Craig, and Laporte（2008）はパートナーが異なる場合における IPV リスクファクターの評価を行った。この研究の結果，暴力に対して受容的ではない場合には，予想通りパートナー関係がネガティブであるほど IPV が発生することが示された。ネガティブなパートナー関係とは，パートナーとの対立やパートナーに対する敵意のある関係であり，よく意見が合わず口論をしたり，お互いがお互いの行動に対して不快に思ったりというような内容である。このような関係での加害者および被害者では，パートナーが変わると IPV も発生しなくなる可能性がある。一方，暴力に対して受容的な場合，パートナー関係はあまり関連がなく，むしろ友人の非行や友人に暴力を振るう・振るわれるというような，攻撃的な友人の存在が大きく影響することが示されており，IPV のリスクファクターは単なる個人的特徴だけではないことを示唆している。

多変量的な関連

　縦断的研究の発展に加えて，複雑なモデルの解析に耐えうる統計解析プログラムが使用可能になったことも近年の研究の特徴であろう。これまで見てきたように IPV にはさまざまなリスクファクターが存在することが示されている。しかし同時に，リスクファクターは単独で IPV に関連するわけではなく相互に影響し合い，その結果として IPV が発生するという複雑な関係も示されている。このような複雑な関係を包括的にとらえようという提案もなされており（Bell & Naugle, 2008），実際に，さまざまな要因が複雑に関連しあうことを想定し，それを表現するモデル構築が行われている。たとえば，子供の頃の被虐待経験，アルコールに関連する問題行動，衝動性が，IPV の加害と被害にどのように影響を及ぼすのかが，多母集団同時分析を用いて民族ごとに検証されている（Schafer, Caetano, & Cunradi, 2004）[12]。この研究では，子供の頃の被虐待経験が衝動性に影響し，それがアルコール関連

32

問題行動に影響することによって IPV の加害や被害が発生する，というモデルを想定した。この分析の結果，民族による違いはあるが，想定した 3 つのリスクファクターが関連して IPV の加害および被害を予測できることが示されている。

また，アタッチメント，パーソナリティ，IPV の統合的なモデルも提案されている。これまでのアタッチメントに関する研究では，回避性アタッチメントや不安性アタッチメントが，また，パーソナリティに関する研究では，反社会パーソナリティ障害や境界性パーソナリティ障害が，身体的・心理的 IPV のリスクファクターであることが示されてきた。これらを統合した研究では，アタッチメントがパーソナリティ障害を規定し，それが IPV を規定するというモデルが示され，アタッチメントが直接 IPV を規定するわけではなく，パーソナリティ障害を介して間接的に影響することが示された（Mauricio, Tein, & Lopez, 2007）[13]。

第 4 項　まとめ

パートナーに対する暴力は，国内外問わず注目されており，わが国でも 2001 年に DV 防止法が制定された。また，法律の制定と改定に伴い，社会的な措置も充実しつつある。そして，DV 含む IPV に関する研究も多く行われている。本節では，はじめに IPV という現象について，IPV 加害者の類型，IPV 形態の類型，測定方法，性差について取り上げ概観し，IPV のリスクファクターについてのさまざまな知見をまとめた。

本節を通して，これまでの研究から IPV とその他のさまざまな変数との関連が明らかにされてきたことが示された。特に，ある個人もしくはパートナー関係が IPV をするかどうかの具体的な要因が示されてきたことは，予防・治療介入プログラムに有効に働くと考えられる。しかし見方を変えれば，

---

12) 対象とされた民族は，アフリカ系アメリカ人，ヒスパニック系，白人である。
13) ただし，不安性アタッチメントは精神的暴力に直接の影響も示された。

これらは言わば関連の現象を示しているに過ぎない。たとえば IPV の表出について，次のようなことが考えられる。根本的な原因は同一であるが，IPV の加害（被害）者の置かれる環境や関係性によって異なる形で表れるかもしれない。一方，根本的な原因は異なっていても，同様の IPV の形で表れるかもしれない。そのため，根本的な IPV 発生の原因の解明も重要であろう（Kaighobadi et al., 2009）。

　なぜ，IPV が発生するのかという疑問に対して，進化心理学的アプローチが有効であると考えられる。次節では，IPV の進化的適応機能に着目した研究をまとめた。なお，本節で示された要因が不要であるというわけではなく，むしろ，直接的な IPV の要因（至近要因）を明らかにすることは極めて重要である。次節における進化心理学的アプローチは，このような至近要因を統合的に理解し，IPV のメカニズムの本質的理解のためのアプローチの一つである。さまざまなアプローチによる研究知見が蓄積されれば，IPV に関してより理解が深まるとともに，臨床場面への応用や，予防・教育的介入プログラムを行うにあたってもより効果的な方略を模索することができる可能性もあるだろう。したがって，至近要因とともに，究極要因としての進化的適応機能にも着目する必要があるだろう。

第 2 節　生活史理論（life history theory）[14]

　現在，IPV の予防や介入のための多くの研究が行われており（Bair-Merritt et al., 2014; Bell & Naugle, 2008），IPV メカニズムに関する多くの知見が示されている（Vagi et al., 2013）。しかし，IPV がなぜ発生するのかという本質的な問題に立ち返ったときに，その原因は個人特性や（Vagi et al., 2013），状況的要因などが（Birkley & Eckhardt, 2015），個別に研究対象とされている。この

---

14) 本節は，「喜入　暁（2017）．パートナーに対する暴力の進化的基盤　法政大学大学院紀要, *79*, 95-105.」を一部加筆・修正したものである。

ような現状について，次の2つの問題点を挙げることができる。1つ目は，IPVの原因とされる要因同士の関連性とその理論的背景が不明瞭であること，2つ目は，IPVの原因とされる要因が，そもそもなぜ存在し，IPVの原因となりうるのかという根本的なメカニズムについての知見が示せないことである。これらの問題点を解決することで，IPVの本質を理解することができ，同時に人間の本質的理解に繋がると考えられる。本節では，その本質に迫るための一つのアプローチである進化心理学的アプローチによる解釈可能性を示す。

ただし，進化心理学的アプローチは，これまで示された知見と必ずしも矛盾するものではない。これまでの知見は現代社会における要因に対するアプローチである一方で，進化心理学的アプローチは，その進化的な経路や適応機能に着目するものである。したがって，異なるアプローチであるという点が重要であり，既存のアプローチを否定するものではない。しかし，本質的なIPVメカニズムを明らかにするためには多角的なアプローチが必要であるにも関わらず，既存のアプローチのみが先行している。そのため，本研究の進化心理学的アプローチは，むしろ，これまで示された知見の基盤としての枠組みを異なる視点から提供し，その枠組みに依拠したさらなる仮説生成に寄与するものであるといえる。

第1項　進化心理学的アプローチ[15]

IPVを含む，心理・行動メカニズムの「なぜ」を説明できる本質的理解を促進するアプローチの一つとして，進化心理学的アプローチが挙げられる（Buss, 2015）。進化心理学的アプローチは，進化生物学，行動生態学，自然人類学，古生物学，進化遺伝学などの知見に基づき，心理・行動メカニズムを明らかにしようとするアプローチである（Buss, 2015; 長谷川, 2001）。

---

[15] 進化心理学的アプローチに関して，Buss（2015），長谷川（2001），平石（2000, 2011）が詳しく解説している。

第1章　IPV，Dark Triad，生活史理論　　35

　進化心理学的アプローチでは，さまざまな心理メカニズムや行動パターンは，進化的適応の結果として形成された戦略（strategy）であると捉える[16]。進化的適応は，単純化すれば，その個体の生存と繁殖に収斂する。すなわち，自然選択（natural selection）により，生存・繁殖に有利な戦略や形質を備える遺伝子が相対的に増加し，そうでない形質は淘汰される。したがって，いずれの心理メカニズムや行動パターンも，自然選択を通して形成された，（少なくとも進化の過程のある時点においては）適応的な戦略であったといえる[17]。これらを踏まえると，現代社会における IPV やその他の犯罪行動およびその心理メカニズムであっても，進化的適応の観点からは適応的な戦略であった可能性が考えられる（Wilson & Daly, 1985）。

　このような考え方は，無論，環境要因を無視しているわけではない。むしろ，進化心理学的アプローチは，環境に対する適応機能に対するアプローチであり，環境要因との相互作用を想定する。特に，後述する個人差に関する進化心理学的アプローチは，ヒトの心理メカニズムや行動パターンが遺伝的基盤に基づき，環境のキューによって発現することを想定する。重要な点は，「環境によってすべての心理メカニズムや行動パターンが形成される」のではなく，「遺伝的基盤と環境との相互作用によって心理メカニズムや行動パターンが形成される」ということである。したがって，その個人が現在存在するその時点のみ，もしくはその時点の前後にある進化的に見れば短い期間のみにアプローチするだけでは，人間の本質的理解は十分ではない。人間の本質的理解を促進するためには，心理メカニズムや行動パターンを，自然選択を通して形成された進化的適応機能として捉え，客観的にアプローチすることが重要な点の一つであると考えられる。

---

[16] ここで用いられる「戦略」とは，目的を持った意図的な行動ではなく，単純な行動パターンを意味する。行動生態学では，戦略とは「ある特定の効果を達成するために取り得る行動のセット」を指す（長谷川・長谷川，2000, p.55）。

[17] ただし，適応的でも不適応的でもなかったため（適応に正負の効果をもたらさなかったため）淘汰されなかったという説もある。

36

このような視点に立つ進化心理学的アプローチは，IPV を含むその他の犯罪行動および心理メカニズムの根本的理解や，そのリスクファクターを含め，進化的適応という観点からさまざまな行動を統一的に理解することが可能となる（Buss, 2015）。また，進化心理学的アプローチは，現代社会における適応性については基本的には問題にしない。なぜなら，進化的適応による心理メカニズムや行動パターンの形成は，数百年などの単位ではなく，数万年，数十万年という時間単位によってなされるためである。したがって，現代社会における時間の単位は，進化的適応という観点から，極めて短い期間であり，この期間による心理メカニズムや行動パターンの進化的変動は想定されないと考えられる。なお，進化心理学的アプローチは，このような犯罪行動を許容・助長するものではない。むしろ，緊急に介入と改善を必要とする危険性のある領域を際立たせる役目を果たす（Buss & Duntley, 2011）。

第2項　進化的適応としての IPV

適応問題（adaptive problem）

自然選択により，それぞれの個体が適応度を最大化させるように方向づけられるが[18]，その戦略は個体ごとに異なる。そして，異なる戦略ごとに，異なる適応問題（adaptive problem）に直面する。最も単純な例の一つとして，性別による戦略の違いと，それによる対処すべき適応問題の違いが挙げられる（Buss & Schmitt, 1993）。これらの適応問題の違いは，性的葛藤（sexual conflict）を生じさせる。ここでは，特に，ヒトの繁殖における戦略の性差と適応問題，およびそのために生じる性的葛藤を取り上げたい。

繁殖のためには生殖が必要である。男性は生殖のための配偶子を生産する

---

[18] しばしば目的論的な表現が用いられるが，これは表現を簡略にするための便宜的なものに過ぎない。「進化はランダムに生じた変異の中で，その環境でもっとも多くの子孫を残すことに成功したものが，集団内での頻度を増やしていくプロセスである（平石，2000，p.342）」ため，進化に目的はない。あくまで，結果的な現象に過ぎない。

コストが少なく，妊娠期間がないため，いつでも生殖行動をとることが可能である。そして，生殖行動をとればとるほどより多くの子ども（自身の遺伝子を持つ個体）が生まれる可能性が高まり，したがって繁殖可能性が高まる（狩野・古賀，2012; Figure 1.3）。そのため，男性にとって，より多くの女性との多数回の生殖行動は，進化的適応の観点からは適応的な行動の一つである。実際に，男性は女性よりも生殖行動への欲求が強い（Clarke & Hatfield, 1989）。しかし，男性は自身が出産するわけではないため，生まれた子どもが自身の遺伝子を持つ個体かどうかの確信は持てない。この適応問題を，父性不確実性（paternity uncertainty）といい，男性が繁殖において対処すべき問題の一つである[19]。そのため，男性はこれを避けるために，特に，パートナーの性的な不倫（sexual infidelity）を警戒する（Buss, Larsen, Westen, & Semmelroth, 1992）。

　一方で，女性は，配偶子のコストが高く，妊娠期間が存在するため，生殖行動の回数は繁殖可能性に直結しない。つまり，生殖行動の回数と子どもの数は，ある時点で一定になる（狩野・古賀，2012; Figure 1.3）。したがって，女性にとって，複数の男性との頻繁な生殖行動は必ずしも適応的とはいえない。しかし，女性は自分自身が子どもを出産するため，生まれた子どもが自身の遺伝子を持つことを確信できる。そのため，母性の不確実性はない。一方で，子どもの養育や，外敵からの防衛は，男性が担っており，そのような投資がない場合，子どもを生存させていくことが困難になり，繁殖可能性が下がる。したがって，パートナーである男性が自分以外の女性に資源（resource）を投資することを避ける必要がある。そのため，女性はこの問題を避けるために，特に，パートナーの情緒的な不倫（emotional infidelity）をよ

---

[19] 他の男性の遺伝子を持つ個体が生まれ，かつそれが自分の遺伝子を持たない個体であると気づかない場合，他のパートナーの探索のための時間や，本来，自分の遺伝子を持つ個体に投資するはずだった資源（resource）を失うことになる。資源は有限であるため，これは避けるべき問題である。

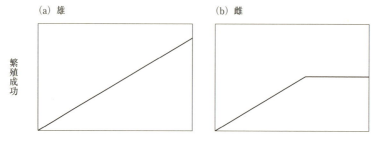

Figure 1.3　配偶相手の数と繁殖成功（子どもの数）の関係（狩野・古賀，2012，図6.5を改変）

り警戒する（Buss et al., 1992）。

　つまり，男性は異性と性的関係を持つこと，女性は継続的な資源供給を確保することが繁殖可能性を高める方法として挙げられる。しかし，男女の対処は完全に両立することはない。たとえば，男性が多数の異性と性的関係を持つ場合には，女性は継続的な資源供給を確保できず，女性が継続的な資源供給を確保する場合には男性は多数の異性と性的関係を持てない[20]。このような異性間における葛藤状態を性的葛藤という。なお，性的葛藤の生じるタイミングについて，3段階の時期が指摘されている（Buss & Duntley, 2011; Table 1.9）。

パートナー関係維持行動（mate retention behavior）

　戦略の性差により，異なる適応行動や適応問題とそれによる性的葛藤が生じるが，いずれも自分とパートナーとの排他的・長期的な関係性を形成することが一つの解決策となる[21]。したがって，男女とも，パートナー関係を維持するための行動をする。これらの行動は，パートナー関係維持行動（mate

---

[20] 実際にはこのような単純化された現象ではない。また，それぞれの性はこのような状態の中で妥協や相手を出し抜くことによって繁殖可能性が高まるような行動をとる。

第 1 章　IPV, Dark Triad, 生活史理論　　39

Table 1.9
Buss and Duntley（2011）による，葛藤が発生するタイミングとその概要

タイミング	概　　要
配偶前	お互いに相手の能力や資源を査定する段階である。男性は騙し（deception）や性への固執（sexual persistence：性関係を求める）などを，女性は性的注意をそらす・先延ばしにする，コミットメントのサイン（自分にのみ目を向ける，具体的にはプレゼントなど）を要求するなどを行なう。
配偶中	性関係の頻度，経済的資源の投資，他者に比べて親族に愛情を注ぐ，親としての子への投資，本命のパートナー以外へのアプローチなどといった面で性的葛藤が生じる。
関係解消後	片方が関係を修復しようとする場合，別れた相手が他者と交際するのを防ごうとする場合，生殖資源を得ようとする場合などに生じる。これは，ストーカーの進化心理学的説明でもある（Duntley & Buss, 2012）。

retention behavior）としてまとめられている（Buss & Shackelford, 1997; Buss, Shackelford, & McKibbin, 2008）。パートナー関係維持行動は，ネガティブな方略（たとえば，パートナーの支配）やポジティブな方略（たとえば，コミットメントのサイン）までさまざまであり，Buss et al.（1997, 2008）では 5 領域に分けられている[22]。

IPV の機能

　IPV は，パートナー関係維持行動の一つであることが指摘されている（Archer, 2013; Buss & Duntley, 2011）[23]。特に，ネガティブな方略のうちの最も重

---

[21] ただし，男女とも短期的な関係性（short-term relationships）を形成することの利益があり，実際に短期的配偶関係を形成することもある（Buss, 2015; Buss & Schmitt, 1993）。

[22] Buss and Shackelford（1997）によれば，パートナー関係維持行動は，パートナーの監視（Direct Guarding：パートナーの束縛など），パートナーへの否定的な関わり（Intersexual Negative Inducements：脅迫など），パートナーへの肯定的な関わり（Positive Inducements：コミットメントのサインなど），公への所有のサイン（Public Signs of Possession：他者に対する交際関係のアピールなど），ライバルへの否定的な関わり（Intrasexual Negative Inducement：同性への攻撃など）の 5 領域にまとめられる。

[23] さらに，IPV に続くストーキングや（Duntley & Buss, 2012），パートナー間殺人（intimate partner homicide: IPH; Kaighobadi et al., 2009）もパートナー関係維持行動の延長である可能性が指摘されている。

篤（severe）な方略である。IPV のパートナー関係維持行動としての機能について，Buss and Duntley（2011）は9つの適応問題からまとめている[24]。簡単にまとめると，いずれも，自身の遺伝子を残せない可能性が高まるような状況に直面したときに，IPV の可能性が高まる。その中でも，特に配偶価（mate value）の不一致を解消する機能の可能性は，パートナー関係維持行動のネガティブな方略に特有な，興味深い点であろう。つまり，パートナーと自身の配偶価に乖離がある場合（パートナーの配偶価が高い場合），パートナーは自分以外の他者とパートナー関係を再構築してしまう可能性があり，そうなった場合には，自身はパートナーに由来する資源を失ってしまう。そのため，IPV によってパートナーの配偶価（もしくは配偶価の認知）を下げることによって，パートナー関係を維持しようとする。実際に，配偶価がパートナーに比べ低いほどより支配的な行動を行い，身体的暴力も行うことが示されている（Graham-Kevan & Archer, 2009）。

　しかし，パートナー関係維持行動はさまざまであり，IPV はその選択肢のうちの一つに過ぎない（Buss & Duntley, 2011）。そして，パートナー関係維持行動として IPV が選択されることは稀である（Buss & Duntley, 2011）。そのため，これらが選択される文脈的条件や個人差に対しても進化心理学的アプローチをとる必要がある（Figueredo et al., 2005, 2006）。本稿では，特に，個人差の進化的基盤として生活史理論（life history theory）に依拠し，IPV と IPV リスクファクターのメカニズムにアプローチする。

---

[24] 9つの適応問題とは，パートナーを奪取する者の存在（mate poacher），性的な不倫（sexual infidelity），他者の男の子どもを妊娠している可能性（Pregnancy with another man's child-suspicions of genetic cuckoldry），他者への資源投資（Resource infidelity），資源欠如（Resource scarcity），配偶価の不一致（Mate value discrepancies），継子（Stepchildren），交際関係の崩壊（Terminating the mateship），同一パートナーとの関係の再構築の意図および以前のパートナーとの関係の再構築の阻止（Mate reacquisition and preventing a former partner from remating）である（Buss & Duntley, 2011）。いずれも，自身の遺伝子を残すための生殖資源を失う可能性が高まると，IPV が発生することが示されている（Wilson & Daly, 1996）。

第3項　個人差に対する進化心理学的アプローチ

個人差を進化心理学的に捉えることの重要性

　これまでの進化心理学的アプローチは，主に，ヒトに普遍的な心理メカニズム・行動パターンについて，その進化的基盤を明らかにしてきた（Buss, 2009）。しかし一方で，ヒトに普遍的な側面だけではなく，個人差も同様に，生存・繁殖における適応では重要な要因になる可能性が指摘されている（Buss, 2009）。Buss（2009）によれば，1）ヒトの心理・行動メカニズムを規定すると考えられるパーソナリティ特徴，一般知能，道徳性などの特性には個人差があり，2）これらの個人差は遺伝的要因に規定され，時間経過に伴う変化は比較的小さく安定的であり，3）適応行動の差異はこれらの個人差に伴って異なることが指摘されている。そして，4）個人が置かれるさまざまな環境状態における最適な適応戦略や，配偶者選択に関する配偶戦略では，ヒトに共通する特徴ではなく，個人差のある特徴が重要な役割を果たす（Buss, 2009）。すなわち，個人差が様々な領域において存在することは明らかである。しかし，これらは必ずしも生後の環境によってのみ形成されるわけではなく，むしろ，この個人差の分散説明率は，遺伝的な要因が一般的に30％から50％を占めることが指摘されている（安藤，2011, 2014）。また，このような個人差は環境によって変動することが示唆されているものの（Ellis, 2011），基本的には安定的である（Brumbach, Figueredo, & Ellis, 2009）。また，遺伝的基盤に基づく形質が環境によって発現しないことはあっても，その可能性が消滅することはないと考えられる。したがって，個人差は必然的に遺伝すると考えられる。遺伝する形質は，その形質が少なくとも進化的適応に寄与した可能性が考えられるため，進化心理学的アプローチにおいて着目すべき点である。また，ヒトに一般的な形質とは異なり，個人差の適応は，その個体の置かれる環境や状況によって異なり，それが重要な意味を持つ。たとえば，配偶の文脈において，二足歩行で言語を扱うことができるというヒ

42

トという種に特有な要因は，パートナーとしての選択基準において問題にならない。一方で，パーソナリティ，知能などの個人差が存在する特徴がパートナー選択における判断材料となる。したがって，ヒトの自然選択における個人差はランダムに発生する誤差ではなく，各個人のヒトという種内における適応の結果であると見てとれる。そのため，進化心理学的アプローチによる個人差への着目は，ヒトの心理メカニズムや行動パターンを理解する上で不可欠である（Buss, 2009）。

また，このような個人差は，いずれ一つのパターンに収束する可能性は否定できないが，一般的には維持されると考えられる。すなわち，ヒトに一般的な形質は進化の過程で収束したと考えられる一方で，個人差は進化の過程を通して維持されているものである。進化心理学的アプローチによって，このような一様に収束しない形質についても理論化されており[25]，実際に検証もされている（Buss, 2009）。したがって，現代社会において望ましくないパーソナリティや形質は，必ずしも今後淘汰されるというわけではなく，むしろ，そのようなパーソナリティは人口の中である一定の割合で維持されると考えられる。さらにいえば，「現代社会において」望ましくないパーソナリティが，進化的適応機能を持たないということにはならない。第1項で述べたとおり，現代社会とは進化的適応という観点からは問題にならないほど極めて短い期間であるため，進化的適応機能とは切り離して考えられるべきである。

上記の点は，環境のキューによる行動の変容と矛盾すると認識されるかもしれない。しかし，進化的適応は環境と1対1ではありえない。もし，ある環境に特異的に適応的であるとするならば，その環境が変動した際に淘汰されるだろう。したがって，進化的適応はある程度環境に対してフレキシブルであると考えられる。したがって，膨大な時間単位の中で形成された進化的

25）たとえば，平衡淘汰に関する理論は遺伝的多様性が維持されることについての代表的なものである（Buss, 2009）。

第 1 章　IPV, Dark Triad, 生活史理論　　43

形質が, 現代社会において比較的フレキシブルに対応することについて, 矛盾は生じない。

生活史理論 (life history theory)

　多くの研究で, ヒトの個人差に関する進化心理学的理論である生活史理論に基づく議論や実証がなされている (Figueredo, Garcia, et al., 2017)。生活史理論は, 適応のための戦略として, 生態エネルギーや物理的な資源の割り当てにおいて生じる個人差を理論化したものであり (Figueredo et al., 2006), もともとは種間の戦略の差異に関する理論である。具体的には, 種間の戦略の差異を, 遺伝的基盤と環境状態 (身体の大きさなど, その個体の物理的特徴を含む) によって形成される適応のための行動パターンのセットの差異として捉える理論である (田中, 2004)。この戦略は生活史戦略 (life history strategy) と呼ばれ, その種間差は, r戦略とK戦略を両極に仮定する1次元で表現される (Figueredo et al., 2006)。いずれの戦略も, その個体ごとの適応度, つまり, 生存, 繁殖可能性を最大化することに収束する。ただし, そのための資源は有限であり, 有限である資源の割り当てはトレードオフの関係にある。そのため, 資源をどの領域にどの程度割り当てるのかという問題に直面する。そして, 割り当てのパターンは各個体とその置かれた環境により異なる。繁殖におけるトレードオフは, 生殖により多く割り当てるか (mating effort), 養育により多く割り当てるか (parental effort) に2分される。R. H. MacArthur と E. O. Wilson は, 資源の割り当ての進化に関して, 次の式を提案した:

$$\frac{\mathrm{d}N}{\mathrm{d}t} = r\left(1 - \frac{N}{K}\right)N$$

　ここで, Kは環境収容力 (その環境における個体数の定員), rは内的自然増加率 (その生物が実現する可能性のある最大の増加率), Nは個体数, tは時間, $\mathrm{d}N/\mathrm{d}t$ はある瞬間における個体の増加率を表す。Kに対してNが少ない場合, 右辺のカッコ内は大きくなる。そのため, ある瞬間における個体の増加

量は，r（最大増加率）が高いことが寄与する。つまり，ある環境において個体数が少ない場合には，生殖数を高めるように資源を割り当て，個体数を増やすことが，遺伝子が残る戦略として有効である。一方で，Kに対してNが多い場合には，rを高めてもNは増加しない（Nの最大数はKであり，現時点で最大数に近いため）。また，このような場合には，Nの最大はKに固定されるため，Nに含まれるか否かについて同種内における競争が激化する。そのため，遺伝子が残るためには，rに資源を割かず，競争を勝ち抜くための子への投資に資源を割き，少数の子どもが確実に生存し生殖するための戦略が有効である。

　上記の理論を現実的な環境に置き換えると，Kに対してNが少ない環境とは，予測不能な気候変動や捕食者の存在などより，個体の生存率が低いような環境である。言い換えると，常に生命が脅かされる，将来の予測が立たない不安定な環境である。一方で，Kに対してNが多い環境とは，予測不能な気候変動や外敵の存在などがなく，個体の生存率が高いような環境である。言い換えると，生命を脅かされず，将来の予測が立つ安定的な環境である。前者の環境において進化する戦略はr戦略，後者の環境において進化する戦略はK戦略と呼ばれる。

　r戦略は，早い生活史戦略（fast life history strategy）とも呼ばれる。その個体が置かれる環境が，不安定，予測不能な状態において進化する戦略である（田中，2004）。捕食者の存在や，日々変動するような環境では，将来の見通しが立たない。そのため，長期的な利益は見込めない。したがって，即時的な利益を追求することが，このような環境においては有利な戦略となる。具体的な事象に置き換えると，次の通りである。まず，生存のための身体努力（somatic effort）よりも，遺伝子を継承させるための繁殖努力（reproductive effort）により多くの資源が割かれる。また，繁殖努力の中でも，養育努力（parent effort）よりも配偶努力（mating effort）に資源を割く。たとえば，ウサギは，性的発達が早く，一度に多くの生殖を行い，その後の養育は行わ

ないため死亡率が高い。また，成熟しても寿命が短い。

一方，K戦略は，遅い生活史戦略（slow life history strategy）とも呼ばれ，r戦略の対極にある戦略である。すなわち，その個体が置かれる環境が，安定的で，将来の予測が可能な状態である場合に有利な戦略である。この戦略は，同種内競争を勝ち抜くために，資源を生存のための身体努力に十分に割き，繁殖努力においては，配偶努力よりも，少数の子どもを確実に生存させる養育努力により多くの資源が割かれる。例えば，ゾウは，性的発達が遅く，子どもの数が少なく，十分な養育がなされるため死亡率が低い。また，成熟すると寿命が長い。

このように，生活史理論は種間の戦略の差異を統一的に説明する一つの枠組みを提供した（Pianka, 1970）。

ヒトへの応用[26]

生物種間の戦略を説明する生活史理論は，同一種内においても当てはめることができる。すなわち，同一種内の戦略の個人差として，生活史戦略が応用された（Rushton, 1985）。実際に，ヒトは一般的に遅い生活史戦略であることと同時に，そこには個人差があり，相対的に早い生活史戦略から遅い生活史戦略までさまざまである（Del Giudice, Gangestad, & Kaplan, 2015; Rushton, 1985）。そして，個人差の進化心理学的アプローチの重要性に鑑み（Buss, 2009），ヒトの個人差を捉える理論的枠組みとして，生活史理論が多く用いられてきている（Figueredo et al., 2014）。

生物種間の戦略の差異と同様に，ヒトという種内の個人差においても，r戦略からK戦略までの一次元の生活史戦略で表現される。すなわち，遺伝的影響に加え，幼少期において，将来の見通しが立たない不安定な環境状態は早い生活史戦略を形成し，将来の見通しが立つ安定的な環境状態は遅い生活

---

[26] 日本語の文献では，杉山・高橋（2015）が詳しく解説している。

史戦略を形成する（Ellis, Figueredo, Brumbach, & Schlomer, 2009; Figueredo et al., 2004, 2005, 2006)[27]。

　生活史戦略はさまざまな個人差を説明する（Figueredo et al., 2006)。また，生活史戦略によって説明される概念は，認知的，行動的側面における特定領域的な概念よりもむしろ，そのような概念の上位に想定される比較的高次の概念である（Figueredo et al., 2004, 2005, 2007)。例えば，生活史戦略は，パーソナリティ特性として用いられる5因子性格モデルとの関連において，5つの特性概念よりも，その高次に想定される一般パーソナリティ（General Factor of Personality: GFP）と関連する。同様に，身体的健康，精神的健康などの概念よりも，これらの高次に想定される一般健康因子（Covitality）と関連する。これらは，生活史戦略が中間レベルの理論（Mid-level theory)[28]である生活史理論に基づくことに由来するだろう（Figure 1.4)。すなわち，さまざまな進化的仮説は，その上位理論として生活史理論を想定することができる。

K-factorの測定

　上述したように，生活史理論は，1970年代にすでに提案され，ヒトへの応用可能性も早い段階から言及されていた。しかし，ヒトの個人差に対して，生活史理論に基づく実証研究が数多くなされ始めたのは2000年代以降である（Figueredo et al., 2006; Figueredo, Garcia, et al., 2017)。

　Arizona Life History Battery（ALHB） 生活史戦略を早い生活史戦略から遅い生活史戦略までの1次元の数値として測定し，多くの変数との関連を明らかにする研究には，アメリカで実施された大規模調査であるMIDUS調査

---

27)なお，戦略は基本的には安定的であるが（Brumbach, Figueredo, & Ellis, 2009)，環境の変化に伴い変動する可能性も示されている（Ellis, 2011)。

28)進化心理学的理論と各仮説は階層構造をなす。最も包括的な理論は一般理論である自然選択理論である。その下位が中間レベルの理論であり，例えば性選択理論，養育投資理論などがこれに相当する。これらの理論に基づき個別の仮説が導かれ，さらに，この仮説の下，実際に実証研究で明らかにする個別の予測が立つ（Buss, 2015)。生活史理論は，このうちの中間レベルの理論である（Figueredo et al., 2006)。

第1章 IPV, Dark Triad, 生活史理論　47

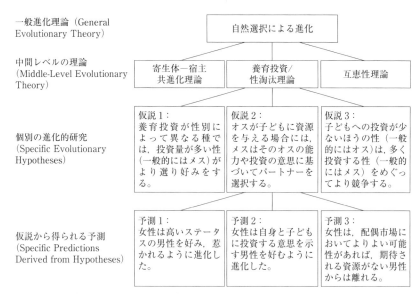

Figure 1.4　進化的理論のレベル（Buss, 2015, Figure 2.1 を改変）。中間レベルの理論から個別の研究仮説が導き出され，実証研究で明らかにする個別の予測が立つ。生活史理論は，この階層構造のうち，中間レベルの理論として位置する。

(National Survey of Midlife Development in the United States) が大きく貢献しただろう。この調査では，対人関係，特性，周囲の環境に関する情報を含むさまざまなデータの測定がなされた。ここで測定されたデータを元に，生活史戦略の抽出が試みられた（Figueredo et al., 2007）。このデータを用い，生活史特徴（K-factor：個人特性，家族機能，社会的機能の上位構成概念），一般的健康（covitality：身体的健康，精神的健康の上位構成概念），一般パーソナリティ（General Factor of Personality: GFP：5因子性格の上位構成概念）を同定し，これらの上位構成概念は，さらに上位の単一因子である Super-K factor によって説明されることが示された（Figueredo et al., 2007）。また，この関連には遺伝的要因が寄与していることも示されている（Figueredo et al., 2004）。一連の研究では，生活史特徴としてさまざまな側面を捉えると同時に，一般的健康と一

般パーソナリティも生活史理論の枠組みから説明できる，つまり，高次因子の Super-K factor により，領域の異なる一般因子を同一次元で包括的に説明できることが示された。さまざまな生活史特徴の高次概念として Super-K factor を仮定することは，MIDUS 調査対象だけではなく，文化横断的研究においても同様である（Sotomayor-Peterson, De Baca, Figueredo, & Smith-Castro, 2013; Woodley & Fernandes, 2014）。

Mini-K　ALHB はさまざまな尺度の組み合わせによる199項目から構成されているが，そのうちの１つである Mini-K が多くの実証研究で用いられている（Figueredo et al., 2014）。Mini-K は，生活史戦略を測定する20項目の尺度である（Figueredo et al., 2006; たとえば，「私は同時に複数のパートナーと性的な関係を持つより，一人の人と関係を持っていたい」，「私は友達とよく連絡を取ったりする」などの項目で構成される）。この尺度は，生活史戦略に関連する ALHB のさまざまな側面を包括する[29]。Mini-K は，本来の ALHB の項目数を大幅に減じたにもかかわらず，測定される情報の質は保たれていることが示され，再テスト法による信頼性も示されている（Figueredo et al., 2006）。さらに，パーソナリティ，社会的逸脱，脳機能，遺伝的要因などとのさまざまな関連が示された（Figueredo et al., 2006）。

本来199項目（内20項目は Mini-K 尺度項目）で測定する生活史戦略が，わずか20項目で測定できることは，生活史理論に基づく研究の発展に大きく関与したと考えられる（Figueredo et al., 2014）。Mini-K はわが国においても邦訳版が発表され，その妥当性も示されており，また，内的整合性も良好であった（Mini-K-J: Kawamoto, 2015）。

測定の問題点　K-factor を測定できる簡便なツールが開発されたことが，生活史理論に基づく個人差の研究が発展する一つの契機だったことが推測される。ただし，ここで，いくつかの注意点が挙げられる。K-factor は，ある

---

[29] 具体的には，計画性，リスク回避，家族関係，友人・パートナー関係，養育環境，コミュニティ関与などである。

第 1 章　IPV，Dark Triad，生活史理論　49

特定の事象に関する行動パターンではなく，それらの行動パターンの基盤と
して想定されるものである。したがって，本来の K-factor の測定は，199項
目の ALHB によって行われる（Figueredo, 2007）。ALHB を簡便にした
Mini-K は，ALHB の膨大な情報をわずか20項目で測定できるという点にお
いては有益である一方で，裏を返せば，少ない項目数で詳細な測定ができて
いるかという点においてはやや不安定であろう。Mini-K の妥当性検証では，
ALHB と遜色ない測定が可能であることが示されているが（Figueredo et al.,
2006），K-factor として 1 因子を仮定した場合の確証的因子分析による適合
度は低いことが示されている（Richardson, Chen, Dai, Brubaker, & Nedelec,
2017）。この点について，Mini-K を構成する項目は，生活史戦略に関する広
範な領域を包括している以上，1 因子構造を仮定することは困難かもしれな
い。実際に，Mini-K を 6 因子構造とした場合には適合度は向上し，それら
の高次因子として K-factor を仮定した高次因子分析モデルの適合度は良好
であった（Richardson et al., 2017）。

　これらの因子構造に関する問題点が挙げられるものの，Mini-K と ALHB
の尺度得点同士の関連は十分に示されているため（Figueredo et al., 2006），
Mini-K の意義は大きいといえるだろう。実際に，ALHB だけではなく
Mini-K を用いた有用な知見も数多くが示されている（Figueredo et al., 2014）。
また，近年，生活史戦略を測定する42項目の尺度が新たに作成された（K-
SF-42: Figueredo, Garcia, et al., 2017）。この尺度は ALHB に比べれば項目数は
少なく，かつ，Mini-K に比べてより精度の高い生活史戦略の測定が可能か
もしれない。

第 4 項　IPV と生活史戦略

　本項では，IPV の進化的基盤について，既存の議論をさらに一歩先に進
め，IPV メカニズムの理解を促進する可能性を示す。具体的には，従来指
摘されてきたパートナー関係維持行動としての IPV の選択が（Buss & Dunt-

ley, 2011)，どのような個人差に基づくのかを，生活史理論に依拠して解釈を
試みる。

パートナー関係維持行動と生活史理論に基づく進化的基盤の解明の可能性

IPV はパートナー関係維持行動としての機能を持つ（Buss & Duntley, 2011）。
しかし，パートナー関係維持行動としての多くの選択肢のうちの一つに過ぎ
ない。パートナー関係維持行動として IPV を選択するか否かには，個人差
が関わると考えられる。個人差は，生活史理論から，戦略の個人差として捉
えることができる。これらを踏まえ，パートナー関係維持行動として IPV
を選択することの個人差について，生活史理論に基づいた説明が可能である
と考えられる。言い換えれば，個人差に関する中間レベルの理論である生活
史理論によって，その下位に位置すると考えられる個別の進化的研究仮説と
してパートナー関係維持行動に関する仮説が構築可能であり，その仮説に基
づき，IPV を含む具体的なパートナー関係維持行動に関する予測が得られ
る。この予測を検証することで，これまで進化心理学的アプローチにおいて
なおざりにされてきた個人差の観点から IPV を捉えなおすことができる可
能性が考えられる。

パートナー関係維持行動はさまざまであるが，パートナーへの肯定的な関
わりは長期的な関係性を維持できる一方で（Shackelford & Buss, 1997），パー
トナーの束縛ではないため，そのような意味で，他の異性と一時的な性関係
を持つことができる環境にあるかもしれない。過剰なパートナー関係維持行
動である IPV や，パートナーの支配は，長期的な関係維持機能は持たない
かもしれないが（Copp et al., 2015; Shackelford & Buss, 1997），少なくとも短期
的な関係維持を可能にし，他の異性と性関係を持つことを阻むかもしれない。

生活史理論によれば，早い生活史戦略は，繁殖において養育努力よりも配
偶努力に資源を割く。したがって，短期的配偶戦略がとられる（Figueredo et
al., 2006）。つまり，より多くのパートナーと性関係を持ち，その性関係は長

期的な継続を前提としない。そのため、パートナーとの長期的関係は軽視されると考えられる。そのような戦略では、特に男性において、父性不確実性への対処が重要な問題となると考えられる。

上記に照らせば、このような戦略がとるパートナー関係維持行動は、長期的関係維持の可能性が高いコミットメントなどのポジティブな行動ではなく、短期的であっても強力な支配を可能とする、IPV を含むものであると考えられる。これらのことから、IPV の進化的基盤として、パートナー関係維持行動の一つであるという既存の仮説に加え、では、なぜ複数のパートナー関係維持行動から IPV が選択されるのかという点についても生活史理論に基づき明らかにすることで、より詳細に IPV のメカニズムを示すことができる可能性が考えられる。

IPV と生活史戦略との関連に関する直接的な研究は多くないが、生活史戦略の下位に想定されるさまざまな要因と IPV の関連性について多くの研究がなされている[30]。Figueredo, Gladden, and Beck（2011）は、これらの研究知見から、生活史理論を導入することで、IPV のリスクファクターを統一的に説明し、パートナーの支配行動が生活史戦略、特に早い生活史戦略によるものである可能性を示している。

IPV の機能は by-product か？

IPV のメカニズムは、進化的適応機能という観点から統一的な説明ができると同時に、他の解釈可能性も同時に考えられる。その中でも、副産物説（by-product）は、さまざまな心理・行動メカニズムにも当てはまる[31]。前項までは、IPV が IPV として機能を持つということを示してきた。しかし、ある行動や心理メカニズムの結果、結果的に IPV が発生してしまうという

---

[30]例えば、Vagi et al.（2013）の IPV 促進要因は、すべて早い生活史戦略の特徴である。
[31]例えば、殺人の進化心理学的メカニズムに関しては、殺人そのものが目的なのか、過剰な暴力の結果殺人となってしまったのかという議論がある（Daly & Wilson, 2001）。

解釈も可能である。具体的には，他者一般への暴力傾向が高いため，パートナーに対しても暴力を行使し，結果的に IPV が発生するという可能性である。実際に，IPV は同性への暴力とも関連し（Buss, Shackelford, & McKibbin, 2008），生活史戦略と IPV，一般対人暴力との関連は同様の傾向が示されている（Figueredo, Jacobs, et al., 2017）。ただし，Figueredo, Jacobs, et al.（2017）は，IPV でのみ配偶価が IPV を予測することを示しており，一般対人暴力と IPV は関連性が強いものの弁別できる行動パターンかもしれない。

第5項　まとめ

　本節では，IPV のメカニズムとその個人差を明らかにするために，進化心理学的アプローチ，特に生活史理論に着目し，個人差の進化的基盤の応用可能性を示した。すなわち，1) IPV はパートナー関係を維持するパートナー関係維持行動の１つであり，2) パートナー関係維持行動のうちでもパートナー支配に関するもので，3) パートナー関係維持行動として IPV を選択することには個人差があり，4) その個人差は生活史戦略で説明可能である。早い生活史戦略は，より繁殖努力，特に配偶努力に資源を割き，より多くのパートナーと短期間の性関係を持とうとする（Figueredo et al., 2006）。そのため，特定のパートナーとの協力関係維持よりも，父性不確実性の問題がより重要となると考えられる。したがって，父性不確実性を回避するために，強力な支配的パートナー関係維持行動である IPV を選択する可能性が考えられる。

限界点

　IPV の進化的基盤に関する説明において，重要な未解決の問題がある。現代社会において，IPV は性別にかかわらず双方向的に発生している（Straus, 2008; Giordano et al., 2010）。しかし，IPV の進化的説明では，男性においては父性不確実性によるパートナー関係維持行動として理論的に解釈可

能で，実際に検証がなされている一方で，女性においてはパートナー関係維持行動としての理論的な説明および実証がなされていない（Archer, 2013; Buss & Duntley, 2011）。したがって，IPV は，性別によってその役割が異なる可能性が考えられる。

今後の展望

　女性の IPV の進化的基盤の検証と，IPV が一般対人暴力と異なる次元の行動であるのかを検証する必要がある。加えて，これまで示された IPV リスクファクター（至近要因）が，進化的基盤としての要因（究極要因）によってどのように発生し，IPV へと繋がるのかを包括的に捉えることが必要だろう。究極要因と至近要因は対立するものではなく，行動の解釈のレベルの違いであるため（平石, 2000），これらを包括的に捉えることが真に IPV のメカニズムの本質的な理解に繋がるだろう。

　至近要因として多くの IPV リスクファクターに共通して関連する特性である Dark Triad は，早い生活史戦略が反映されるパーソナリティである可能性が指摘されている（Furnham, Richards, & Paulhus, 2013）。そのため，IPV メカニズムを Dark Triad と生活史理論によってアプローチすることは，究極要因と至近要因の両面からのアプローチを可能にする。つまり，Dark Triad と IPV の関連を示し，この関連の進化的基盤として生活史戦略が影響することが考えられる。

　このように，至近要因だけでなく，究極要因を含めて包括的に IPV メカニズムを本質的に理解することが，効果的な予防や介入などの領域や，パートナー関係の良好性を保つことに貢献するために必要であると考えられる。

第3節　Dark Triad

　本節では，IPV の至近要因として個人特性に着目する。特に，社会的に

54

望ましくないとされるパーソナリティ群である Dark Triad は, IPV のリスクファクター (cf. Vagi et al., 2013) に寄与するパーソナリティ群であり, また, 早い生活史戦略を示すパーソナリティ群であることが指摘されている (Jonason, Koenig, & Tost, 2010)。したがって, IPV リスクファクターは, 至近要因としての Dark Triad によって統合的に説明され, また, その進化的基盤として生活史理論による統合的な視点から理解できる可能性が考えられる。

これまでに多くのパーソナリティに関する研究がなされており, パーソナリティはさまざまな特性, 心理メカニズム, 行動パターンを規定することが明らかになっている (Judge & Ilies, 2002)。そして, 多くの研究知見からパーソナリティは主要な5つの特性から成り立つことが示唆され (5因子性格モデル；Goldberg, 1990; John, Naumann, & Soto, 2008; McCrae & Costa, 1987), この5つのパーソナリティ特性は世界的に共通しており (McCrae & John, 1992; 小塩・阿部・カトローニ, 2012), 遺伝的要因の効果も示されることが明らかにされた (安藤, 2014; Jang, Livesley, & Vemon, 1996)。

一方で, 5因子性格モデルとは異なるパーソナリティ概念で, 特に, ネガティブなパーソナリティ群として Dark Triad という概念に関する研究がなされている (Furnham et al., 2013; Paulhus & Williams, 2002)。Dark Triad は社会的に望ましくない (socially aversive) と考えられる3つのパーソナリティの集合的概念であり, Paulhus and Williams (2002) によって概念化された[32]。この3つのパーソナリティとは, マキャベリアニズム, ナルシシズム, サイコパシーである。これらのパーソナリティ特性は, 日常生活に支障をきたすほど過剰である場合には精神病理として扱われる。しかし, パーソナリティ (やその他の精神病理) は, 病理と健常の境界が曖昧であり, むしろ, 連続的である可能性が指摘されている (Haslam, Holland, & Kuppens, 2012; 杉浦,

---

[32] ただし, 後述するように, Paulhus and Williams (2002) は, 3つのパーソナリティの共通性から Dark Triad という概念を仮定したものの, この3つのパーソナリティは弁別可能な異なるパーソナリティであると結論づけている。

2009)。そして,実際に非臨床群におけるナルシシズム,サイコパシーに関する多くの研究がなされ,これらの個人差に基づくさまざまな心理メカニズムや行動パターンの差異が明らかにされている。このような背景に基づき,Dark Triad の研究も主に非臨床群が対象となっている (Furnham et al., 2013)。また,2002年に提唱されて以来,Dark Triad を扱う研究は急激に増加している (Jonason, Webster, Schmitt, Li, & Crysel, 2012; Muris, Merckelbach, Otgaar, & Meijer, 2017; Figure 1.5)。

本節では,Dark Triad を構成する3パーソナリティ概念について紹介した上で(第1項),Dark Triad としてこれらを同時に扱った研究知見を紹介する。具体的には,5因子性格モデルをはじめとする既存のパーソナリティ概念における Dark Triad の位置づけについて紹介した上で(第2項),Dark Triad に特徴的な心理メカニズム,行動パターンについて概観する(第3項)。そして,これらを踏まえ,進化心理学的アプローチにより Dark Triad の進化的基盤について,特に生活史理論に基づき解釈する(第4項)。最後に,

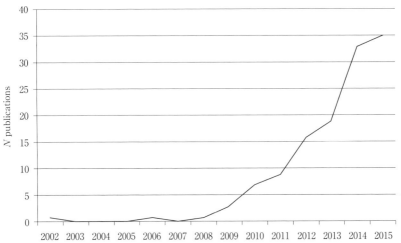

Figure 1.5　Dark Triad に関する論文数の推移 (Muris et al., 2017)。縦軸は刊行数,横軸は西暦を示す。

Dark Triad 研究に関わる問題と今後の展望について考察する（第5項）。

第1項　Dark Triad を構成するパーソナリティ

Dark Triad とは，社会的に望ましくないパーソナリティ群である（Furnham et al., 2013; Paulhus & Williams, 2002）。Dark Triad の下位側面として位置づけられる3つのパーソナリティは，マキャベリアニズム，ナルシシズム，サイコパシーである。Dark Triad の研究で扱われるこれらのパーソナリティは，一般的に，社会的な日常生活を送っている非臨床群における個人差としてのパーソナリティである（Furnham et al., 2013）。

マキャベリアニズム

Dark Triad の構成要素であるパーソナリティは，少なからずパーソナリティ障害に端を発するものである。しかし，マキャベリアニズムは臨床・犯罪領域における知見から帰納的に仮定されたというよりも，むしろ理論的に仮定されたパーソナリティである（Jones & Paulhus, 2009）。すなわち，ニコロ・マキャベリ（Niccolò Machiavelli; 1469-1527）の思想に端を発するパーソナリティである（Christie & Geis, 1970）。理論的に概念化されたパーソナリティであるにもかかわらず，マキャベリアニズムというパーソナリティはさまざまな領域で多くの研究がなされており，理論的概念と実証的知見との一致が示されている（Jones & Paulhus, 2009; Verbeke, Rietdijk, van den Berg, Dietvorst, Worm, & Bagozzi, 2011）。

マキャベリアニズムは，自身の利益追求のために合理的・計画的に他者操作を行う戦術的操作（tactic manipulation），他者を一般的にネガティブな存在として認識するシニカルな世界観（cynical worldview），および道徳の軽視（disregard for conventional morality/pragmatic morality）に特徴づけられる（Jones & Paulhus, 2009）。

マキャベリアニズム傾向の測定では，主に Mach-IV（Christie & Geis, 1970）

が用いられる。Mach-IV は，20項目でマキャベリアニズム傾向を測定し（たとえば，「自分がした事の本当の理由は，都合がよい場合を除いて明かすべきではない」などの項目で構成される），一般的に全項目の合計得点ないし平均得点を「マキャベリアニズム得点」として扱う[33]。なお，わが国においても Mach-IV の日本語版が開発されており，妥当性の検証もなされている（中村他, 2012）。

ナルシシズム

　ナルシシズムは，パーソナリティ障害の一つである自己愛性パーソナリティ障害に端を発するパーソナリティであるが，臨床群と一般群の連続性が指摘されている（Miller, Gaughan, Pryor, Kamen, & Campbell, 2009）。一般人口におけるパーソナリティとしてのナルシシズムについて，これまで多くの研究がなされてきた（Bosson, Lakey, Campbell, Zeigler-Hill, Jordan, & Kernis, 2008; Fan et al., 2011）。特に，対人関係や，近年では SNS に関する研究が目立っている（Buffardi & Campbell, 2008; Dufner, Rauthmann, Czarna, & Denissen, 2013; McCain, Borg, Rothenberg, Churillo, Weiler, & Campbell, 2016）。いずれにおいても，自分自身に特別な能力や，特権があるという信念である特権意識（entitlement）や，根拠のない誇大な自信（誇大性；grandiose），自己顕示性（exhibitionism），賞賛欲求（self-admiration）などによって特徴づけられる（Raskin & Hall, 1979）。つまり，他者と比較した場合に自分の方がより優位であり，それは当然のことであるという認識を持っており，それを他者に認めさせたいという傾向のあるパーソナリティである[34]。

　ナルシシズムの測定では，40項目の Narcissistic Personality Inventory（NPI; Emmons, 1984; Raskin & Hall, 1979; Raskin & Terry, 1988）が一般的に用いられる。その他の尺度には16項目から成る NPI の短縮版も作成されている

---

[33] ただし，先の3つのファセット（戦術的操作，シニカルな世界観，道徳観の軽視）の各側面から研究される例もある（e.g., Martin, Lastuk, Jeffery, Vernon, & Veselka, 2012）。

（NPI-16; Ames, Rose, & Anderson, 2006）。NPI は，全項目の合計得点をナルシシズム傾向得点として扱うことに加え，ファセットごとの検討も多くなされる。一般的には，名声や権力を求めたり，リーダーシップ志向であるといった，リーダーシップ・権威（Leadership/Authority），傲慢で自己主張的態度である，誇大性・自己主張（Grandiose/Exhibitionism），自分は特別であるという信念や，他者は自分のために何かをすべきだという信念である，特権意識・搾取（Entitlement/Exploitative）が用いられる。わが国においては，NPI が邦訳されており（小塩，1998；たとえば，「自分自身では要領もいいし賢明さも備えていると，私は思っている」などの項目で構成される），優越・有能因子，注目・賞賛因子，自己主張性因子の 3 因子が見いだされている。

サイコパシー

　サイコパシーは，共感性の欠如（callous affect），対人操作性（interpersonal manipulation），不安定なライフスタイル（erratic lifestyle），反社会的行動（antisocial behavior）に特徴づけられる（Hart & Hare, 1989）。また，衝動性（impulsivity），スリルの追求（thrill-seeking）などの特徴を持つ（Patrick, 2010）。ただし，一般的には共感性の欠如，対人操作性がサイコパシー傾向の中核であると考えられている（Hart & Hare, 1989）[35]。サイコパシーにおいても，臨床群と非臨床群との連続性が指摘されており（Williams, Paulhus, & Hare, 2007），臨床群，非臨床群を問わず多くの知見が蓄積されている（Blair, 2006; Blair & Mitchell, 2009; Lilienfeld, Watts, & Smith, 2015；大隅・大平，2010; Smith & Lilienfeld, 2015）。

---

[34]ただし，誇大性とは異なる，脆弱性（vulnerability）の側面も指摘されている（Hendin & Cheek, 1997; Miller, Hoffman, Gaughan, Gentile, Maples, & Campbell, 2011；清水・川邊・海塚，2008）。しかし，Dark Triad の研究では一般的に誇大性が着目されているため，本稿においても誇大性に着目する。

[35]ただし，Dark Triad として研究がなされる場合，共感性の欠如や他者操作性は Dark Triad に共通する特徴であり，むしろ不安定なライフスタイルおよび反社会的行動がサイコパシー特有の特徴となることが多い。

サイコパシー（サイコパス）の測定は，Psychopathy Check-List Revised
(PCL-R: Hare, 2003) と呼ばれる半構造化面接によってなされる。また，一斉
調査では，PCL-R を元に作成された64項目の自己評定式の検査である Self-
Report Psychopathy III (SRP-III; Paulhus, Neumann, & Hare, 2009) が用いら
れることが多い。その他のサイコパシーを測定する尺度には，154項目の
Psychopathy Personality Inventory-Revised (PPI-R; Lilienfeld & Widows,
2005)[36]，58項目の Triarchic psychopathy measure (TriPM: Patrick, 2010),
26項目の Levenson's Self-Reported Psychopathy scale (LSRP: Levenson,
Kiehl, & Fitzpatrick, 1995) などがある。なお，わが国においては，LSRP 日
本語版（大隅・金山・杉浦・大平，2007; 杉浦・佐藤，2005; たとえば，「どんなこと
をやっても，とがめを受けずにすめば，私にとっては正しいことである」などの項目
で構成される）および PPI-R 日本語版 (Yokota, 2012; たとえば，「私がその気に
なれば，たいていのことは人を説得することができると思う」などの項目で構成され
る）が作成されており，いずれもサイコパシーの測定尺度として妥当性が検
証されている。

Dark Triad としての共通側面

Paulhus & Williams (2002) は，マキャベリアニズム，ナルシシズム，サ
イコパシーの共通性を見出した。具体的には，自己宣伝，冷淡な感情，嘘つ
き，攻撃的な行動傾向と社会的な悪意特性が共通することを指摘し，実際に
これらの3つのパーソナリティが相関するかどうかが検討された。この分析
の結果，それぞれのパーソナリティ同士の相関は極端なものではなかったが，
中程度以上の相関係数を考慮すると，共通する要素を含む可能性が示される
(Paulhus & Williams, 2002; Figure 1.6)。また，その後の多くの研究においても
一貫して中程度以上の相関が示されている (Furnham, Richards, Rangel, &

---

36)または，前身である187項目の PPI が用いられる (Lilienfeld & Andrews, 1996)。

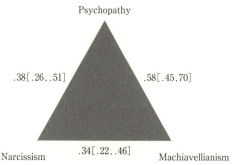

Figure 1.6　Dark Triad の各側面同士の相関係数（Muris et al., 2017を改変）。数値はメタ分析による相関係数を，[　]内は95％信頼区間の上限と下限を示す。

Jones, 2014; Muris et al., 2017)。ただし，マキャベリアニズム，ナルシシズム，サイコパシーの共通要素を扱うのか，もしくは共通要素を統制した独自要素を扱うのかは，研究の目的によって異なる。すなわち，包括的に社会的な悪意特性に興味がある場合，Dark Triad の共通側面はその中核であり，この点にアプローチする必要があると考えられる。一方で，Dark Triad の各側面に興味がある場合には，当該の Dark Triad 側面以外の2側面を統制することによって，当該の Dark Triad の効果をより明確に示すことができる。

　Dark Triad の中核となる特徴として，冷淡さと対人操作性が挙げられる (Jones & Paulhus, 2014; Paulhus, 2014)。実際に，サイコパシーの冷淡さおよび他者操作性は，マキャベリアニズム，ナルシシズム，サイコパシーの不安定なライフスタイルおよび反社会行動を説明することが示されている (Jones & Figueredo, 2013)。また，パーソナリティの特徴として，非協調性が挙げられる (Furnham et al., 2014)。そして，行動パターンとして，他者への攻撃性や，性関係への積極性が挙げられる (Furnham et al., 2013)。このような傾向は，心理・行動パターンにさまざまな共通要素として示される。

　一方で，各 Dark Triad の独自性（特有性）が示されている。独自性を明らかにする統計的手法として，偏回帰係数が多く用いられる (Furnham et al.,

第1章　IPV, Dark Triad, 生活史理論　61

2013)。すなわち，回帰分析を用いて Dark Triad とある変数との関連性を検証する際に，各 Dark Triad を説明変数として同時に投入し，当該変数以外の変数を統制することで，その当該変数に特有の効果を示すことができる。このような手法によって示された各 Dark Triad の独自性は次の通りである。まず，サイコパシーは，衝動性や無計画性，即時的な利益の追求などに特徴づけられる (Azizli et al., 2016)。一方で，ナルシシズムは，賞賛欲求や自己顕示性に特徴づけられる (Fox & Rooney, 2015)。これらは他者の存在が不可欠であるため，ナルシシズムは Dark Triad の他の2つと比較して他者との良好な対人関係を形成する可能性が示されている (Garcia & Rosenberg, 2015; Jonason, Strosser, Kroll, Duineveld, & Baruffi, 2015)。マキャベリアニズムは，計画性，合理的判断に基づく自己利益の追求に特徴づけられる。そのため，同一の行動であっても，状況的な要因によって，その行動を表出するかどうかが異なると考えられ (Jonason, Strosser, et al., 2015)，実際に，マキャベリアニズムの独自性が示されないこともある (Jonason & Tost, 2010)。

　このような各 Dark Triad の独自性が示されるものの，それぞれの概念同士の関連や共通性が頑健に示されており (Furnham et al., 2014; Muris et al., 2017)，各 Dark Triad の独自性の検証とともに，Dark Triad としてまとめたパーソナリティ概念とその他の変数の関連についての研究がなされている。特に，さまざまな心理メカニズムや行動パターンのネガティブな側面を捉えるパーソナリティ群として，また，5因子性格モデルとは異なる概念として多くの研究で用いられている (Jonason, Webster, et al., 2012; Muris et al., 2017)。

　Dark Triad は，Paulhus & Williams (2002) によって概念化されて以来，各3側面を測定する個別の尺度（特に，SRP-III, NPI, Mach-IV）が用いられ，それぞれの得点を標準化して合計ないし平均することで測定されてきた (Furnham et al., 2013; Muris et al., 2017)。このような状況に鑑み，Dark Triad の側面ごとに4項目で測定し，12項目の合計（または平均）得点を Dark Triad 得点とする尺度（Dark Triad Dirty Dozen: DTDD）が作成された (Jonason & Webster, 2010)。DTDD は，妥当性検証において，各 4 項目に寄与する各 Dark Triad の因子（マキャベリアニズム，ナルシシズム，サイコパシー）と，その因子に寄与する高次因子である Dark Triad を仮定したモデルが適合することが示されている（Jonason & Webster, 2010)[37]。わが国においても，日本語版が作成されており，妥当性が示されている（DTDD-J: 田村・小塩・田中・増井，2015: たとえば，「私には他の人をあやつっても自分の思い通りにするところがある（マキャベリアニズム）」，「私は，あまり自分の過ちを認めることがない（サイコパシー）」，「私は，他の人から立派な人物だと思われたいほうだ（ナルシシズム）」などの項目で構成される）。

　一方で，Dark Triad の側面ごとに 9 項目で測定し，27 項目の合計（または平均）得点を Dark Triad 得点とする尺度（Short Dark Triad: SD3）も作成されている（Jones & Paulhus, 2014)。SD3 も複数の研究を通して妥当性の検証がなされており，3 因子構造が支持されている。わが国においても，日本語版が作成されており，妥当性が示されている（SD3-J: 下司・小塩，2017: たとえば，「他の誰かに自分の秘密を教えないということは賢明なことだ（マキャベリアニズム）」，「周りの人は私を生まれながらのリーダーだと思っている（ナルシシズム）」，「私は目上の人に仕返しや報復をしたいと思うことがある（サイコパシー）」などの項目で構成される）。

　DTDD と SD3 の精度の比較も行われており，SD3 は DTDD に比べて精度が高いことが示されている（Maples, Lamkin, & Miller, 2014)。また，DTDD の特徴として，ナルシシズムの測定は，ナルシシズムの脆弱性側面を捉えていることが示された。わが国においても SD3-J は DTDD-J よりも精度が高いことが示された（下司・小塩，2017)。しかし，いずれの尺度も Dark Triad を測定する有効な尺度であるため，研究目的に応じて使い分けることが必要

---

[37]ただし，後に，各 Dark Triad に寄与する特殊因子（マキャベリアニズム，ナルシシズム，サイコパシー）と，すべての項目に寄与する一般因子（Dark Triad）を仮定した階層因子分析モデルでの検証がなされている（Jonason, Kaufman, Webster, & Geher, 2013)。

だろう。

第2項　Dark Triad とパーソナリティ理論

　Dark Triad は，既存のパーソナリティ理論の中で，どのような位置づけなのだろうか。これらの研究は多くなされている。この項では，はじめに，世界的に一般的である5因子性格モデルとの関連について取り上げる。次に，5因子性格モデルを拡張した HEXACO モデルとの関連について紹介する。最後に，対人関係に関するパーソナリティ理論である対人円環モデルとの関連について取り上げる。いずれのパーソナリティ理論との関連であっても，Dark Triad は非協調性，不誠実性，自己中心性に特徴づけられる。

5因子性格モデル（five factor model）

　パーソナリティ特徴の研究で最も広く用いられるものの1つとして，5因子性格モデルが挙げられる。Dark Triad に関する研究でも例外ではなく，5因子性格モデルとの関連に関する研究は多くなされている（Furnham et al., 2014）。Dark Triad と一貫して関連するのは協調性の低さである（Furnham et al., 2014; Jakobwitz & Egan, 2006; O'Boyle, Forsyth, Banks, Story, & White, 2015; Paulhus & Williams, 2002）。一方で，Dark Triad の各側面の独自性として，サイコパシーとマキャベリアニズムでは誠実性の低さが，ナルシシズムでは外向性の高さが示される（Furnham et al., 2014）。なお，各 Dark Triad と5因子性格モデルのファセットとの関連では，理論的概念と異なる関連を示す場合もあるが，ほとんどの関連は Dark Triad やその各側面の理論的概念を支持するものであり，特に，協調性との負の関連が一貫して示された（O'Boyle et al., 2015）。

HEXACO モデル

　5因子性格モデルに並び，パーソナリティ特性へのアプローチとして，

HEXACO モデルが提唱されている（Ashton & Lee, 2007; Ashton, Lee, & Gold-berg, 2004）。このモデルは，正直さ−謙虚さ（Honesty-Humility），情動性（Emotionality），外向性（eXtraversion），協調性（Agreeableness），誠実性（Con-scientiousness），経験への開放性（Openness to Extraversion）からなるが，5因子性格モデルの特性に加えて正直さ−謙虚さの因子が含まれていることが特徴的なモデルである。この特性は，正の方向では誠意，公正性，つつましさなど，負の方向では狡猾さ，気取り，強欲などで定義される（Ashton et al., 2004）。Dark Triad の各側面は，特に，正直さ−謙虚さとの負の関連を一貫して示した（Book, Visser, & Volk, 2015; Lee & Ashton, 2005; Lee, Ashton, Wilt-shire, Bourdage, Visser, & Gallucci, 2013）。また，Dark Triad の共通因子には正直さ−謙虚さが負の関連を示すことに加え，各 Dark Triad に特有な関連として，マキャベリアニズムと協調性との負の関連，ナルシシズムと外向性との正の関連，サイコパシーと情動性，誠実性との負の関連が示された（Lee et al., 2013; Figure 1.7）。

対人円環モデル

　対人関係に焦点を当て，パーソナリティを2つの軸による2次元で理解しようという試みがなされている（Gurtman, 2009）。このモデルでは，力（pow-er），支配性（dominance）などで定義づけられる自己志向（Agency）の軸と，関係性（relatedness），調和（harmony）などで定義づけられる関係志向（Com-munion）の軸で表現される2次元上のどこに位置するかによってその個人のパーソナリティを理解しようとするものである。これは対人円環モデルと呼ばれる。Dark Triad はこのモデルにおいて，自己志向性が高く，関係志向性が低いことが示された（Rauthmann & Kolar, 2013a）。この知見は，Dark Triad の理論的概念と一致する。

　しかし一方で，Dark Triad の各側面の独自性も示された。すなわち，サイコパシーは一貫して関係志向性が低く，自己志向性が高い一方で，マキャ

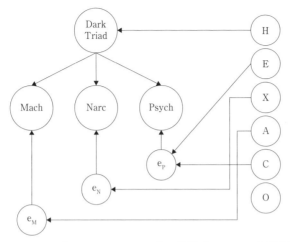

Figure 1.7　Dark Triad と HEXACO モデルとの関連（Lee et al., 2013を改変）。

ベリアニズムは関係志向性，自己志向性がともに低い傾向にあるが，やや一貫しない。ナルシシズムは自己志向性との正の関連のみが示された（Rauthmann & Kolar, 2013a）。

ただし，これらの知見も，各 Dark Triad の理論的概念と一致する。すなわち，サイコパシーの他者を省みないという特徴と無計画性，衝動性は，自己志向性との正の関連，関係志向性との負の関連と整合する。一方で，賞賛欲求を持つナルシシズムは，自己志向性が高いものの，他者との関係性も形成する必要があると考えられるため（Jonason, Strosser, et al., 2015），関係志向性との負の関連が示されないと考えられる。また，マキャベリアニズムは，他者を省みないという特徴を持つ一方で，状況に合わせた計画的・合理的な対人関係方略を示すため，頑健な関連が示されなかった可能性が考えられる。

第3項　Dark Triad の特徴

Dark Triad は，特徴的なパーソナリティプロフィールを示すことが，多くの研究で示された（Book et al., 2015; Furnham et al., 2014）。このような特徴

的なパーソナリティプロフィールから，その他の特性に関する心理メカニズム，行動パターンを含むさまざまな領域においても Dark Triad は特徴的な関連を示すことが推測される。実際に，Dark Triad はさまざまなネガティブな変数と関連すると同時に（Muris et al., 2017），世界的に一般的である5因子性格モデルで説明できない分散を説明することも示されている（Veselka, Schermer, & Vernon, 2011）[38]。本項では，心理メカニズムとして特性に関する Dark Triad の特徴について概観し，続いて，実際の行動パターンに関する実証研究を紹介する。

Dark Triad 特性

パーソナリティ理論との関連性から，Dark Triad は自己利益を追求する自己中心性を特徴とするパーソナリティであると考えられ，実際に実証されている（Jonason, Li, & Teicher, 2010; Kajonius, Persson, & Jonason, 2015）。また，Dark Triad の核となる特性は共感性の欠如および他者操作性に特徴づけられることも示唆されている（Jones & Figueredo, 2013; Paulhus, 2014）。さらに，これらの特性に関して，直接的な検証がなされており，実際に支持されている。例えば，共感性は Dark Triad と負の関連が示されている（Jonason, Lyons, Bethell, & Ross, 2013; Schimmenti, Jonason, Passanisi, La Marca, Di Dio, & Gervasi, 2017）。また，共感性には感情的共感性（他者の感情に適切な感情反応を示すための共感性）と認知的共感性（感情的感化なしに，他者の感情状態を識別するための共感性）の2側面があり，Dark Triad は特に感情的共感性が欠如していることが示された（Jonason & Krause, 2013; Wai & Tiliopoulos, 2012）。また，Dark Triad が他者に対して罪悪感を覚えないことや（Giammarco & Vernon, 2015），他者の不適切な行動を許さず，徹底的に処罰しようとする傾向（Giam-

---

38）たとえば，道徳的価値の軽視（Jonason, Strosser, et al., 2015），短期的配偶戦略（Jonason & Buss, 2012; Jonason, Foster, McCain, & Campbell, 2015），他者への影響行動（Jonason & Webster, 2012）などが挙げられる。

marco & Vernon, 2014）も明らかにされており，これらは共感性の欠如に基づくことが指摘されている（Giammarco & Vernon, 2014）。

　また，Dark Triad は道徳的価値を軽視することも指摘されており（Egan, Hughes, & Palmer, 2015; Jonason, Strosser, et al., 2015），メタ分析による知見においても支持されている（Muris et al., 2017）。なお，道徳的発達と Dark Triad の関連に遺伝的相関は示されず，共有環境と非共有環境の相関に規定されることが明らかになっている（Campbell, Schermer, Villani, Nguyen, Vickers, & Vernon, 2009）。

　他者操作性についても同様に，多くの研究が支持している。例えば，他者の感情や気分を扱う場合に，Dark Triad が高いほどネガティブな気分誘導を行う（Austin, Saklofske, Smith, & Tohver, 2014）。さらに，この関連は情動知能と関連することが示唆されており，情動知能が高いほど他者操作傾向が高い（Nagler, Reiter, Furtner, & Rauthmann, 2014）。

　これらの特性を持つ Dark Triad は，他者に対してより敵対的・競争的な傾向にあり（Jonason, Li, & Teicher, 2010），他者を信頼することも少なく（Rauthmann, 2012），むしろ，他者は搾取の対象であると考えやすい（Black, Woodworth, & Porter, 2014）。これらの傾向は，攻撃性，反社会性などとも関連し，実際に，Dark Triad は攻撃性が高いことが示されるとともに（Jonason, Duineveld, & Middleton, 2015; Jonason & Webster, 2010; Jones & Neria, 2015; Paulhus, 2014; Webster et al., 2016），攻撃行動や反社会行動と関連すると考えられる衝動性も高いことが示されている（Jonason, Koenig, & Tost, 2010; Jonason & Tost, 2010; Malesza & Ostaszewski, 2016a）。これらの知見から，Dark Triad は，共感性の欠如や他者操作性に加え，攻撃性や反社会的な傾向も特徴として備える，社会的な枠組みにおいてはネガティブであるとされるパーソナリティの集合体といえよう（Furnham et al., 2013; Muris et al., 2017）。

　これらの点から，Dark Triad の理論的概念が，実証的に支持されたといえる。すなわち，Dark Triad は共感性の欠如や他者操作性を核とする自己

中心的なパーソナリティである。また，道徳性の欠如に特徴づけられるように，この自己中心性は公正性などによるものではなく，自己利益を追求することに特徴づけられるものである。そして，これらは衝動性と同時に攻撃性や他者に対するネガティブな認知などと関連する。

　一方で，Dark Triad の各側面の独自性は，必ずしも上記の通りではないことが示唆されている（Campbell et al., 2009; Furnham et al., 2013, 2014; Jonason & Tost, 2010; Jones & Paulhus, 2011）。特に，ナルシシズムは，自己制御不全に基づく不適応的な衝動性（dysfunctional impulsivity）を示すものの（Jonason & Tost, 2010），即座の決定を可能にするなどの機能的な衝動性（functional impulsivity）も持つことが示されている（Jones & Paulhus, 2011）。一方で，サイコパシーの衝動性は不適応的な衝動性が一貫して優位である（Jonason & Tost, 2010; Jones & Paulhus, 2011）。また，マキャベリアニズムの衝動性は，知見が一貫していない（Jonason & Tost, 2010; Malesza & Ostaszewski, 2016a）。

　また，道徳性についても，ナルシシズムは権威や共同的価値を重視する一方，サイコパシーは一貫して軽視する（Jonason, Strosser, et al., 2015）。なお，マキャベリアニズムは道徳性との明確な関連が示されないものの，実際に道徳に反する行動をすることをいとわないことが指摘されている（Jonason, Strosser, et al., 2015）。

　対人関係の認識についても，Dark Triad の各側面の独自性が示される。ナルシシズムは自己中心性に加えて，対人関係を良好に保とうとする可能性が示されている（Garcia & Rosenberg, 2015; Jonason, Strosser, et al., 2015; Rauthmann & Kolar, 2013a）。一方で，サイコパシーは一貫して他者志向性を示さず，マキャベリアニズムは一貫しない（Rauthmann & Kolar, 2013a）。

　ただし，これらの知見も，理論的概念に一致する。すなわち，ナルシシズムは自己中心的である一方で，自身を承認する他者が必要であるため，他者との良好な関係性を構築する必要があると考えられる（Jonason, Strosser, et al., 2015）[39]。一方で，サイコパシーは，無計画性および衝動性や自己制御不

全による，即時的利益の追求に特徴づけられる（Jones & Paulhus, 2011）。マ
キャベリアニズムの知見の不一致は，ネガティブな特性を持つものの，その
行動表出については計画的・合理的な判断を下せるという，フレキシビリテ
ィを反映しているものと考えられる（Jones & Paulhus, 2009）。

行動

Dark Triad の自己中心性，特に，自己利益を追求するための自己中心性と，
共感性の欠如，他者操作性，および攻撃性は，実際の行動としても表出され
る（Azizli et al., 2016）。特に，実際の攻撃や，反社会的行動に関して多くの
研究がなされている。すなわち，Dark Triad は実際の行動として，他者に
対する攻撃や（Flexon, Meldrum, Young, & Lehmann, 2016; Jones & Paulhus, 2010;
Goncalves & Campbell, 2014; Pailing, Boon, & Egan, 2014; Westhead & Egan, 2015），
いじめを行う（Baughman, Dearing, Giammarco, & Vernon, 2012）。そして，これ
らはカップル間での暴力（intimate partner violence: IPV）や（Carton & Egan,
2017; Webster et al., 2016; Westhead & Egan, 2015），動物虐待（Kavanagh, Signal,
& Taylor, 2013）であっても示され，さらに，子どもであっても実際の攻撃行
動や非行行動として表出される（Kerig & Stellwage, 2010; Muris, Meesters, &
Timmermans, 2013）。また，物理的な攻撃に限らず，攻撃的なユーモアや
（Martin et al., 2012; Veselka, Schermer, Martin, & Vernon, 2010），シャーデンフロ
イデ[40]（James, Kavanagh, Jonason, Chonody, & Scrutton, 2014; Porter, Bhanwer,
Woodworth, & Black, 2014）としても表出される。また，ドラッグやアルコー
ル乱用などの反社会行動や，ギャンブルなどの危険行動（risky behavior）[41]
との関連も示されている（Azizli et al., 2016; Carter, Campbell, & Muncer, 2014a;

---

39) Dark Triad の中では最も社会的に適応的であるといわれる（Jonason, Slomski, & Partyka,
2012; Rauthmann & Kolar, 2013b）。
40) 他人の不幸を喜ぶ，いわゆる「他人の不幸は蜜の味」という経験を指す（澤田，2008）。
41) 死や事故の恐れがある危険な行動を指す。

Crysel, Crosier, & Webster, 2013; Jonason, Baughman, Carter, & Parker, 2015; Jones, 2013; Malesza & Ostaszewski, 2016b）。

虚言も Dark Triad の特徴的な行動である（Paulhus, 2014; Paulhus & Williams, 2002）。実際に，Dark Triad はさまざまな文脈や対人関係において，嘘をつくことが示されている（Baughman, Jonason, Lyons, & Vernon, 2014; Jonason, Lyons, Baughman, & Vernon, 2014; Roeser et al., 2016）。これらは，他者操作に由来する Dark Triad に典型的な行動であり，理論的概念を支持する知見である。

犯罪文脈に関わらない対人関係においても，Dark Triad の自己中心性，共感性の欠如，他者操作性が示される。例えば，就労組織においては，ほめる，脅迫などさまざまな方略を通して他者の操作を行い（Jonason, Slomski, et al., 2012），また，就労パフォーマンスが低く，非生産的な行動（他者を笑いものにする，領収書の改ざんなど）を行う（DeShong, Grant, & Mullins-Sweatt, 2015; O'Boyle, Forsyth, Banks, & McDaniel, 2012）。同様に，教育場面においても，特に他者への責任帰属などが示される（Turnipseed & Cohen, 2015）。

一方で，Dark Triad の各側面の独自性も示されている。例えば，攻撃のトリガーに関して，ナルシシズムは自己概念を脅かされる可能性のある場合（自我脅威；ego thread）に対して攻撃をし，一方で，サイコパシーは他者の攻撃に対して過敏な反応的攻撃を示した。（Jones & Paulhus, 2010）。また，危険行動はサイコパシーとナルシシズムと一貫して関連するが，マキャベリアニズムの知見は一貫しない（Malesza & Ostaszewski, 2016b）。虚言に関しても，サイコパシーは一貫して虚言を行い，それは衝動性に起因すると考えられる一方で（Baughman, Jonason, Lyons, et al., 2014; Jonason, Lyons, Baughman, et al., 2014; Rosser et al., 2016），ナルシシズムは自分を高めるために他者を口実にする嘘をつく（Jonason, Lyons, Baughman, et al., 2014）。そして，マキャベリアニズムは対人場面において戦略的に（Azizli et al., 2016），また，自身のステータスを維持するために嘘をつく可能性が示されている（Baughman, Jonason,

第1章　IPV, Dark Triad, 生活史理論　71

Lyons, et al., 2014; Roeser et al., 2016)。就労場面における行動では，マキャベ
リアニズム，サイコパシーはより攻撃的な他者操作を行う一方で，ナルシシ
ズムはお世辞などの対人関係を維持するような方略を用いる（DeShong et al.,
2015)[42]。

　ただし，特性の項で述べたように，理論的概念は一致する。すなわち，こ
れらは，ナルシシズムの自我脅威に対する反応的攻撃の知見や対人関係の重
視，サイコパシーの，冷淡さや衝動性や自己コントロールの欠如による反応
を再現する（Jones & Paulhus, 2011)。なお，マキャベリアニズムは攻撃性が
高いことが示されているにもかかわらず，実際の攻撃行動とは関連が示され
ない場合もあり，この知見は，マキャベリアニズムの行動が合理的・戦略的
な計画性に基づくという特徴に由来するだろう（Jones & Paulhus, 2009)。

配偶戦略（恋愛行動）

　共感性の欠如，他者操作性，攻撃性や反社会性に加え，Dark Triad は特
徴的な恋愛行動パターンを示す（Furnham et al., 2013)。Dark Triad の恋愛行
動は，パートナーとの長期的関係を形成せずに短期的関係を好み（Adams,
Luevano, & Jonason, 2014; Jonason & Buss, 2012; Jonason, Li, Webster, & Schmitt,
2009)，パートナー選択はより無差別的で（Jonason, Valentine, Li, & Harbeson,
2011)，恋愛関係にない者と性関係を持つことに抵抗がなく（Jonason, Lueva-
no, & Adams, 2012)，浮気や複数のパートナーと関係を築こうとし（Adams et
al., 2014; Brewer, Hunt, James, & Abell, 2015; Jones & Weiser, 2014)，他者のパート
ナーを奪取する（Erik & Bhogal, 2016; Jonason, Li, & Buss, 2010; Kardum, Hudek-
Knezevic, Schmitt, & Grundler, 2015)などの特徴を持つ。また，リーのラブス

---

[42] 各 Dark Triad が求める就業形態の特有性も示されている。ナルシシズムは高い評判が得られる
ことを，サイコパシーは競争的で他者と関わる必要がないことを求め，マキャベリアニズムは自
身のステータスに寄与しないものを回避する傾向がある（Jonason, Wee, & Li, 2015; Jonason,
Wee, Li, & Jackson, 2014)。

タイル理論（Lee, 1973, 1977）における恋愛スタイルはルダスやプラグマであり（Jonason & Kavanagh, 2010），パートナーを求める物理的なシチュエーションは，上記の行動をよりとりやすい場所が好まれる（Jonason, Foster, et al., 2015）。また，サディズム傾向をはじめとする逸脱した性的志向や（Baughman, Jonason, Veselka, & Vernon, 2014），支配的な性関係を形成し（Brewer & Abell, 2015b），セクシュアルハラスメントなどの性的な攻撃性が示される（Zeigler-Hill, Besser, Morag, & Campbell, 2016）。

　短期的な関係性を形成する一方で，関係を維持するための行動や（Jonason, Kavanagh, Webster, & Fitzgerald, 2011; Jonason, Li, & Buss, 2010），パートナーの不倫に対する復讐を行うことが示されている（Brewer et al., 2015; Rasmussen & Boon, 2014）。これらの知見は，一見して矛盾しているように見える。しかし，進化的視点を導入することによって，統一的な説明が可能かもしれない[43]。

　これらの知見から，Dark Triad は短期的な関係性と，性関係に対する開放性が特徴的であり，その関係性においても攻撃性や衝動性が関連する（Jonason, Kavanagh, et al., 2011）。ただし，配偶の好みに関しても，Dark Triad の各側面の独自性が示される。例えば，ナルシシズムは短期的なパートナーであっても親密な関係を求める一方で，サイコパシーはより性行動のみを求める傾向にある（Adams et al., 2014; Jonason, Luevano, et al., 2012）。マキャベリアニズムは，一般的には長期的配偶を好まないものの，短期的配偶を積極的に求めるという知見が示されないこともあり（Adams et al., 2014; Jonason, Luevano, et al., 2012），むしろ，短期的配偶志向に加え，性行動は，それに付随する異なる目的の達成のための手段である可能性が示されている（Brewer & Abell, 2015a; Jones & Paulhus, 2009）。

---

43) 第1章2節参照。

Dark Triad のアウトカム

対人関係における多くの社会的な問題に関する傾向に加え，Dark Triad は，さまざまなネガティブなアウトカムと関連する（Muris et al., 2017）。例えば，精神的健康が低く，平均余命が短いことが指摘されている（Jonason, Baughman, et al., 2015）。特に，うつ，不安と正の関連を，幸福感，ウェルビーイングと負の関連が示され（Egan, Chan, & Shorter, 2014; Jonason, Baughman, et al., 2015; Muris et al., 2017），孤独感が高い（Zhang, Zou, Wang, & Finy, 2015）。また，不安・回避アタッチメントを示す（Jonason, Baughman, et al., 2015; Jonason, Lyons, & Bethell, 2014）。

一方で，アウトカムに関しても，Dark Triad の各側面の独自性が示される。特に，ナルシシズムはマキャベリアニズム，サイコパシーとは正反対の関連を示すことがある（Egan et al., 2014; Jonason, Baughman, et al., 2015; Muris et al., 2017）。具体的には，対人関係における問題が示されるものの（Muris et al., 2017），自尊感情やウェルビーイングは高く，うつとの関連性は示されない（Jonason, Baughman, et al., 2015）。また，ナルシシズムのファセットによっても関連が異なることが示されている（Egan et al., 2014）。

性差

Dark Triad は一般的に男性の方が女性よりも高い（Book et al., 2015; Furnham et al., 2013; Jonason & Webster, 2010; Jones & Paulhus, 2014）。また，Dark Triad の特徴と正の関連にあるパーソナリティ傾向や行動傾向は女性よりも男性に多く見られる（Book et al., 2015; Furnham et al., 2013）。そして，Dark Triad がある変数の性差の媒介変数として機能することや，ある変数が Dark Triad の性差の媒介変数として機能することが示されている（Jonason et al., 2009; Jonason, Luevano, et al., 2012; Jonason, Lyons, et al., 2013）。進化的な観点から，Dark Triad の特徴は，女性に比べて男性においてより有利である（Jonason et al., 2009; Jonason, Li, & Buss, 2010）。進化の過程において，男性はよ

り競争的で，より多くのパートナー関係を志向する心理メカニズムや行動パターンが形成されたと考えられる（Buss & Schmitt, 1993; Daly & Wilson, 1997）。したがって，競争性や短期的な配偶に特徴づけられる Dark Triad の性差は，進化心理学的知見と一致し（Buss, 2015），同時に，このような行動パターンは進化の過程において有利な側面を持っていた可能性が考えられる（Buss & Duntley, 2008）。

しかし一方で，Dark Triad の特徴は若年者（Barlett & Barlett, 2015），特に男性の若年者において顕著な現象であることも指摘されている（若年男性症候群：Young Male Syndrome; Wilson & Daly, 1985）[44]。また，幅広い年代（25-55歳，平均39.5歳）での調査では，Dark Triad の性差が示されない場合もある（Carter et al., 2014a）。また，Dark Triad が高い女性も男性と同様の競争的傾向を示し（Carter, Montanaro, Linney, & Campbell, 2015），メタ分析においても，独自性として性差が示されたのはサイコパシーのみであった（Muris et al., 2017）。

第4項　Dark Triad の進化的基盤

これまで述べてきたように，Dark Triad とさまざまな概念との実証的知見から，Dark Triad の特徴が見てとれる。しかし，これらは Dark Triad とその他の変数との関連を示したに過ぎない。言い換えれば，なぜ Dark Triad なるパーソナリティ群が存在するのかという本質的な問題に対処できない。このような問題の対処の一つとして，進化心理学的アプローチが有効である（Buss, 2015）。本項では，進化心理学の理論である生活史理論に基づき，Dark Triad の進化的基盤に着目する。

---

[44] 進化的なコストとベネフィットの関係から，若年者は年配者に比べて危険を冒すことのコストが小さい。

第1章　IPV，Dark Triad，生活史理論　　75

生活史理論（life history theory）

　Dark Triad は，各側面の独自性を示すとはいえ，ネガティブな特性，行動パターンを示すパーソナリティ群である。ここで，このパーソナリティ群を本質的に理解するに当たり，そもそもなぜこのようなネガティブな特徴を備えるパーソナリティ群が存在するのかという点について，そのメカニズムを明らかにする必要がある。このような問題に対処するアプローチの一つとして，進化心理学的アプローチが挙げられる（Buss, 2015）。進化心理学的アプローチは，さまざまな心理メカニズムや行動パターンは進化的適応の結果であるという立場から，それらがどのような進化的適応的機能を持っていたのかを探るアプローチである[45]。ただし，これまでの進化心理学的アプローチは，ヒトという種に一般的な心理メカニズムや行動パターンを対象に，その進化的適応機能を明らかにしてきた（Buss, 2015）。言い換えれば，個人差は種内の誤差として処理されてきた（Buss, 2009）。しかし一方で，個人差も同様に進化的適応において目を向けるべき重要な要因であることが指摘されており，実際に多くの研究で個人差の進化的基盤が着目されている（Buss, 2009）。

　個人差を説明する進化心理学的理論として，生活史理論（life history theory）が挙げられる（Figueredo et al., 2006；第1章2節）。生活史理論は，本来，生物種間の戦略の差異を説明する理論であり，ヒトは一般的には遅い生活史戦略をとる（Kaplan & Gangestad, 2005）。しかし一方で，ヒトという種内においても戦略の分散が示され（Rushton, 1985），これがさまざまな特性や行動パターンの個人差として反映されることから，ヒトの個人差を説明する理論として多くの研究で用いられている（Figueredo et al., 2014）。特に，Dark Triad はヒトという種内において早い生活史戦略を示す代表的なパーソナリティ群であり（Jonason, Koenig, et al., 2010），Dark Triad のさまざまな特徴の進化的基盤は生活史理論で説明可能かもしれない。

45）進化的適応機能とは，単純化すれば，個体の生存と繁殖を高める機能のことを指す。

Dark Triad と早い生活史戦略

　早い生活史戦略は，社会的にネガティブな特徴と関連することが多い。パーソナリティの一般因子（general factor of personality: GFP）との負の関連（Figueredo et al., 2004, 2005），過度な自己利益の追求，反社会性，攻撃性，危険行動，劣悪なペアレンティングと不安定型アタッチメントなどである（Figueredo et al., 2005, 2006, 2014）。また，これらの関連には遺伝的な要因も影響することが指摘されている（Figueredo et al., 2004, 2006）。また，精神病理と関連し（Del Giudice, 2014），パートナー関係においては，関係満足感が低い（Olderbak & Figueredo, 2009, 2010）。また，パートナー関係は，同様の特徴を備える者同士で形成されやすく（同類交配；Thiessen & Gregg, 1980），早い生活史戦略の者同士で関係を形成することにも起因すると考えられる（Olderbak & Figueredo, 2012）[46]。また，早い生活史戦略は養育を軽視し，生殖に資源を割く，短期配偶戦略であると同時に（Figueredo et al., 2006），パートナー関係において支配的であることが実証されている（Figueredo et al., 2006; Gladden, Sisco, & Figueredo, 2008）。

　Dark Triad は，上記の特徴をすべて網羅するパーソナリティ群である（Jonason, Li, & Czarna, 2013）[47]。また，実際に，多くの実証研究で Dark Triad と早い生活史戦略との関連が示唆されている（Furnham et al., 2013; Jonason, Webster, et al., 2012; McDonald, Donnellan, & Navarrete, 2012）。

　一方で，Dark Triad の各側面では異なる関連が示される（Jonason, Li, et al., 2013; McDonald et al., 2012）。サイコパシーは一貫して早い生活史戦略を示す一方で，ナルシシズムは遅い生活史戦略が示されることがあり，また，マキャベリアニズムの知見は一貫しない（Jonason, Li, et al., 2013）。しかし，生活

46）Dark Triad においてもサイコパシー，マキャベリアニズムで同類交配が示されている（Jonason, Lyons, & Blanchard, 2015; Smith et al., 2014）。

47）ものごとを先送りする傾向も示されており（Lyons & Rice, 2014），このような傾向も，即時的な利益追求を反映するものと考えられる。

第1章 IPV, Dark Triad, 生活史理論　77

史戦略はさまざまな心理メカニズムや行動パターンの上位概念として仮定されることを考慮する必要がある（Figueredo et al., 2006）。そのため，特定領域的な概念ではなくその上位概念との関連性から明らかにする必要があるかもしれない。実際に，上位概念同士の関連では，Dark Triad を側面ごとに個別に扱うのではなく，それらの上位概念であると考えられる Dark Triad として高次因子を抽出した場合にうまく説明が可能であることが示されている（Jonason, Kavanagh, et al., 2011）[48]。実際に，生活史戦略は主に上位概念との関連性が検証されている（Figueredo et al., 2005, 2014）。

第5項　考察

　本節では，Dark Triad を扱った研究知見について，パーソナリティ理論における位置づけ，特性，行動パターンを概観し，Dark Triad の進化的基盤について生活史理論に基づいて論じた。これらを踏まえて，構成概念に関する問題について取り上げ，今後の展望について考察する。

Dark Triad は Triad?：構成概念の問題

　これまでのさまざまな研究から，Dark Triad の各側面の共通点と相違点が明らかにされた。ここで，Dark Triad として1つの概念として扱うのか，それとも Dark Triad の各側面は相関するが弁別されるべき概念として扱うかという問題がある。Dark Triad という概念をはじめて用いた Paulhus and Williams（2002）では，Dark Triad は各々相関するものの，弁別可能な概念であると結論づけられている。実際に，Dark Triad は協調性（または正直さ－謙虚さ）の低さ，冷淡さ，他者操作性，自己中心性が共通する一方で（Furnham et al., 2014; Paulhus, 2014），サイコパシーは衝動性や反社会性に，マキャベリアニズムは計画性や戦術的な対人操作，ナルシシズムは誇大性や自

---

48)ただし，Jonason, Kavanagh, et al.,（2011）では，Dark Triad と関連する高次概念として，socio-sexuality を用いて検証している。

己顕示性に特徴づけられる（Jones & Paulhus, 2014）。

　また，マキャベリアニズムとサイコパシーは多くの点で共通する一方で，ナルシシズムはマキャベリアニズム，サイコパシーと本質的に異なる関連を示すことがあり，Dark Triad の概念とは本質的に異なる可能性も指摘される（Garcia & Rosenberg, 2016; Vize, Lynam, Collison, & Miller, 2016）。

　さらに，サイコパシーとマキャベリアニズムに本質的な差異はない（少なくとも，それぞれの尺度は同一概念を測定している）という指摘もある（McHoskey, Worzel, & Szyarto, 1998; Miller, Hyatt, Maples-Keller, Carter, & Lynam, 2017）。一方で，サイコパシーとナルシシズムには遺伝的な効果が示される一方で，マキャベリアニズムでは共有環境の効果が示され（Vernon, Villani, Vickers, & Harris, 2008; Veselka et al., 2011），また，サイコパシーとマキャベリアニズムの弁別可能性に着目した研究では，恐怖認知における異なる反応を明らかにしている（Brankley & Rule, 2014）。これらの知見から，そもそも，各 Dark Triad の弁別性や共通性について，明確に示す必要があるだろう。

　一方で，Dark Triad の各概念同士が極端ではない程度に相関することは，多くの研究で明らかにされている事実であり，理論的な知見とも一致する（Furnham et al., 2014; Muris et al., 2017）。したがって，上位構成概念として Dark Triad という一般因子を抽出することは，より一般的な（巨視的な）視点から心理メカニズムや行動パターンを明らかにする場合には有効であると考えられる[49]。実際に，高次概念を扱う場合には，Dark Triad としての一般因子との関連性が，事象をより合理的に説明できることが示されている（Jonason, Kavanagh, et al., 2011）。

　ただし同時に，下位の概念同士の場合には，Dark Triad の各側面を個別

---

[49] 特に，生活史理論は進化心理学的理論における中間レベルの理論であり，さまざまな心理メカニズムや行動パターンに一般的に関わる。これらを踏まえ，生活史戦略との関連性では，5因子性格モデルの上位概念である GFP，精神的・身体的健康の上位概念である Covitality などの，高次概念同士の関連性が多く明らかにされている（Figueredo et al., 2004, 2005, 2006）。

第1章 IPV，Dark Triad，生活史理論　　79

に扱うほうが，事象をより合理的に説明できることが示されている（Jona-son, Kavanagh, et al., 2011）。そのため，測定された心理的概念や行動パターンに応じた適切な形で Dark Triad 概念を扱うことが重要であると考えられる。

今後の展望

　パーソナリティに関する研究は，構成概念を扱うため，それぞれの概念の理論的枠組みが重要である。そのため，Dark Triad の共通性，弁別性に関して，理論的，実証的に明確にすることが，今後の研究を発展させるにあたって最も重要な対処すべき問題の一つであろう。特に，ナルシシズムは Dark Triad の一つの側面として含めるべきか否か，および，マキャベリアニズムとサイコパシーは弁別可能か否か，という点は，今後の研究を進める上で重要な論点になると考えられる。また，このような現象に付随して，Dark Triad に含まれないパーソナリティが，実際には理論的・実証的に含まれるべきであるかもしれない。特に，サディズム傾向は Dark Triad の各側面に共通する中心的な特徴（冷淡さ，他者操作性）を備えるため，サディズム傾向を含めた Dark Tetrad というパーソナリティ群としての研究もなされている（Book et al., 2016; Paulhus, 2014）。また，女性の境界性パーソナリティはサイコパシーに基づく可能性が指摘されていることや（Sprague, Javdani, Sadeh, Newman, & Verona, 2012），二次性サイコパシー，境界性パーソナリティ，脆弱性ナルシシズムによって構成される脆弱性 Dark Triad（Vulnerable Dark Triad）という概念も提唱されている（Miller et al., 2010）[50]。したがって，このような概念間の混乱を紐解き，整理することが必要であろう。

　また，包括的視点に立った Dark Triad のメカニズムにもアプローチする必要も，同様にあるだろう。これまで述べてきたように，Dark Triad は社会的に望ましくないパーソナリティの集合体であると考えられる。しかし，

---

50) また，境界性パーソナリティ，依存性パーソナリティ，回避性パーソナリティにはそれぞれ概念間のオーバーラップが示されている（市川・望月，2013）。

80

進化的適応という観点から，少なくともある環境や状況においては有利であった可能性が指摘されている（Buss, 2015）。また，進化的適応に基づく仮説から，Dark Triad の適応機能に関する研究も多く行われている[51]。特に，進化心理学的アプローチは，示された知見に対して価値判断を付与せず，進化的適応機能として解釈するアプローチである。したがって，中立的な立場から事象を明らかにするアプローチの一つであり，同時に，その事象の根本的原因を明らかにするアプローチの一つでもある。これらを踏まえ，既存の理論に基づく知見（主に至近要因）に加え，Dark Triad とその特性に基づく心理メカニズムや行動パターンの進化的適応機能に関する知見（究極要因）の両面からアプローチすることで，本質的な人間理解に繋がると考えられる。

IPV 促進要因としての Dark Triad と，その進化的基盤としての生活史戦略

これまで述べてきたように，Dark Triad は IPV のリスクファクターである攻撃性や反社会性に加え，不安やうつなどのネガティブなアウトカム，無秩序的な性関係，ネガティブな家族関係と関連する。また，これらの要因は Dark Triad の中心的な特徴である（Furnham et al., 2013; Muris et al., 2017）。したがって，IPV のリスクファクターの背後には個人特性として Dark Triad の影響が考えられる。つまり，Dark Triad によって，IPV リスクファクターを包括的に捉えることができるかもしれない。

また，前節で述べた通り，IPV の進化的基盤はパートナー関係維持行動の極端な形態であり，このような形態の個人差の進化的基盤として生活史戦略が影響すると考えられる。特に，早い生活史戦略は，パートナー関係維持行動として IPV を行いやすいことが推測される。Dark Triad の個人差は，生活史戦略の個人差を反映すると考えられ，Dark Triad と IPV の関連の進

---

[51] 短期配偶に特化した特徴を備えるなど（Aitken, Lyons, & Jonason, 2013; Carter, Campbell, & Muncer, 2014b; Holtzman & Strube, 2013; Jauk et al., 2016; Marcinkowska, Helle, & Lyons, 2015; Rauthmann, Kappes, & Lanzinger, 2014）

化的基盤には，早い生活史戦略が影響するかもしれない。

IPV という現象を説明する要因として，Dark Triad をはじめとする特性や，生理メカニズム，社会的環境などの直接的な要因は，至近要因である。一方で，生活史戦略をはじめとする進化的要因は，究極要因である。前項で述べたとおり，人間の本質的理解を促進するためには，至近要因，究極要因の両面から現象を明らかにする必要があるだろう。IPV も例外ではない。特に，IPV は抜本的な解決や，予防・介入が求められているにもかかわらず (Bell & Naugle, 2008)，多くは至近要因，特に，個別的な至近要因に関する研究である（Vagi et al., 2013)。そのため，IPV のメカニズムの解明や本質的な理解のためには，これらの要因を包括する至近要因に加えて究極要因に関する知見が必要であると考えられる。

まとめ

本節では，社会的に望ましくないとされるパーソナリティ群である Dark Triad について，既存の知見をまとめ，進化心理学的解釈を試みた。さまざまな研究知見から，Dark Triad は非協調性，冷淡さ，他者操作性，自己中心性を特徴とし，他者への攻撃，欺き，性的搾取を行うことが明らかになった。また，Dark Triad のこれらの特徴の進化的基盤として，不安定な環境状態に適応的な戦略である早い生活史戦略が影響していることが示唆された。

一方で，Dark Triad を構成する概念の独自性も同時に示され，概念間の共通性や弁別性について，今なお多くの議論があり，整理が必要であるといえる。とはいえ，高次概念として Dark Triad を扱うことには，より一般的（巨視的）な知見を提供する可能性という利点があると考えられる。加えて，今後の研究において，Dark Triad の進化的適応機能に着目することで，新たな視点が示される可能性が考えられる。

IPV との関連では，Dark Triad は IPV のリスクファクターの包括的な至近要因である可能性が考えられ，同時に，その進化的基盤である究極要因と

して早い生活史戦略が影響する可能性が考えられる。

　しかし一方で，わが国において，Dark Triad を扱う研究は多くない。
Dark Triad の核となる共通要素を扱うにせよ，共通要素を統制した各 Dark
Triad に特有の要素を扱うにせよ，それ以前の問題として，わが国において
Dark Triad という概念に再現性があるのか，また，5因子性格モデルと弁
別されうる概念であるのかという点について，研究を重ねる必要がある。し
たがって，第4節では Dark Triad と5因子モデルとの関連性の検証を通し
て，わが国においても Dark Triad という概念が再現可能であることを示す。
また，5因子性格モデルとの関連性の検証を通して，5因子性格モデルとの
共通要素はあるものの，弁別されうる概念であることを示す。

第4節　日本における Dark Triad と5因子性格モデルとの関連[52]

第1項　日本における Dark Triad 研究の動向

　国外における Dark Triad の豊富な知見にもかかわらず（Muris et al., 2017），
わが国において，Dark Triad の研究は多くはなされていない。代表的な研
究では，田村他（2015），下司・小塩（2017）による，Dark Triad を測定する
尺度（DTDD-J，SD3）の開発に関するものや，対人円環モデルとの関連につ
いての研究が挙げられる（橋本・小塩，2016）。田村他（2015）では，尺度の妥
当性を検証するために，Dark Triad の各側面を測定する尺度に加えて，5
因子性格モデルとの関連を示している。分析の結果，協調性との負の関連が
示されており，特にサイコパシー傾向において顕著であった。これらの結果
は国外の知見を支持するものである。

　しかし，わが国における Dark Triad に関する研究は多くはない。そのた

---

52) 本節は，「喜入　暁（2016）．Dark Triad と5因子性格モデルとの関連　法政大学大学院紀要，*76*，
49-54。」を一部加筆・修正したものである。

め，わが国においても Dark Triad と既存のパーソナリティ理論との関連性に関する知見を蓄積する必要があると考えられる。本研究では，田村他（2015）で示されたような，5因子性格モデルとの関連性，特に，低い協調性との関連に再現性があるかどうかを検討するため，各 Dark Triad と5因子性格モデルとの関連の追試を行う。また，構造方程式モデリングにより，潜在変数としての Dark Triad が同様に低い協調性と関連するかどうかを検証する。なお，パーソナリティやさまざまな傾向と関連すると考えられる自尊感情との関連性についても検討を行う。先行研究に従えば，Dark Triad の各側面および潜在変数としての Dark Triad は協調性との負の関連が予測される。

第2項　方法

参加者

事前に研究趣旨を説明し，同意の得られた大学生70名（男性37名，女性33名，平均19.1歳，SD＝1.02）が参加した。

測定

Dark Triad Dirty Dozen 日本語版（DTDD-J：田村他，2015）　DTDD-J は Dark Triad の各側面であるマキャベリアニズム（たとえば，「他の誰かに自分の秘密を教えないということは賢明なことだ」），ナルシシズム（たとえば，「私は，他の人から立派な人物だと思われたいほうだ」），サイコパシー（たとえば，「私は，あまり自分の過ちを認めることがない」）を4項目ずつで測定し，全12項目の総合計を Dark Triad 得点として扱うものである。測定は7件法で行い（1＝全然当てはまらない，7＝非常に当てはまる），尺度得点として平均得点を用いた。各尺度の信頼性係数は十分ではなかったが（$a_{Dark\ Triad}$＝.74；$a_{Machiavellianism}$＝.75，$a_{Narcissism}$＝.79，$a_{Psychopathy}$＝.31），項目数が少ないこと，十分な妥当性が示されていることから[53]，DTDD-J（田村他，2015）およびオリジナルの尺度である

DTDD（Jonason & Webster, 2010）の因子構造に従った。

日本語版 Ten-Item Personality Inventory（TIPI-J：小塩他, 2012）　TIPI-J
は5因子性格モデルに基づくパーソナリティの5因子である開放性（Open-
ness；たとえば，「新しいことが好きで，変わった考えをもつと思う」），誠実性（Con-
scientiousness；たとえば，「しっかりしていて，自分に厳しいと思う」），外向性（Ex-
traversion；たとえば，「活発で，外向的だと思う」），協調性（Agreeableness；たと
えば，「人に気をつかう，やさしい人間だと思う」），神経症傾向（Neuroticism；た
とえば，「心配性で，うろたえやすいと思う」）を各2項目で測定する。測定は7
件法で行い（1＝全く違うと思う，7＝強くそう思う），尺度得点として平均得点
を用いた。本研究での信頼性係数は低かったが（$a_{Openness}$ = .60；$a_{Conscientiousness}$
= .55，$a_{Extraversion}$ = .67，$a_{Agreeableness}$ = .43，$a_{Neuroticism}$ = .58），項目数が少ないこと，
十分な外的妥当性が示されていることから，小塩他（2012）の因子構造に従
った。

2項目自尊感情尺度（箕浦・成田, 2013）　この尺度は，自尊感情を2項目
で測定するものである（たとえば，「自分にはいろいろな良い素質があると思う」）。
測定は7件法で行い（1＝全然当てはまらない，7＝非常に当てはまる），尺度得点
として，平均得点を用いた。信頼性係数は十分な値を示した（a = .80）。

手続き

調査は首都圏の大学の授業時間内に実施した。回答は一斉に，かつ個別に
行った。参加者は，DTDD-J，TIPI-J，LSRP（大隅他, 2007），2項目自尊
感情尺度，相対的剥奪感尺度（越智・喜入・甲斐・長沼, 2015），女性蔑視尺度
（越智・喜入・甲斐・長沼, 2015）の順で各尺度すべてに回答し，その後，デブ

53）原版の DTDD では，マキャベリアニズム，ナルシシズム，サイコパシー，配偶志向，5因子性
　格モデル，自尊感情，攻撃性との収束的・弁別的妥当性が示されており（Jonason & Webster,
　2010），日本語版の DTDD-J でマキャベリアニズム，ナルシシズム，サイコパシー，5因子性格
　モデルとの併存的・弁別的妥当性が示されている（田村他, 2015）。

リーフィングを受けた。なお，本研究では，DTDD-J，TIPI-J，2項目自尊感情尺度を分析した。

第3項　結果

相関分析

Table 1.10に測定尺度の平均値，標準偏差，α係数，尺度得点同士の相関係数を示した。Dark Triad の各側面同士は正の相関を示したが，ナルシシズムとサイコパシーとの相関は負の値を示し，有意ではなかった。5因子性格モデルと Dark Triad のゼロ次相関は，外向性とのみ有意な正の関連が示された（r = .25）。また，Dark Triad の各側面においては，サイコパシーが協調性との有意な負の関連を示し（r = −.54），また，誠実性とも有意な負の関連を示した（r = −.28）。ナルシシズムは開放性（r = .34），誠実性（r = .31），外向性（r = .41）との有意な正の関連が示された。マキャベリアニズムと5因子性格モデルとの有意な相関は示されなかった。

　Dark Triad と自尊感情との関連について，有意な正の関連が示された（r = .26）。また，この関連は特にナルシシズムに特徴づけられる（r = .44）。な

Table 1.10
測定した尺度得点記述統計と相関係数（n = 70）

	平均(SD)	a	1	2	3	4	5	6	7	8	9	10	年齢	性別
1. Dark Triad	3.91(0.75)	.74	—	.86**	.72**	.54**	.17	.13	.25*	-.17	.01	.26*	.23†	.12
2. マキャベリアニズム	3.70(1.12)	.75	.85**	—	.42**	.38**	.03	.15	.19	-.13	-.01	.23†	.12	.03
3. ナルシシズム	4.55(1.19)	.79	.68**	.36**	—	-.04	.34**	.31**	.41**	.19	-.04	.44**	.30*	.16
4. サイコパシー	3.48(0.84)	.31	.63**	.46**	.04	—	-.08	-.28*	-.17	-.54**	.09	-.23†	.03	.07
5. 開放性	4.03(1.22)	.60	.04	-.08	.16	.00	—	.26*	.16	.16	-.04	.42**	.19	.20†
6. 誠実性	3.06(1.22)	.55	.05	.06	.19	-.20	.14	—	.19	.32**	-.27*	.44**	.08	-.13
7. 外向性	4.15(1.42)	.67	.15	.11	.28*	-.10	.00	.03	—	.01	-.08	.37**	.25*	.00
8. 協調性	4.99(1.14)	.43	-.29*	-.23†	.05	-.52**	.00	.23†	-.12	—	-.28*	.36**	-.02	.15
9. 神経症傾向	4.34(1.37)	.58	.09	.05	.09	.07	.08	-.25*	-.01	-.22†	—	-.20	-.12	-.20†
10. 自尊感情	4.02(1.23)	.80	.21†	.21†	.39**	-.25*	.39**	.45**	.33**	.37**	-.17	—	.26*	.09

†p < .10, *p < .05, **p < .01
Note. 変数のとりうる値の範囲はすべて1から7である。上三角行列はゼロ次相関，下三角行列は自尊感情，年齢，性別（自尊感情の行は年齢，性別）を統制した偏相関係数である。

お，Dark Triad と性別との有意な関連は示されなかった。

自尊感情，年齢，性別を統制した偏相関係数では，Dark Triad と協調性
との有意な負の関連が示された（$r_p = -.29$）。Dark Triad の各側面では，サ
イコパシーと協調性との有意な負の関連（$r_p = -.52$）に加え，マキャベリア
ニズムとの負の関連が有意傾向であった（$r_p = -.23$）。また，ナルシシズム
と外向性に有意な正の関連が示された（$r_p = .28$）。

重回帰分析

Dark Triad の各側面の独自性を検証するため，Dark Triad の各側面を説
明変数，5因子性格モデルの5側面および自尊感情を目的変数とする重回帰
分析を行った。結果を Table 1.11（上段）に示した。ナルシシズムは開放性
（$b^* = .39$），外向性（$b^* = .36$）と有意な正の関連を示し，サイコパシーは協調
性（$b^* = -.54$），誠実性（$b^* = -.35$）と有意な負の関連を示した。マキャベ
リアニズムと5因子性格モデルとの関連は示されなかった。また，ナルシシ
ズムは自尊感情と有意な正の関連（$b^* = .34$）を示したが，サイコパシーは有
意な負の関連（$b^* = -.29$）を示した。

さらに，年齢，性別，自尊感情を統制し，Dark Triad と5因子性格モデル
との関連を検証した（Table 1.11下段）。分析の結果，サイコパシーと協調性
の負の関連（$b^* = -.48$）のみ有意な関連が示された。また，年齢，性別を統
制した Dark Triad と自尊感情との関連では，統制しない場合と同様にナル
シシズム（$b^* = .29$），サイコパシー（$b^* = -.30$）との有意な関連が示された。

構造方程式モデリング

Dark Triad 尺度得点は，DTDD-J の全項目を平均化した得点であるため，
各側面の独自な要素も含まれている。そのため，構造方程式モデリングによ
って，Dark Triad を因子として抽出し，Dark Triad による5因子性格モデ
ルの各側面との関連を検討した。また，自尊感情との関連を統制した。分析

Table 1.11
Dark Triad の各側面を説明変数，５因子性格モデルの各側面を目的変数とした重回帰分析の標準偏回帰係数（$n=70$）

	開放性	誠実性	外向性	協調性	神経症傾向	自尊感情[a]
マキャベリアニズム	− .12	.19	.12	.00	− .04	.20
ナルシシズム	.39**	.22†	.36**	.17	− .02	.34**
サイコパシー	− .01	− .35**	− .20	− .54**	.11	− .29*
年齢，性別，自尊感情を統制した場合						
マキャベリアニズム	− .18	.11	.08	− .03	− .02	.20
ナルシシズム	.23†	.15	.27†	.09	.11	.29*
サイコパシー	.08	− .24†	− .14	− .48**	.08	− .30*

†$p<.10$, *$p<.05$, **$p<.01$
[a] 下段の係数は，年齢，性別を統制した場合の標準偏回帰係数を示す．

の結果を Figure 1.8 に示した。分析の結果，適合度は悪かった（$\chi^2(24)=$ 71.77, $p<.001$; CFI = .603; RMSEA = .169; SRMR = .160)。しかし，関連していない変数同士のパスが引かれていることから，当然であると考えられる。

　Dark Triad は協調性と強い負の関連を示し，さらに，誠実性とも有意な負の関連が示された。また，この関連は，自尊感情と共通する要素を取り除いても健在であることが示された。これらのことから，Dark Triad は５因子性格モデルの枠組みでは協調性と誠実性の低さに特徴づけられることが示された。

第4項　考察

知見のまとめ

　本研究は Dark Triad について，既存のパーソナリティモデルとして多くの研究で言及される５因子性格モデルとの関連を追試した。相関分析の結果，Dark Triad の各変数は，ナルシシズムを除いて協調性との負の相関係数を示した。また，年齢，性別，自尊感情を統制した場合であっても協調性との負の相関は維持された（ただし，ナルシシズムは正の相関を維持した）。しかし

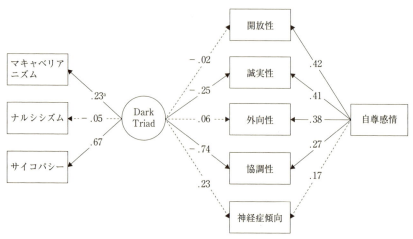

Figure 1.8 構造方程式モデリングの結果と標準化係数。実線は5％水準で有意なパスを示す。「a」は係数を1に固定した。

一方で，統計的に有意な強い負の関連はDark Triadの特にサイコパシーに顕著な傾向であった（Table 1.10）。サイコパシーの協調性との負の関連はこれまでの先行研究を支持するものである一方で，マキャベリアニズムおよびナルシシズムでは有意な関連は示されず，さらにナルシシズムでは正の係数が示された点は，先行研究と一致しない点であった。

重回帰分析の結果も同様に先行研究を一部支持した。すなわち，サイコパシーは，他の2側面を統制しても協調性との独自の強い負の関連が示される一方で，マキャベリアニズムおよびナルシシズムは有意な関連を示さなかった。

構造方程式モデリングによる分析の結果，Dark Triadは協調性との強い負の関連に加え，誠実性との中程度未満の負の関連も示されている。この結果も，Dark Triadの自己中心的な側面が反映されたものであると推察される。しかし一方で，Dark Tiradとしての潜在因子への寄与の大部分はサイコパシーであるため，解釈には注意が必要だろう。

一方，Dark Triad の各側面では異なる関連が示された。まず，サイコパシーと 5 因子性格モデルにおいては，おおむね Dark Triad と 5 因子性格モデルと同様の関連が示された。Dark Triad は冷淡な感情と対人操作性が核となることが指摘されているが（Jones & Figueredo, 2013），このような特徴はサイコパシーに顕著であるため，Dark Triad とサイコパシーで同様の関連を示したことが考えられる。次に，マキャベリアニズムでは，5 因子性格モデルのどの側面とも有意な関連は示されなかった。この結果は，マキャベリアニズム傾向は 5 因子性格モデル以外の関連するパーソナリティがある可能性を示すかもしれない（O'Boyle et al., 2015）。そして，ナルシシズムは開放性および外向性と正の関連を示した。これは，ナルシシズムの自己顕示や他者と関係を築こうとする傾向が影響しているものと考えられ，先行研究と一致する。

これらの結果から，協調性の低さが特にサイコパシーに特徴づけられることが示され，田村他（2015）や Jonason and Webster（2010）の結果を再現した。しかし，マキャベリアニズム，ナルシシズムとは異なる関連が示されているため，今後のより詳細な検証が必要であると考えられる。

自尊感情との関連では，ナルシシズムが有意な正の関連を示しており，誇大性や自己顕示性を特徴とするナルシシズムの特徴と一致するものである（Raskin & Hall, 1979）。一方，サイコパシーとの負の関連が示された。これはサイコパシーの特に二次性サイコパシーが自尊感情と負の関連を示すことに由来すると考えられる（Miller et al., 2010）。

先行研究と異なる知見として，Dark Triad の各得点に性差が示されなかったことが挙げられる。多くの先行研究では Dark Triad および各側面において男性のほうが女性よりも高い得点を示しており（Jonason & Webster, 2010; Jones & Paulhus, 2014），本研究での結果と矛盾する。ただし，性差が示されないことも報告されているため（Carter et al., 2014），Dark Triad と性差との関連を規定する要因を研究する必要があるだろう。

構造方程式モデリングの結果から，Dark Triad は協調性の低さと誠実性の低さに特徴づけられると考えられる。この結果も，過去の知見と一致する（Furnham et al., 2014）。また，Dark Triad を因子として抽出したことから，より Dark Triad の核となる側面との関連が示されたことが考えられる。ただし後述するように，本研究で抽出された潜在因子としての Dark Triad には，主にサイコパシーのみが寄与したため，本研究の結果のみで明確な結論は下すことは避けるべきであろう。この点について，本研究で扱った DTDD-J は，ナルシシズムの脆弱性側面（vulnerability）が測定されているという指摘がある（Maples et al., 2014）。したがって，本来測定すべき，特にナルシシズムの誇大性側面（grandiose）を測定できていなかった可能性が考えられる。実際に，Dark Triad の測定尺度である Short Dark Triad（SD3: Jones & Paulhus, 2014）は，DTDD と比較して精度が高いことが示されている（Maples et al., 2014; 下司・小塩，2017）。そのため，今後の研究において尺度の適切な使い分けを行うと共に，その尺度の有効性を精査する必要があるだろう。

限界点

本研究での限界点として 2 点挙げられる。まず，尺度の内的整合性が低いことである。5 因子性格モデルの各側面の α 係数は.70に満たず，サイコパシーの α 係数は.31と低かった。そのため，適切な測定ができていない可能性がある。ただし，田村他（2015）や Jonason and Webster（2010）においてもサイコパシーは Dark Triad の他の側面に比べて信頼性が低いことから，本研究特有の問題点ではなく，わが国における研究知見の積み重ねが必要な点であると考えられる。また，DTDD は，Dark Triad に含まれるべきであるナルシシズムの誇大性側面よりもむしろ，脆弱性側面を測定しているという指摘もある（Maples et al., 2014）。そのため，今後，尺度そのものに関して吟味する必要がある。

2つ目は，構造方程式モデリングにおいて，Dark Triadから各側面への因子負荷量が低いことが挙げられる。主にサイコパシーのみに大きな負荷量が示され，マキャベリアニズムへの負荷量は低い。さらに，ナルシシズムへの負荷量は負の値を示している。Dark Triadの結果と，サイコパシー特有の結果が類似したことは，このような点が影響している可能性がある。ただし，Dark Triadの核となる冷淡な感情と対人操作性は，サイコパシーに特徴的な側面でもある。そのため，Dark Triadを因子として抽出した際に，サイコパシーへの負荷量が大きかったことが考えられる。しかし一方で，測定尺度の問題点が影響している可能性も考えられるため，解釈には注意を要するだろう。

　これらの知見から，限界点はあるものの，Dark Triadとしての概念はわが国においても概ね共通すると考えられる。ただし，細かな点で先行研究と異なる結果が示されたため，文化的な要因も含めての知見の蓄積が必要かもしれない。

第5節　第1章の総合考察

　第1章では，本研究において扱う概念である，IPV，Dark Triadについて概観し，これらの進化的基盤として，パートナー関係維持行動，生活史戦略についてこれまでの知見をまとめた。婚姻関係にあるパートナーへの暴力はDVとして認識が浸透しつつある。一方で，青年期やそれ以前の一般的な恋愛関係，交際関係においても同様の暴力が示されることが指摘されており (Dillon et al., 2013; Giordano et al., 2010)，婚姻関係の有無にかかわらずIPVとして包括的にそのメカニズムに関する研究がなされている。また，IPVがライフコースにおける比較的早期にすでに発生することから，IPVのメカニズムは，婚姻関係に必ずしも直結しない年代から明らかにする必要があるだろう。そこで，本研究では，大学生を対象としてIPVメカニズムを明ら

かにする。

　第1章1節で示したように，IPV のメカニズムの研究は多く行われている。これらの研究から，IPV のリスクとなる至近要因としてさまざまな変数が示された (Vagi et al., 2013)。しかし一方で，そのリスクファクター間の関係性や，リスクファクターの本質的な要因については未だ不明瞭である。PV のリスクファクターの本質的な要因の一つとして，個人特性である Dark Triad が挙げられる（第1章3節）。なぜなら，Dark Triad は，IPV のリスクファクターを包括し，また，特性としてのパーソナリティ群であるため，比較的安定的で，さまざまな心理・行動パターンに影響を及ぼすと考えられるためである。しかし，Dark Triad はわが国において研究が不足しており，国外と同様の理論的概念を示すかどうかに関する知見を積み重ねる必要があった。そこで，Dark Triad と5因子性格モデルとの関連を検証し，わが国においても Dark Triad の概念的枠組みが支持されることを示した（第1章4節）。したがって，国外における Dark Triad と IPV リスクファクターとの関連性はわが国においても同様であることが推測される。そのため，本研究では IPV メカニズムの本質的な至近要因として Dark Triad に着目し，IPV への影響を検証する。

　ただし，Dark Triad は IPV の至近要因である。さまざまな IPV リスクファクターを包括する至近要因のみを明らかにするだけでは，IPV のメカニズムを解明するに当たって不十分である。そこで，本研究では，IPV，Dark Triad の究極要因にも同時にアプローチする。究極要因としての IPV の機能は，パートナー関係維持行動であることが指摘されている (Buss & Duntley, 2011; 第1章2節)。しかし，パートナー関係維持行動はさまざまであり，IPV が選択されることは多くない。また，パートナー関係維持行動として IPV を選択することには個人差が示されると考えられる。そこで，本研究では個人差の究極要因として生活史戦略に着目した。特に，早い生活史戦略は，一時的なパートナー関係維持の重要性が相対的に高いと考えられ，した

第 1 章　IPV, Dark Triad, 生活史理論　93

がって，より強力な支配的なパートナー関係維持行動をとることが予測される。このようなパートナー関係維持行動には IPV が含まれると考えられるため，早い生活史戦略であるほど IPV を行いやすいと考えられる。

　IPV の選択の個人差に加え，Dark Triad の個人差も生活史理論に基づき包括的に捉えることが可能である。Dark Triad の個人差の究極要因は生活史戦略であることが指摘されているため (Jonason, Koenig, et al., 2010)，IPVと Dark Triad との関連の究極要因として，生活史戦略が影響することが予測される。

　これらを踏まえ，本研究では，Dark Triad が IPV のリスクとなる個人特性であることを示し，その究極要因として生活史戦略が影響することを示す。また，これらの研究は大学生を対象に行う。なぜなら，IPV は大学生においてすでに発生する事象であり，IPV に対する臨床的・法的な早期介入や予防や，リスクに関する研究にあたり，より早期の年齢層でのメカニズムにアプローチすることが重要であると考えられるためである。

　しかし，上記の研究を実施するにあたり，測定尺度が不十分であるという問題点が挙げられる。特に，本研究では大学生を対象とし，また，IPV,Dark Triad, 生活史戦略，パートナー関係維持行動を測定する必要がある。パートナー関係維持行動および Dark Triad の測定尺度はすでに大学生を対象とした妥当性が示されている (下司・小塩，2017; 田村他，2015; 寺島，2010)。一方で，IPV, 生活史戦略を測定する尺度の妥当性が不十分である。まず，IPV の測定は，妥当性の検証がなされた尺度の確立がなされておらず，また，多様な IPV 形態を測定しきれていないという問題点が指摘されている (赤澤，2015)。次に，生活史戦略を測定する Mini-K は，因子構造に関する問題点が指摘されている (Richardson et al., 2017)。また，日本語版である Mini-K-J の妥当性は，一般サンプルを対象とし，また，主に遅い生活史戦略特徴によって検証がなされているため (Kawamoto, 2015)，大学生を対象に，かつ，早い生活史戦略特徴を捉える尺度として適用可能か否かの検証がなされてい

ない。したがって，モデル検証のために，この問題の解決が必要である。

　これらを踏まえて，第2章では，測定尺度の確立を行う。特に，IPV 尺度の作成と（第2章1節），Mini-K-J の概念的構造の検証および大学生に対する測定の適用可能性を示す（第2章2節）。これらの測定尺度を用いて，第3章では，IPV メカニズムについて，至近要因（Dark Triad）および究極要因（パートナー関係維持行動，生活史戦略）の両面からそのリスクファクターを明らかにする。

第2章　測定尺度

本章では，IPV を測定する尺度の確立を行い（第1節），生活史戦略を測定する Mini-K-J の概念的構造の検証および大学生を対象として早い生活史戦略特徴を捉えることの妥当性を検証する（第2節）。

第1節　IPV の測定尺度

国外においては豊富な IPV のメカニズムに関する研究があるものの（Vagi et al., 2013），わが国における研究は多くなく，その原因の一つとしてわが国における IPV を測定する尺度の確立がなされていないことが指摘されている（赤澤，2015）。例えば，ドメスティックバイオレンス（DV）簡易スクリーニング尺度（Domestic Violence Screening Inventory: DVSI; 石井他，2003）は重篤な暴力の測定により臨床レベルか否かを弁別するためのスクリーニングに用いられるものであるため，一般サンプルを対象とする研究にはそぐわないと考えられる。また，わが国で用いられる尺度の多くは IPV について身体的暴力，精神的暴力，性的暴力の3形態からアプローチするが（小泉・吉武，2008; Leen et al., 2013; 内閣府男女共同参画局，2016; Saltzman, Fanslow, McMahon, & Shelley, 2002），項目内容は研究間で一致しておらず，特に精神的暴力は研究によって異なる形態を測定しており，同時に，多様な IPV 形態を捉えきれていないことが指摘されている（赤澤，2015）。さらに，既存の尺度は外的基準との関連性や再現可能性に言及されておらず，尺度としての使用可能性に関する検証は不十分である。また，IPV の性差は一般的に大きくはないことが指摘されているが（赤澤，2015; Giordano et al., 2010; Straus, 2008），IPV の多様な形態を測定することで，男女に特有の IPV 形態が示されるかもしれ

ない。

　上記を踏まえ，本研究ではわが国における IPV を測定する尺度を作成し，各々の IPV 形態における性差を検討する。尺度の作成にあたって，多様な IPV 形態を広く捉える必要があること（赤澤，2015），実際の調査場面では被害・加害の両経験を測定することが多いことから（Straus, 2008），少ない項目数で多様な IPV 形態を測定することを目指した。具体的には，IPV の多様性に着目した越智他（2014）を参考に項目を選定し，各 IPV 形態を 3 項目で測定する尺度を構成した。なお，IPV は一般的に生起率が低く，得点は正規分布しないことが想定される。そのため，リスクファクターとなる変数との強い関連は示されにくい可能性が考えられる。実際に国外における IPV を測定する尺度の妥当性検証では，関連する変数との有意な相関係数は弱いものであった（Straus & Douglas, 2004; $n = 1157$, $|rs| = .05 - .22$）。本研究でも相関は弱いことが予測されるため，リスクファクターとの有意な相関と，その相関が小から中程度の効果（.20程度）を持つことを示すことで妥当性の検証を行った。

　尺度の作成および妥当性の検証は 3 つの調査を通して多角的に行った。すなわち，年齢，性別，学歴などのその個人の属性であるデモグラフィック特徴，および行動，特性との関連を検証した。調査 1 では一般成人を対象に項目の選定，因子構造の妥当性の検証，デモグラフィック特徴，危険行動（risky behavior）[54]との関連の検証，潜在ランク分析による IPV 重篤度のカテゴリの推定を行った。調査 2，3 では大学生を対象にパーソナリティとの関連（調査 2）および進化的行動パターンとしてのパートナー関係維持行動との関連（調査 3）を検証した。また，それぞれの調査で各 IPV 形態における性差を検討した。

54）死や事故の恐れがある危険な行動を指す。

第1項　調査1 [55]

項目の選定は多様な IPV 形態を測定できると考えられる越智他（2014）を基に行う。これまでの IPV に関するわが国の研究では，一般的に身体的暴力，精神的暴力，性的暴力のみが測定されている一方で，越智他（2014）では，IPV の6形態（直接的暴力，間接的暴力，支配・監視，言語的暴力，経済的暴力，つきまとい・ストーキング：第1章1節参照）を仮定した尺度を作成した。しかし，越智他（2014）では性的暴力が含まれていない。また，各因子の項目が多いという問題点がある。IPV の測定では被害経験，加害経験を両方測定することが多く，項目数が多いことは，回答者に負担を強いる。これらを踏まえ，越智他（2014）に性的暴力を含め，さらに，各因子の項目数を減じることで，より利用可能性が高いと考えられる尺度を作成する。次に，IPV のリスクファクターである参加者とそのパートナーのデモグラフィック特徴，喫煙および飲酒の程度と IPV 加害・被害の関連を検証する。デモグラフィック特徴として年齢，学歴との関連を検討する。まず，IPV は年齢との相関は大きくないと考えられる（Stith, Smith, Penn, Ward, & Tritt, 2004）。一方で，学歴が低いことがリスクファクターであることが示唆されているため（Halpern, Oslak, Young, Martin, & Kupper, 2001），学歴と IPV に負の関連が予測される。また，危険行動の指標である飲酒（Temple et al., 2013），喫煙（Rothman, Johnson, Azrael, Hall, & Weinberg, 2010）も同様に IPV のリスクファクターであるため，それぞれの程度と IPV は正の相関を示すことが予測さ

55）研究の一部は日本社会心理学会第56回，57回大会において発表された（喜入・越智，2015，2016a）。また，本調査は，平成25年度から27年度の科学研究費補助金（基盤研究 C-25380949，研究代表者：越智啓太）の助成を受けて行われた研究のデータの供与を受け，著者が再分析したものである。したがって，使用したデータは越智・喜入・甲斐・佐山・長沼（2015），越智・喜入・佐山・甲斐・長沼（2016），越智・甲斐・喜入・長沼（2016）で測定されたものである。ただし，越智・喜入・甲斐・佐山他（2015），越智・喜入他（2016），越智・甲斐他（2016）ではすべてのサンプルが用いられているが（$n=600$），本調査では，実施したすべての項目で最大値を回答したサンプル（$n=2$）を除外して分析した（$n=598$）。

れる。

　予防・介入場面においてIPVの程度の有意味的カテゴリを把握する際には，連続量である得点よりもカテゴリとして捉えるほうが有効である場合もある（清水・大坊，2014）。つまり，実務場面において，得点によってIPVの程度が質的に異なる可能性が考えられる場合には，それぞれの得点に適した対処を行う必要があると考えられる。そのような場合には，連続量としての得点にカットオフポイントを設けるなどの処置を行う必要があるが，その手法は多くは四分位や標準偏差を使用するなどの方法が一般的であると考えられる。しかし，このような方法は実際に質的な差異を捉えているかどうかという点について適切であるとはいえない。そこで，潜在ランク分析により，実質的なカテゴリ数とそのカットオフポイントを推定することとした。潜在ランク分析は，連続量的な得点を，各項目の得点の総合得点に対する寄与などから，統計的に実質的カテゴリを推定する手法である。したがって，四分位や標準偏差によるカテゴリと比較してより正確なカテゴリとそのランクを捉えることが可能である（清水・大坊，2014）。これらを踏まえ，本研究では尺度の総合得点からIPVの潜在ランク数と各ランクのカットオフポイントを推定する。

方法

　参加者　Web調査会社を通じて現在交際している18-39歳までの異性愛者で未婚の男女600名を対象として調査を行った。なお，すべての参加者に対して調査前に研究趣旨を説明し，同意を得た。回答に不備があった参加者を除外し，598名（女性300名，$M_{age} = 28.8$, $SD = 5.79$）を分析対象とした。

　測定と手続き　参加者はデモグラフィック特徴として自身の性別に加え，自身とパートナーの年齢，学歴[56]，喫煙・飲酒の程度[57]に回答した。次に，

---

56) 1＝中卒，2＝高校・高専卒，3＝短大・大学卒，4＝大学院卒とコーディングした。

IPV に関する120項目について被害・加害経験の程度を測定した。参加者は，「あなたは交際相手から，以下のことをされた（した）ことがありますか」という教示に続いてそれぞれの項目の経験を5段階で回答した（1＝まったくない，2＝ほとんどない，3＝たまにある，4＝ときどきある，5＝よくある）。なお，参加者は本研究以外の研究で用いられた尺度も含め271項目に回答した。

結果と考察

項目の選定 越智他（2014）においてそれぞれの項目は各 IPV 因子に十分な負荷量を示していた。そのため，各因子内でできるだけ意味的に重複しない項目を3項目ずつ選定し最終的な項目とした（Table 2.1a）[58]。なお，項目の選定は著者らが行った。

確証的因子分析 選定された項目を用いて被害・加害経験それぞれで確証的因子分析を行った結果，適合度は良好であった（Table 2.2）。また，各々の α 係数も良好であったことから内的整合性が確認された。また，因子間相関はいずれの因子同士においても高く（Table 2.1b），すべての IPV の上位に単一の一般 IPV 因子を仮定した高次因子分析でも良好な適合度と負荷量が示された（Table 2.2；Figure 2.1）。

リスクファクターとの関連 被害・加害経験それぞれで各因子の項目の平均値を算出し尺度得点とした（Table 2.3）。また，高次因子分析に基づき全項

57）参加者はそれぞれ，「どの程度，喫煙をしますか」，「どの程度，飲酒をしますか」という問いに対して，1＝まったく吸わない（飲まない），2＝少ない，3＝どちらかと言えば少ない，4＝どちらともいえない，5＝どちらかと言うと多い，6＝多い，7＝非常に多い，のいずれかを選択し，回答した。本来であれば，具体的な飲酒量や喫煙量を問う必要がある可能性が考えられるが，先行研究（e.g., Temple et al., 2013）では参加者の認識の自己報告や，または2値データとして経験の有無を測定している。本研究ではこのような研究にしたがうとともに，量的な分析を行うことができるように認識を7件法の自己報告で測定した。

58）最終的な項目は，越智・喜入・甲斐他（2015），越智・喜入他（2016），越智・甲斐他（2016）で作成された項目の中から，越智・喜入・甲斐他（2015），越智・喜入他（2016），越智・甲斐他（2016）において報告された項目（Table 2.1a における，項目 2, 4, 5, 6, 7, 8, 9, 12, 13, 15, 16, 18, 19, 20）と，報告されなかった項目（Table 2.1a における，項目 1, 3, 10, 11, 14, 17, 21）で構成された。

100

Table 2.1a
IPV 尺度の項目および各調査における確証的因子分析での因子負荷量

項目[a]	調査 1 (n = 598)		調査 2 (n = 344)		調査 3 (n = 130)	
	被害[b]	加害[b]	被害[b]	加害[b]	被害[b]	加害[b]
身体的暴力	(.93)	(.91)	(.68)	(.68)	(.84)	(.67)
1．相手に身体を平手で打たれたことがある	.896	.868	.705	.925	.905	.525
（相手の身体を平手で打ったことがある）						
8．相手に身体を足で蹴られたことがある	.897	.864	.599	.701	.760	.573
（相手の身体を足で蹴ったことがある）						
15．相手に顔面を平手で打たれたことがある	.903	.900	.735	.378	.764	.809
（相手の顔面を平手で打ったことがある）						
間接的暴力	(.89)	(.82)	(.68)	(.70)	(.72)	(.50)
2．大声で怒鳴りつけられたり，叫ばれたり，罵られたことがある	.875	.812	.657	.776	.868	.658
（大声で怒鳴りつけたり，叫んだり，罵しったことがある）						
9．机や壁を殴る，蹴るなどして相手から脅かされたことがある	.886	.841	.592	.737	.699	.462
（机や壁を殴る，蹴るなどして相手を脅かしたことがある）						
16．意に沿わないからと言ってにらまれたことがある	.819	.729	.767	.573	.582	.533
（意に沿わないことがあって相手をにらんだことがある）						
支配・監視	(.79)	(.80)	(.64)	(.59)	(.73)	(.70)
3．一日に何回もメールや電話をされたことがある	.627	.664	.467	.386	.521	.595
（一日に何回もメールや電話をしたことがある）						
10．相手に異性の友人との付き合い（会うことや話すこと）を制限されたことがある	.782	.818	.668	.779	.805	.743
（異性の友人との付き合い（会うことや話すこと）を制限したことがある）						
17．行き先を告げさせられたり報告させられたりしたことがある	.839	.829	.776	.774	.828	.845
（相手に行き先を告げさせたり報告させたりしたことがある）						
言語的暴力	(.80)	(.74)	(.56)	(.61)	(.60)	(.58)
4．相手に見下されるような言い方をされたことがある	.834	.843	.590	.637	.664	.642
（相手を見下すような言い方をしたことがある）						
11．「痩せろ」など，体型のことに関して口を出されたことがある	.645	.574	.627	.650	.550	.393
（「痩せろ」など体型のことに関して口を出したことがある）						
18．相手の趣味に合わない髪型や服装だと，文句を言われたりしたことがある	.815	.721	.537	.647	.525	.599
（自分の趣味に合わない髪型や服装だと，馬鹿にしたり文句を言ったりしたことがある）						
性的暴力	(.87)	(.88)	(.64)	(.78)	(.72)	(.56)
5．いやがっているのに性的な接触をしてくることがある	.817	.862	.765	.752	.736	.706
（いやがっているのに性的な接触をしたことがある）						
12．いやがっているのに性的な話題をすることがある	.849	.835	.674	.737	.779	.715
（いやがっているのに性的な話題をしたことがある）						
19．裸を見られたくない写真を撮ろうとすることがある	.833	.824	.538	.534	.578	.404
（相手の裸を見られたくない写真を撮ろうとしたことがある）						
経済的暴力	(.83)	(.70)	(.64)	(.67)	(.67)	(.63)
6．貸したお金やものを返されなかったことがある	.791	.875	.510	.675	.581	.623
（借りたお金やものを返さなかったことがある）						
13．お金やものを貢がされたことがある	.870	.790	.613	.755	.744	.561
（お金やものを貢がせたことがある）						
20．デートの時などにお金を払わされることが多い	.706	.416	.548	.625	.612	.689
（デートの時など相手にお金を払わせたことがある）						
ストーキング	(.83)	(.86)	(.72)	(.63)	(.80)	(.72)
7．別れようとすると困ることを言って脅されたことがある	.815	.850	.537	.500	.730	.584
（相手が別れようとしたときに困ることを言って脅したことがある）						

14. 会いたくないのに無理を言って会いに来る （無理を言って相手に会いにいったことがある）	.781	.797	.676	.635	.800	.733
21. そろそろ帰りたいときでも帰してくれないことがある。 （相手がそろそろ帰りたい思っても帰さなかったことがある）	.770	.817	.764	.489	.748	.731
一般 IPV	(.95)	(.95)	(.88)	(.85)	(.89)	(.88)

[a]（　）は加害経験を問う項目である。
[b]（　）内は a 係数を示す。

Table 2.1b
各調査における IPV 尺度の確証的因子分析での因子間相関

	a			b			c			d			e			f			g		
調査 No.	1	2	3	1	2	3	1	2	3	1	2	3	1	2	3	1	2	3	1	2	3
a．身体的暴力	—	—	—	.90	.91	.62	.64	.27	.26	.79	.69	.48	.74	.14	.41	.83	.44	.39	.77	.61	.28
b．間接的暴力	.82	.59	.70	—	—	—	.72	.54	.74	.85	.87	.99	.78	.08	.62	.79	.59	.86	.78	.57	.70
c．支配・監視	.61	.17	.47	.67	.58	.53	—	—	—	.69	.44	.74	.61	.23	.51	.61	.37	.63	.79	.86	.72
d．言語的暴力	.61	.43	.54	.70	.85	.62	.69	.79	.63	—	—	—	.82	.22	.87	.82	.70	.86	.75	.43	.82
e．性的暴力	.64	.33	.48	.58	.62	.49	.61	.68	.51	.71	.88	.78	—	—	—	.83	.23	.40	.72	.50	.80
f．経済的暴力	.68	.51	.26	.66	.62	.50	.56	.66	.59	.66	.70	.66	.72	.75	.52	—	—	—	.88	.62	.67
g．ストーキング	.69	.23	.39	.64	.66	.50	.64	.78	.72	.66	.61	.56	.73	.83	.64	.88	.86	.62	—	—	—

Note. 上三角行列は加害経験，下三角行列は被害経験における因子間相関を示す。5 ％水準で有意な組み合わせについては太字で示した。

Table 2.2
各調査における確証的因子分析および高次因子分析の適合度

	χ^2	CFI	RMSEA	90% CI	SRMR
調査 1 （$n = 598$)					
被害確証的因子分析	269.90	.973	.032	[.025, .039]	.032
加害確証的因子分析	255.93	.971	.030	[.022, .037]	.034
被害高次因子分析	372.79	.949	.042	[.036, .048]	.048
加害高次因子分析	322.93	.953	.036	[.029, .042]	.042
調査 2 （$n = 344$)					
被害確証的因子分析	360.35	.854	.058	[.049, .066]	.057
加害確証的因子分析	333.02	.866	.053	[.045, .062]	.060
被害高次因子分析	402.86	.832	.059	[.052, .067]	.067
加害高次因子分析	415.98	.810	.061	[.053, .069]	.072
調査 3 （$n = 130$)					
被害確証的因子分析	361.60	.735	.094	[.081, .107]	.081
加害確証的因子分析	331.44	.674	.087	[.073, .100]	.091
被害高次因子分析	360.66	.755	.087	[.074, .100]	.090
加害高次因子分析	323.93	.717	.077	[.064, .091]	.092

Note. 確証的因子分析の自由度は168，高次因子分析の自由度は182である。90％CI は RMSEA の90％信頼区間を示す。

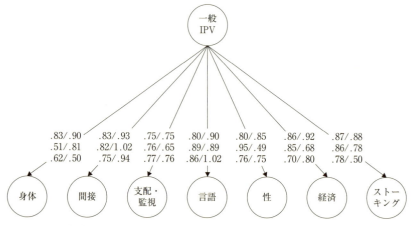

Figure 2.1 高次因子分析モデルにおける高次因子から下位因子への負荷量。各パスの数値は，上から調査1，2，3における負荷量を示し，スラッシュの左側は被害経験の負荷量を，右側は加害経験の負荷量を示す。観測変数とその負荷量は，煩雑になるため省略した。

目の平均値をそれぞれ被害・加害経験の一般 IPV 得点とした。各 IPV 尺度得点および一般 IPV 尺度得点と，年齢，学歴，飲酒の程度，喫煙の程度との相関係数を算出した（Table 2.4）。なお，本研究では大学在籍年齢である22歳未満の参加者も含まれているため，学歴との関連では22歳以上の参加者のみを用いた。また，飲酒および喫煙の程度では，20歳以上の参加者のみを用いた。

　分析の結果，学歴では有意な関連は示されなかったが，係数はすべて予測と一致する負の関連を示していた。さらに，加害経験では年齢との関連は示されなかった一方で，パートナーの年齢と IPV 被害経験，特に，身体的暴力，ストーキングとの負の関連が示された。ただし，多くの IPV 形態に年齢との有意な関連は示されないため，解釈に注意を要するだろう。また，危険行動との関連では，喫煙の程度とすべての IPV 形態の加害経験および多くの IPV 形態の被害経験との間に有意な正の関連が示され，先行研究を支

持した（Rothman et al., 2010）。また，飲酒の程度では一般 IPV と有意な正の関連が示されたが，関連が示されない IPV 形態もあるため，解釈に注意を要する。

　ただし，小から中程度（.20）の相関係数はいずれも示されなかった。しかしながら，国外における IPV 尺度（Straus & Douglas, 2004）における妥当性検証では，いずれも係数の絶対値が.22を下回るものであるため，また，IPV は一般的には発生しない事象であることを踏まえると，本研究の尺度は必ずしも無意味なものではないと考えられる。なお，本調査の結果から，事後的ではあるが検定力分析を行った結果，本調査でのサンプルサイズ（n =598）において検定力が.80以上となる相関係数の値は.114以上であった。したがって，以降の分析では本調査で作成した IPV 尺度の妥当性を異なる側面から検証すると共に，実証研究においても用いることとした。

　潜在ランク分析　分析には Exametrica 5.3（Shojima, 2007）を用いた。分析の結果，3 ランクが最も妥当であることが示された（Figure 2.2, 2.3）。また，それぞれのランクに割り当てられる度数が逆転する得点は被害経験では26（ランク 1 と 2 ），37（ランク 2 と 3 ），加害経験では26（ランク 1 と 2 ），33（ランク 2 と 3 ）であった。これらの結果から，四分位や標準偏差による手続き的なカテゴリ分類と比較して，より実質的なカテゴリとそのカットオフポイントを示すことができたと考えられる。しかし一方で，各項目の総合得点およびカテゴリへの寄与は，いずれの項目も同様の傾向を示しており，質的な差異が存在するか否かという点については本研究の結果のみからでは解釈できない。したがって，本研究で示されたカテゴリごとに，異なる予防や介入が必要か否かという点については，今後の研究知見を積み重ねる必要があるだろう。

　性差　各 IPV 形態を目的変数，性別を説明変数とした t 検定を行った結果，一般 IPV では加害・被害経験とも男性で得点が高いことが示された（Table 2.3）。このことから一般成人においては IPV の認識に性差がある可能性

Table 2.3
各調査における IPV の得点と性差

	調査1 (n=598)						調査2	
	男性	(SD)	女性	(SD)	t	d	男性	(SD)
被害経験								
身体的暴力	1.48	(0.89)	1.24	(0.61)	3.83***	0.31	1.32	(0.56)
間接的暴力	1.59	(0.93)	1.36	(0.76)	3.27**	0.27	1.38	(0.56)
支配・監視	1.80	(0.90)	1.61	(0.86)	2.59**	0.21	2.17	(0.91)
言語的暴力	1.62	(0.84)	1.59	(0.86)	0.40	0.03	1.67	(0.74)
性的暴力	1.43	(0.77)	1.48	(0.82)	−0.81	−0.07	1.42	(0.63)
経済的暴力	1.47	(0.77)	1.33	(0.67)	2.36*	0.19	1.61	(0.75)
ストーキング	1.47	(0.79)	1.24	(0.58)	4.05***	0.33	1.58	(0.76)
一般 IPV	1.55	(0.70)	1.41	(0.55)	2.76**	0.23	1.59	(0.53)
加害経験								
身体的暴力	1.29	(0.69)	1.23	(0.52)	1.33	0.11	1.16	(0.43)
間接的暴力	1.38	(0.72)	1.28	(0.52)	2.04*	0.17	1.23	(0.52)
支配・監視	1.48	(0.73)	1.37	(0.71)	1.80†	0.15	1.81	(0.79)
言語的暴力	1.46	(0.73)	1.35	(0.59)	1.94†	0.16	1.56	(0.69)
性的暴力	1.40	(0.72)	1.09	(0.37)	6.51***	0.53	1.43	(0.75)
経済的暴力	1.33	(0.69)	1.39	(0.65)	−1.05	−0.09	1.28	(0.51)
ストーキング	1.29	(0.62)	1.17	(0.49)	2.48*	0.20	1.37	(0.57)
一般 IPV	1.38	(0.61)	1.27	(0.41)	2.51*	0.21	1.41	(0.43)

†$p<.10$, *$p<.05$, **$p<.01$, ***$p<.001$
Note. 得点がとりうる値の範囲は1から5である。

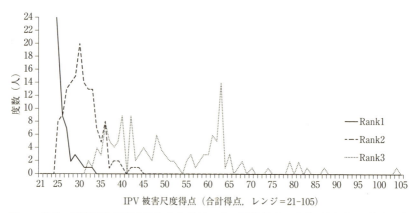

Figure 2.2 被害経験の潜在ランクと各ランクの度数分布。なお598人中287人は25点以下である (21点が161人, 22点が46人, 23点が28人, 24点が31人, 25点が21人)。

(n = 344)				調査3 (n = 130)					
女性	(SD)	t	d	男性	(SD)	女性	(SD)	t	d
1.12	(0.35)	3.95***	0.44	1.35	(0.80)	1.15	(0.54)	1.53	0.30
1.22	(0.49)	2.89**	0.31	1.24	(0.42)	1.21	(0.60)	0.31	0.05
2.33	(0.99)	−1.55	−0.17	2.11	(1.12)	1.97	(0.97)	0.71	0.13
1.76	(0.72)	−1.06	−0.11	1.39	(0.55)	1.67	(0.77)	−2.41*	−0.40
1.53	(0.70)	−1.52	−0.16	1.17	(0.33)	1.41	(0.63)	−2.83**	−0.44
1.36	(0.54)	3.49**	0.38	1.33	(0.59)	1.27	(0.52)	0.65	0.12
1.57	(0.74)	0.13	0.01	1.44	(0.78)	1.44	(0.72)	−0.01	0.00
1.55	(0.45)	0.73	0.08	1.43	(0.46)	1.45	(0.50)	−0.16	−0.03
1.10	(0.31)	1.47	0.16	1.07	(0.20)	1.13	(0.37)	−1.24	−0.20
1.19	(0.44)	0.68	0.07	1.14	(0.34)	1.20	(0.45)	−0.87	−0.15
1.81	(0.83)	0.04	0.004	1.94	(0.98)	1.73	(0.90)	1.21	0.22
1.52	(0.62)	0.47	0.05	1.46	(0.77)	1.52	(0.66)	−0.43	−0.08
1.07	(0.23)	5.87***	0.66	1.25	(0.48)	1.11	(0.37)	1.67†	0.32
1.60	(0.78)	−4.50***	−0.47	1.24	(0.45)	1.57	(0.76)	−3.12**	−0.50
1.23	(0.43)	2.67**	0.29	1.26	(0.43)	1.40	(0.70)	−1.37	−0.22
1.36	(0.37)	1.04	0.11	1.34	(0.38)	1.38	(0.46)	−0.58	−0.10

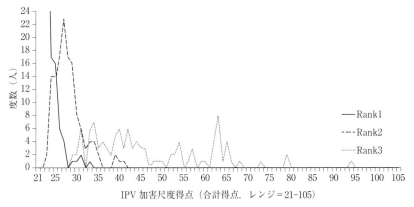

Figure 2.3 加害経験の潜在ランクと各ランクの度数分布。なお598人中371人は25点以下である（21点が213人，22点が47人，23点が50人，24点が31人，25点が30人）。

Table 2.4

各調査における IPV とリスクファクターとの相関係数

	調査1 （$n=598$）[a]				調査2 （$n=344$）	
	年齢	学歴[b]	飲酒[c]	喫煙[c]	境界性 パーソナリティ	反社会性 パーソナリティ
被害経験						
身体的暴力	$-.12^{**}$	$-.04$	$.04$	$.11^{**}$	$.16^{**}$	$.02$
間接的暴力	$-.06$	$-.05$	$.06$	$.09^{*}$	$.15^{**}$	$.16^{**}$
支配・監視	$-.03$	$-.11^{**}$	$.05$	$.09$	$.14^{**}$	$.14^{**}$
言語的暴力	$.00$	$-.08^{*}$	$.11^{**}$	$.11^{*}$	$.12^{*}$	$.09$
性的暴力	$-.04$	$-.07$	$.04$	$.11^{**}$	$.23^{**}$	$.28^{**}$
経済的暴力	$-.07$	$-.07$	$.06$	$.13^{**}$	$.14^{**}$	$.20^{**}$
ストーキング	$-.10^{*}$	$-.03$	$.00$	$.07$	$.18^{**}$	$.25^{**}$
一般 IPV	$-.07$	$-.11^{*}$	$.07$	$.13^{**}$	$.22^{**}$	$.23^{**}$
加害経験						
身体的暴力	$-.05$	$-.06$	$.09^{*}$	$.14^{**}$	$.16^{**}$	$.10$
間接的暴力	$.02$	$-.07$	$.12^{**}$	$.20^{**}$	$.24^{**}$	$.19^{**}$
支配・監視	$-.03$	$-.07$	$.11^{*}$	$.12^{**}$	$.19^{**}$	$.09$
言語的暴力	$.02$	$-.06$	$.06$	$.10^{*}$	$.18^{**}$	$.21^{**}$
性的暴力	$-.03$	$-.02$	$.13^{**}$	$.15^{**}$	$.08$	$.24^{**}$
経済的暴力	$.01$	$-.01$	$.06$	$.12^{**}$	$.24^{**}$	$.19^{**}$
ストーキング	$-.03$	$-.05$	$.10^{*}$	$.15^{**}$	$.20^{**}$	$.23^{**}$
一般 IPV	$-.02$	$-.05$	$.11^{**}$	$.17^{**}$	$.27^{**}$	$.25^{**}$

$^{*}p<.05,\ ^{**}p<.01$
[a] 被害経験の相関係数は，参加者の被害経験とパートナーのリスクファクターとの関連，加害経験の
[b] スピアマンの順位相関係数を用いた。

　が考えられる。各 IPV 形態の加害経験では，間接的暴力，性的暴力，ストーキングが男性で多く，先行研究の仮説を支持する（Buss & Shackelford, 1997）。一方で被害経験においても言語的，性的暴力を除くすべての IPV 形態が男性で多い。先行研究では性関係に関わる暴力を除いて性差が大きくないことが示唆されることから（Straus, 2008），IPV の認識に関する検討が必要かもしれない。ただし，性的暴力の加害経験を除き，性差の効果量は中程度未満であることに留意する必要がある（水本・竹内，2011）。

　これらのことから，デモグラフィック特徴と行動指標として飲酒および喫煙の程度との関連を示した。第2項では，IPV のリスクファクターである

| | 調査3（$n=130$） | | | |
パートナーの 監視	パートナーへの 否定的な関わり	パートナーへの 肯定的な関わり	公への 所有のサイン	ライバルへの 否定的な関わり
.23**	.40**	.35**	.20*	.22*
.30**	.42**	.27**	.15	.31**
.46**	.40**	.44**	.44**	.44**
.32**	.41**	.37**	.37**	.36**
.22*	.35**	.32**	.23**	.18*
.23**	.40**	.32**	.24**	.34**
.15	.42**	.24**	.23**	.17*
.40**	.56**	.47**	.40**	.42**
.26**	.16	.03	.07	.18*
.35**	.30**	.21*	.12	.35**
.54**	.47**	.60**	.54**	.64**
.25**	.50**	.40**	.39**	.42**
.26**	.37**	.34**	.21*	.30**
.44**	.43**	.36**	.37**	.38**
.35**	.42**	.30**	.32**	.40**
.51**	.55**	.50**	.46**	.57**

相関係数は参加者の加害経験と参加者のリスクファクターとの関連を示す。

パーソナリティとの関連を検証する。

第2項　調査2[59]

　調査1では，IPVとデモグラフィック特徴，危険行動との関連を示した。しかし，心理的特性との関連を検証できていない。そこで，調査2ではリスクファクターとしての心理的特性であるパーソナリティとIPVとの関連を

---

[59] データは第2章2節および第3章1節（Kiire, 2017）で測定されたものと同様である。本調査では，IPV尺度，PDQ-Rで測定したデータを用いた。また，研究の一部は日本パーソナリティ心理学会第25回大会において発表された（喜入・越智，2016b）。

示すことを目的とする。IPV と関連するパーソナリティとして，特に反社会性パーソナリティとの関連（Holtzworth-Munroe & Stuart, 1994; Fals-Stewart et al., 2005），境界性パーソナリティとの関連（Mauricio & Lopez, 2009; Weinstein et al., 2012）が示されている。調査 2 では，この 2 つのパーソナリティに着目し，IPV との正の関連が示されることを検証する。

方法

参加者　事前に研究趣旨を説明し，同意の得られた大学生467名が参加した。回答に不備がなく，交際経験のある学生344名（女性182名，M_{age} = 19.0，SD = 1.25）を分析に使用した。

測定と手続き　調査は首都圏の大学の授業時間内に実施した。回答は一斉に，かつ個別に行った。年齢，性別，交際経験の有無，調査 1 で作成したIPV 尺度に加え，PDQ-R（切池・松永，1995）を用いて反社会性パーソナリティ（たとえば，「この数年間を通じて，仕事や学校を続けることに，何の苦労もない」などの項目で構成される）および境界性パーソナリティ（たとえば，「この数年間を通じて，人に対する感情が，突然に変わってしまう」などの項目で構成される）を測定し，各々平均得点を尺度得点とした。PDQ-R は，各質問項目に，はいまたはいいえで回答し，各パーソナリティを反映する回答に 1 を，そうでない回答に 0 を割り当てる。なお，PDQ-R の項目には犯罪行為に関する項目が含まれているため，そのような項目は質問項目から除外した[60]。そのため，参加者は IPV 尺度42項目（被害・加害経験でそれぞれ21項目），反社会性パーソナリティについて 8 項目，境界性パーソナリティについて11項目に回答した。参加者は，本研究以外の研究で使用されたデモグラフィック特徴とパーソナリティ測定も含め，113項目に回答した[61]。

---

60) 境界性パーソナリティを測定する尺度において項目2./2を除外し，反社会性パーソナリティ傾向を測定する尺度において項目3b, 7, B/3を除外した。さらに反社会性パーソナリティの測定項目として「私が子どもの頃（15歳以前），非行少年（少女）だった」という項目を付け加えた。

結果と考察

確証的因子分析 IPV 尺度の確証的因子分析を行った結果，被害，加害経験とも良好な適合度を示した（Table 2.2）。各々の因子負荷量，因子間相関，α 係数を Table 2.1a に示した。また，因子間相関は高く（Table 2.1b），調査 1 と同様の高次因子分析でも良好な適合度が示された（Table 2.2）。

リスクファクターとの関連 各 IPV 形態および一般 IPV の記述統計量を Table 2.3 に示した。また，これらの IPV 加害経験と反社会性パーソナリティおよび境界性パーソナリティとの相関分析を行った結果，各々で小から中程度未満の有意な正の関連が示された（Table 2.4）。この相関は，多くは基準値を満たし，先行研究を支持するものであるため（Holtzworth-Munroe & Stuart, 1994; Lopez et al., 2009; Weinstein et al., 2012; Fals-Stewart et al., 2005），IPV 尺度の妥当性を示すものと考えられる。しかし一方で，パーソナリティと IPV 加害経験との関連においても，支配・監視は反社会性パーソナリティと有意な関連を示さず，性的暴力は境界性パーソナリティと有意な関連を示さなかったため，IPV 尺度のさらなる妥当性の検証が必要であると共に，IPV 形態による関連の特有性を検証する必要があるかもしれない。

性差 各 IPV 形態を目的変数，性別を説明変数とした t 検定を行った結果，調査 2 においても身体的暴力，間接的暴力，経済的暴力の被害経験および性的暴力，ストーキングの加害経験は女性よりも男性で多く報告された（Table 2.3）。また，経済的暴力の加害経験は男性よりも女性で高い得点を示した。これらは，概ね調査 1 と一致するものの，調査 1 で示された支配・監視，ストーキングの被害経験，間接的暴力，一般 IPV の加害経験の性差は示されなかった。したがって，一般 IPV に性差が示されないことは先行研究に一致するが（Straus, 2008），各 IPV 形態の性差が異なる可能性が考えら

---

61) 参加者は，SD3-J（下司・小塩，2017: 第 3 章 1 節参照），IPV 尺度（第 2 章 1 節参照），Mini-K-J（Kawamoto, 2015: 第 2 章 2 節参照），PDQ-R（切池・松永，1995），行動指標（第 2 章 2 節参照）の順ですべての項目に回答した。

110

れる。本調査における性差は性的暴力の加害経験を除き中程度未満の効果量
であることも踏まえつつ（水本・竹内，2011），今後の研究が必要かもしれな
い。

第3項　調査3

　進化心理学的アプローチにより，IPV はパートナー関係維持行動のうち
の一つであることが示唆されている（Buss & Duntley, 2011）。パートナー関係
維持行動とは，パートナーとの関係崩壊を避けるための方略であり，警戒か
ら暴力まで多岐に渡る（Buss & Shackelford, 1997; Buss et al., 2008）。また，パ
ートナー関係維持行動としての IPV の進化的適応機能は，パートナーの独
占や，自身とパートナーの配偶価（mate value）の不一致，特に自身の配偶
価が低い場合，IPV によってパートナーの配偶価を下げることによって関
係崩壊を回避する可能性を高めることが指摘されている（Buss & Duntley,
2011）。パートナー関係維持行動は大別すると5領域（domain）である（Buss
& Shackelford, 1997）。すなわち，1）パートナーがどこにいるのかを警戒する，
パートナーの監視（direct guarding），2）パートナーを操作・貶す，パートナ
ーへの否定的な関わり（intersexual negative inducements），3）パートナーに対
して関係良好性をディスプレイする，パートナーへの肯定的な関わり（posi-
tive inducements），4）排他的関係であることを他者にディスプレイする，公
への所有のサイン（public signals of possession），5）ライバルがパートナーを
狙うのを阻止する，ライバルへの否定的な関わり（intrasexual negative in-
ducements）である。また，これらの行動パターンを測定する尺度が開発さ
れており（Buss & Shackelford, 1997; Buss et al., 2008; 寺島，2010），IPV を測定
する尺度によって妥当性の検証がなされている（Buss et al., 2008）。そのため，
IPV 尺度の得点がパートナー関係維持行動と正の関連を示すことで妥当性
を示すことができると考えられる。

第2章 測定尺度 111

方法

参加者 事前に研究趣旨を説明し，同意の得られた大学生165名が参加した。回答に不備がなく，交際経験のある学生130名（女性80名，M_{age} = 19.7，SD = 1.49）を分析に用いた。

測定と手続き 調査は首都圏の大学の授業時間内に実施した。回答は一斉に，かつ個別に行った。デモグラフィック特徴（年齢，性別，交際経験の有無），調査1で作成したIPV尺度に加え，パートナー関係維持目録日本語版（寺島，2010）を用いて各パートナー関係維持行動の程度を測定した。パートナー関係維持目録日本語版は38項目からなり（たとえば，「行くと言った場所に本当に行ったかどうか確認した」などの項目で構成される），各パートナー関係維持行動をとった程度を4件法で回答する（1＝一度もおこなったことはない，4＝しばしばおこなったことがある）。本研究ではパートナー関係維持行動の5領域ごとの平均得点を尺度得点として算出した。なお，参加者は本研究以外の研究で使用されたデモグラフィック特徴とパーソナリティ測定も含め，142項目に回答した。

結果と考察

確証的因子分析 IPV尺度の確証的因子分析を行った。因子負荷量は十分であったが（Table 2.1a），適合度はやや悪く（Table 2.2），調査1，2に比べてサンプルサイズが小さく安定しなかったことが原因である可能性が考えられる。また，因子間相関は調査1，2と同様に高く（Table 2.1b），高次因子分析では，許容できる適合度が示された（Table 2.2）。調査1，調査2を通して許容できる適合度が示されていること，また，調査3においても高次因子分析では許容できる適合度が示されていることから，以降の分析においても調査1で作成した因子構造に従うこととした。

リスクファクターとの関連 各IPV形態および一般IPVの記述統計量をTable 2.3に示した。また，これらのIPVとパートナー関係維持行動の各領

域との相関係数を Table 2.4 に示した。各 IPV 形態，一般 IPV はパートナー関係維持行動と小から大程度の正の関連を示した。これらは基準値を満たすため，妥当性が示されたと考えられる。ただし，有意な関連が示されない組み合わせもあるため，IPV 尺度の妥当性の更なる検証と，IPV 形態およびパートナー関係維持行動の各領域に特有な関連を明らかにする必要性があるかもしれない。

性差 各 IPV 形態を目的変数，性別を説明変数とした t 検定を行った結果，調査 2 と同様に経済的暴力加害が女性で多かったことに加え，言語的，性的暴力の被害経験が女性で多かった（Table 2.3）。一般 IPV に性差が示されないことは，調査 2 と一致し，先行研究とも一致する（Straus, 2008）。また，経済的暴力の加害経験では女性が高く，性的暴力の加害経験が男性で高い傾向にあることも，調査 2 と一致する。一方で，調査 1，2 で示されていたストーキングの加害経験の性差（女性よりも男性が高い），身体的暴力，間接的暴力，経済的暴力の被害経験（いずれも女性よりも男性が高い）は，調査 3 では示されなかった。また，言語的暴力，性的暴力の被害経験が女性で高いことは，調査 3 でのみ示された。しかし，いずれも中程度の効果量に満たないため（水本・竹内，2011），今後の研究においてより明確に各 IPV 形態と性差についての知見を示す必要があるだろう。

第4項 総合考察

本研究では IPV を測定する尺度を作成した。調査 1 から調査 3 の確証的因子分析では良好または許容できる適合度が示された。また，デモグラフィック特徴（性別，年齢，学歴），危険行動（飲酒，喫煙），パーソナリティ（反社会性パーソナリティ，境界性パーソナリティ），進化的行動パターン（パートナー関係維持行動）との関連では，それぞれ先行研究を支持する結果が示された（Buss et al., 2008; Fals-Stewart et al., 2005; Halpern et al., 2001; Holtzworth-Munroe & Stuart, 1994; Mauricio & Lopez, 2009; Rothman et al., 2010; Stith et al., 2004; Temple et al., 2013; Weinstein et al., 2012）。ただし一方で，本調査において定めた基準値に満たない組み合わせや，有意な関連が示されない組み合わせもあるため，IPV尺度のさらなる洗練が必要であると考えられる。

　本研究で作成したIPV尺度によって，わが国におけるIPV測定尺度の不均質性とそれによる結果の不一致の可能性（赤澤，2015）の排除，共通認識に基づく測定および研究の発展の可能性，多様なIPV形態の測定が可能になったと考えられる。同時に，高次因子分析の結果から尺度の総合得点を単一の一般IPV得点として使用できると考えられることも，研究の幅を広げることに寄与すると考えられる。調査1における一般IPV得点を用いた潜在ランク分析はそのような使用方法の1つであり，IPVの3レベルのカテゴリは，今後の予防・介入を行ううえでの基準の1つとして有効であると考えられる。すなわち，ここで抽出されたカテゴリは，四分位や標準偏差による形式的なカテゴリではなく，各項目への回答の傾向に基づく潜在的な実質的カテゴリとしてのIPVの程度である。これらのことから，現在求められているIPVのメカニズムおよび予防・介入可能性に関する今後の研究を促進することが可能であると考えられる。ただし，調査1でも言及したように，それぞれの項目が各カテゴリにどの程度寄与しているかどうかという点については，明確な結論を下すことができないため，今後のより詳細な検討が必要であると考えられる。

　また，多様なIPV形態の測定は，IPV形態の性差についてより詳しく示すことが可能である。実際に，本研究では，性的暴力が男性に特徴的なIPV形態であることを示し，この結果は先行研究の仮説を支持するものである（Buss et al., 2008）。ただし，本研究においても一貫する性差が示されないIPV形態も示されている。この原因の一つとして，IPVの分布が正規分布ではないことによる可能性も考えられる。したがって，分布の形状を十分に考慮した解析を含め，今後の検討が必要だろう。

　本研究の限界点として3点が挙げられる。第1に，IPVの得点は正規分

布しないため，メカニズム研究における統計的解析を行う際には注意が必要である。本研究で用いた最尤推定法は，推定値の算出において分布の歪みに頑健であることが指摘されており（Benson & Fleishman, 1994），以降の研究においても量的な研究を行う必要があると考えられるため，本尺度も量的な変数として扱った。しかし一方で，分布の歪みが異なる結論を導いてしまうことは否定できない。また，そもそもIPVの発生率には非正規性が仮定されるため，この問題は早急に対処するべきであろう。第2に，妥当性検証において関連指標との相関が示されたが，弱い関連であった変数も多くあった。特に，デモグラフィック特徴との関連は明確に示されず，飲酒や喫煙との関連は弱い正の関連であった。一方で，パーソナリティや，IPVに結びつくと考えられるパートナー関係維持行動との関連では，中程度から強い関連が示された。これらの知見やIPVの発生率に鑑みても，リスクファクターを持つことが直接IPVに結びつくわけではない。特に，デモグラフィック特徴との関連は，先行研究と異なる点であり，今後の検証が必要である。同様に，パーソナリティに関しても強い関連が示されたわけではない。したがって，IPVのリスクファクターを持っていながらIPVに結びつかないための要因を探索することが今後の研究では必要だろう。また，これらは予防・介入において重要な要因である可能性が高いと考えられる。第3に，臨床群と一般群との比較がなされていない。スクリーニング用に作成されたDVSIでは臨床群と一般群との比較がなされており（石井他，2003），本尺度においても必要であると考えられる。しかし，スクリーニングに特化しておらず，一般群対象にIPVの測定が可能である点は本尺度の有効な側面であると考えられる。

　これらのことから，本研究で作成したIPV尺度は今後の研究において有効であると考えられる。すなわち，IPVのメカニズムの特定，予防・介入のための要因探索に関する今後の研究を発展させる一助になると考えられる。一方で，尺度のさらなる洗練と妥当性を担保することが必要であり，また限

第2章 測定尺度 115

界点も多く示されているため，今後の研究が必要である。本研究では，上記の問題点があるものの，わが国の IPV 尺度が確立されていないという現状に鑑み，また，概ね理論的に整合する結果が示されているため，以降の研究で使用することとした。

第2節　生活史戦略の測定尺度[62]

第1項　問題と目的

　生活史戦略の個人差は一次元で表現され，両極に早い・遅い生活史戦略を仮定する。そして，生活史戦略は199項目の Arizona Life History Battery（ALHB; Figueredo, 2007）で測定される。ここで測定される得点は K-factor と呼ばれ，一次元的な生活史戦略を反映する。すなわち，K-factor が高いほど遅い生活史戦略を，低いほど早い生活史戦略を反映する（Figueredo et al., 2006）。しかし，このバッテリーに含まれる20項目の Mini-K のみでも K-factor の測定が可能であることが示されている（Figueredo et al., 2006）。また，実際に多くの研究で Mini-K が用いられている（Figueredo et al., 2006; Olderbak, Gladden, Wolf, & Figueredo, 2014）。わが国においても，Mini-K が翻訳されており，今後の生活史戦略に関する研究の発展が見込まれる（Mini-K-J; Kawamoto, 2015; Table 2.6）。

　しかし，国外において多くの研究で Mini-K が用いられているにもかかわらず（Figueredo et al., 2014），その因子構造の妥当性の問題が指摘されている（Richardson et al., 2017）。すなわち，内的整合性は良好であるにもかかわらず，

---

62) データは第2章1節の調査2および第3章1節（Kiire, 2017）で測定されたものと同様である。なお，第2章1節の調査2および第3章1節では，回答に不備がなく交際経験がある参加者のデータのみを用いたが（$n = 344$），本研究では，回答に不備のない全参加者のデータを用いた（$n = 455$）。

20項目に対して単一の潜在変数として K-factor を仮定した場合の適合度が悪いことが示されている（Richardson et al., 2017）。この点について，Mini-K を構成する項目は，生活史戦略に関する広範な領域を包括しているため，1因子構造を仮定することは困難かもしれない。これらの問題点に対し，大学生を対象とした Richardson et al.（2017）では，高次因子分析モデルにより，K-factor を高次因子として仮定したモデルにおいて良好な適合度が示されることを明らかにしている。Richardson et al.（2017）の最終的なモデルは，Table 2.6 に示される尺度の項目 1，6，9，10を除外した上で下位因子として 6 因子を想定し[63]，この 6 因子のうち，3 因子[64]の高次因子としてソーシャルサポート因子，さらに，ソーシャルサポート因子と残る 3 因子の高次因子として K-factor が仮定されている。この知見は，生活史理論が中間レベルの理論であり，さまざまな概念の個人差の高次に位置するという理論的枠組みと一致する（Figueredo et al., 2006）。また，Mini-K で測定される項目は，単一の K-factor を高次因子として仮定できることから，生活史戦略を反映すると考えられる。

　しかし，Richardson et al.（2017）の示した最終モデルにはいくつかの問題が考えられる。第 1 に，Table 2.6 に示される項目19は，Richardson et al.（2017）による下位 6 因子を仮定するモデルにおいて，2 つの因子（友人との関係，コミュニティへの関与）からの負荷が示されている。単純構造を目指すという観点からは，望ましくないだろう。第 2 に，Table 2.6 に示される項目 5 はパートナー関係に限らない，より一般的な心理メカニズム・行動パターンを測定すると考えられるが，Richardson et al.（2017）の最終モデルでは，パートナー間の絆因子からの負荷のみが示される。概念としては，むしろ，

---

[63] ここでは下位因子として，先読み・計画性・統制性（insight, planning, and control），両親との関係の質（mother/father relationship quality），友人との関わり（friend social contact/support），親族との関わり（family social contact/support），パートナー間の絆（pair bonding），コミュニティへの関与（community involvement）が想定されている。

[64] 両親との関係の質，友人との関わり，親族との関わりの 3 因子である。

先読み・計画性・統制性因子に含まれるべき項目であろう。第3に，大学生を対象とするにあたり，Table 2.6に示される項目9は不適切であると考えられる[65]。また，特にわが国においては，Table 2.6に示される項目20も同様に不適切である可能性が考えられる。なぜなら，わが国は，一般的には意識的に宗教をよりどころとする文化ではないと考えられるためである。そこで，本研究では，不適切であると考えられる項目を除外し，わが国の大学生においても Richardson et al. (2017) の示した知見が再現されるかどうかを検証する。そして，生活史戦略を反映すると考えられる K-factor が，高次因子を仮定した一次元的な得点として解釈可能であることを検証する。

　また，わが国において Mini-K-J を用いて大学生を対象に調査を行うことには，上記とは異なる意義もある。第1に，わが国の多くの研究で大学生が対象となる一方で（小塩他，2014），Mini-K-J の妥当性の検証では30-50代の参加者が対象となっている。そのため，大学生に対しても Mini-K-J が適用可能かどうかを検証する必要がある。第2に，Mini-K-J の妥当性の検証では，一般的に得点が高いほど遅い生活史戦略を反映する指標が主に用いられている。そのため，早い生活史戦略を反映する項目においても Mini-K-J に測定される K-factor との関連が示されるかどうかを検証する必要がある。そこで，本研究では，早い生活史戦略を反映する特徴を同時に測定し，Mini-K-J に測定される K-factor が理論的に整合する負の関連を示すかどうかを検証する。

　本研究では，早い生活史戦略を反映する指標としてパーソナリティおよび行動を測定する。パーソナリティとして，特に，Dark Triad（マキャベリアニズム，ナルシシズム，サイコパシー），境界性パーソナリティ，反社会性パーソナリティとの関連を検証する。また，行動指標として，特に，喫煙の程度，

---

[65] なお，Richardson et al. (2017) でははじめにすべての項目を用いた探索的 SEM（ESEM）を行い，そこでの修正指標に基づき項目1，9，10を削除しているため，最終モデルに項目9は含まれない。

飲酒の程度に加え，これまでの交際人数との関連を検証する。

Dark Triad が早い生活史戦略である可能性は，第 1 章 3 節で示したとおりである。特に，サイコパシーは一貫して早い生活史戦略を示すことが予測される。一方で，ナルシシズムは対人関係の重視や，必ずしも早い生活史戦略を示さず，むしろ遅い生活史戦略を示す可能性も考えられる（Jonason, Koenig, et al., 2010）。そして，マキャベリアニズムは生活史戦略との関連性が明確ではない。そのため，ナルシシズム，マキャベリアニズムに関する明確な仮説は立てない。

サイコパシーと関連性の強い反社会性パーソナリティは，攻撃性，衝動性を示す代表的なパーソナリティであるため，早い生活史特徴を反映するパーソナリティの一つであると考えられる（Figueredo et al., 2014）。また，境界性パーソナリティも同様に衝動性を示し，短期的な対人関係の形成や，ネガティブなアウトカムと関連することから，早い生活史戦略を反映するパーソナリティであると考えられる（Brüne, 2016）。また，境界性パーソナリティとサイコパシー（特に衝動性や反社会性に関する Factor 2）との関連が示されており（Sprague et al., 2012），さらに，この関連には遺伝的な相関が認められる（Hunt, Bornovalova, & Patrick, 2015）。したがって，サイコパシー，反社会性パーソナリティ，境界性パーソナリティは K-factor と負の関連を示すことが予測される。

早い生活史戦略を反映する行動傾向は，危険行動である。危険行動は，死や事故の恐れがある行動を指し，具体的には，ドラッグ・アルコール乱用，危険な運転，望まない妊娠や性感染症に関連する性行動などさまざまである。本研究では，質問可能な危険行動として，喫煙の程度，飲酒の程度を測定する。それぞれ K-factor と負の関連を示すことが予測される。また，配偶戦略の観点から，早い生活史戦略であるほど交際したパートナー数が多いことが予測される。したがって，K-factor とこれまでの交際人数は負の関連を示すことが予測される。

以上を踏まえ，本研究では次の2点を検証する。第1に，Mini-K-J におい
て，K-factor を高次因子とした高次因子分析モデルが再現されるかどうかを
検証する。第2に，大学生を対象に，早い生活史戦略特徴と K-factor との
関連が示されるかどうかを検証する。

第2項　方法

参加者

事前に研究趣旨を説明し，同意の得られた大学生467名が参加した。回答
に不備のある者を除いた，455名を分析対象とした（女性247名，$M_{age}=19.0$，
$SD=1.19$）。

測定

Mini-K-J（Kawamoto, 2015）　Mini-K-J は20項目の尺度であり，K-factor
を測定する（たとえば，「私は何かできごとが起きたときに，そのできごとが次にど
うなるか分かる」などの項目で構成される）[66]。ただし，項目9，20は，わが国
の大学生にはそぐわない項目であるため，これらの項目を除外した18項目を
使用した（Table 2.6）。なお，測定は7件法で行った（1＝まったくあてはまら
ない，7＝よくあてはまる）。

Short Dark Triad 日本語版（SD3-J：下司・小塩, 2017）　SD3-J は27項目の
尺度であり，マキャベリアニズム（たとえば，「他の誰かに自分の秘密を教えな
いということは賢明なことだ」などの項目で構成される），ナルシシズム（たとえば，
「周りの人は私を生まれながらのリーダーだと思っている」などの項目で構成される），
サイコパシー（たとえば，「私は目上の人に仕返しや報復をしたいと思うことがあ
る」などの項目で構成される）を各9項目で測定する。本研究では7件法で測
定した（1＝まったくあてはまらない，7＝とてもあてはまる）。各側面を反映する

---

[66] K-factor は，高いほど遅い生活史戦略を，低いほど早い生活史戦略を反映する。

120

項目の平均得点を各側面の尺度得点とした。

PDQ-R（切池・松永, 1995）　PDQ-R は DSM-III に基づきパーソナリティを測定する尺度である。本研究では，境界性パーソナリティ（13項目；たとえば，「この数年間を通じて，人に対する感情が，突然に変わってしまう」などの項目で構成される）と反社会性パーソナリティ（12項目；たとえば，「この数年間を通じて，仕事や学校を続けることに，何の苦労もない」などの項目で構成される）を測定した（ただし，犯罪行為に関する項目は除外した[67]）。PDQ-R は各項目について，「はい」または「いいえ」で回答し，それぞれの傾向を反映する回答に 1 を，そうではない回答に 0 を与え，総計を尺度得点とするものである。本研究では平均得点を尺度得点とした。

行動指標　飲酒・喫煙の程度を各々 7 件法で測定し（1＝まったく吸わない（飲まない），7＝非常に多い），これまでの交際人数を測定した。

手続き

調査は首都圏の大学の授業時間内に実施した。回答は一斉に，かつ個別に行った。参加者は，SD3-J，IPV 尺度，Mini-K-J，PDQ-R，行動指標の順ですべての項目に回答した。なお，本研究では IPV 尺度以外の変数を分析に使用した。

第 3 項　結果

Mini-K-J の因子構造

基本的な分析手順や基準は Richardson et al.（2017）に従った。すなわち，モデル適合度の基準として，TLI，CFI が .95以上であること，RMSEA が .05以下であることで良好なモデル適合度と判断した[68]。また，Richardson et al.（2017）では用いられなかった標準化 RMR（Standardized RMR: SRMR）

---

[67] 脚注60を参照。

を併用し，.05以下であることを良好なモデルの基準とした。因子負荷の基準では，因子負荷量が.30以上のものを，当該因子への負荷と判定した。なお，Richardson et al.（2017）では，因子の抽出法としてロバスト重み付け最小二乗法（robust weighted least square: WLSMV）を用いていたが，欠損値のあるデータであっても最大限利用するために，本研究では完全情報最尤法を用いた。また，因子軸の回転は Richardson et al.（2017）同様にジオミン回転を用いた。

　探索的 SEM（exploratory structural equation modeling: ESEM）を実施し，1因子から6因子まで因子数を変化させたモデルの適合度を Table 2.5 に示した。まず，5因子を仮定したモデルは解が収束しなかった。また，Richardson et al.（2017）同様，1因子構造のモデル適合度は悪かった。4因子モデルの適合度も基準に照らすと十分とはいえなかった（$\chi^2(87) = 320.81$, $p < .001$; CFI = .902; TLI = .828; RMSEA = .077; SRMR = .047）。一方で，6因子モデルは良好な適合度を示した（$\chi^2(60) = 102.35$, $p < .001$; CFI = .982; TLI = .955; RMSEA = .039; SRMR = .022）。また，Richardson et al.（2017）と同様，項目6はいずれの因子数を仮定した場合にも.30以上の負荷を示さず，項目10は3因子以上を仮定した場合には.30以上の負荷を示さなかったため，今後の

Table 2.5
各因子数での ESEM の適合度（$n = 455$）

因子数	χ^2	df	p	CFI	TLI	RMSEA	SRMR	AIC	BIC	AdjBIC
1	1262.52	135	< .001	.528	.465	.135	.095	29433.99	29656.49	29485.11
2	675.22	118	< .001	.767	.698	.102	.072	28880.69	29173.23	28947.90
3	519.68	102	< .001	.825	.738	.095	.059	28757.15	29115.61	28839.50
4	320.81	87	< .001	.902	.828	.077	.047	28588.28	29008.55	28684.83
5	N/A	N/A	N/A	N/A	N/A	N/A	N/A	N/A	N/A	N/A
6	102.35	60	< .001	.982	.955	.039	.022	28423.82	28955.34	28545.94

68）なお，Richardson et al.（2017）では χ 二乗値が有意でないことも基準の一つとしているが，χ 二乗値はサンプルサイズによって有意になってしまうため，本研究では積極的な χ 二乗値に基づく解釈は避けた。

分析では除外した。ただし，Richardson et al.（2017）で除外された項目1は，本研究においては3因子以上を仮定した場合には単一因子に.30以上の負荷を示した。項目1は，先読みに関する項目であり，6因子モデルにおいて，同じ因子に大きな負荷量を示す項目が，先読み・計画性・統制性であることから，概念的に整合的であるといえる。そのため，本研究では今後の分析に項目1を含めた。

　Richardson et al.（2017）が示したとおり，6因子モデルが最も良好な適合度を示したが，因子負荷量にいくつかの問題が示された（Table 2.6）。第1に，第3因子には項目5のみが負荷している。第2に，項目8の第2因子からの負荷量は1.0を超えている。斜交回転の因子分析モデルでは，1.0を超えることがあるとはいえ，望ましくはないだろう。ただし，この点については，極端な因子間相関は示されないため，問題とはならないかもしれない。第3に，Richardson et al.（2017）で示された，コミュニティへの関与因子が抽出されなかった。コミュニティへの関与因子は，項目19，20から成るが（Richardson et al., 2017），本研究では項目20を除外していたため，このような結果が示された可能性が考えられる。しかし，項目20はわが国において不適切な可能性が考えられるため除外した項目であること，また，Richardson et al.（2017）の最終モデルにおいて項目19はコミュニティへの関与因子に加えて友人との関わり因子にも負荷していたため，本研究の知見は必然的な結果であり，この点については Richardson et al.（2017）と整合する結果であると考えられる。したがって，6因子構造における問題点は，特に1点目が重要である。

　一方で，4因子構造の場合には，負荷量の傾向は概ね6因子構造と一致しているが，項目11，12の負荷量はいずれの因子からも基準を下回った。この2項目は，Richardson et al.（2017）の示す最終モデルのパートナー間の絆因子に含まれる項目である。実際に，6因子構造の場合には，項目11，12にのみ負荷する因子が認められる。

第 2 章 測定尺度 123

さらに，Richardson et al.（2017）の 6 因子構造における問題として指摘した項目 5 は，4 因子構造において第 1 因子に含まれた。項目 5 は計画性に関する項目であり，第 1 因子に含まれることは概念的に整合的である。実際に，4 因子構造の場合に項目 5 が含まれる第 1 因子の他の項目は，Richardson et al.（2017）の示した先読み・計画性・統制性因子を構成する項目である。また，4 因子モデル，6 因子モデルとも，単純構造が示された。

CFA 6 因子モデル，4 因子モデルのそれぞれの問題点を踏まえ，CFA により，5 因子モデルの適合度の検証を行うこととした。すなわち，4 因子モデルの因子構造を基に，1) Richardson et al.（2017）で除外された項目 6，10 を除外し，項目 11，12 に寄与する因子としてパートナー間の絆因子を仮定し，CFA を実施した（Table 2.7）。

5 因子構造を仮定した CFA の適合度は良好だった（$\chi^2(94) = 172.52$, $p <$ .001; CFI = .964; TLI = .954; RMSEA = .043; SRMR = .042）。また，Richardson et al.（2017）の示した 6 つの下位因子のうち，コミュニティ関与因子を除くすべての因子構造が再現された。さらに，Richardson et al.（2017）ではパートナー間の絆因子に含まれていた項目 5 は，先読み・計画性・統制性因子に含まれた。この知見は，概念的により整合的であると考えられえる。

高次因子分析 5 因子間の相関は中程度であったが（$rs = .21-.50$; Table 2.8），すべて有意であった。そのため，Richardson et al.（2017）と同様の高次因子分析モデルの適合度を検証した。また，Richardson et al.（2017）に倣い，5 因子モデルをベースモデル（Model 0）として，高次因子分析モデルがより倹約的か否かを，ベースモデルとの比較を通して検証した。はじめに，両親との関係の質因子，親族との関わり因子，友人との関わり因子の高次因子としてソーシャルサポート因子を仮定した（Model 1）。適合度は良好であった（$\chi^2(98) = 176.06$, $p < .001$; CFI = .964; TLI = .956; RMSEA = .042; SRMR = .043）。また，ベースモデルとの有意な差は示されなかった（$\Delta\chi^2(4) = 3.54$, $p = .47$）。したがって，Richardson et al.（2017）の示したとおり，ソーシャル

124

Table 2.6

ESEM で示された因子負荷量（$n = 455$）

項目	因子数	1	2		3		
		F1	F1	F2	F1	F2	f3
1	私は何かできごとが起きたときに，そのできごとが次にどうなるか分かる	.125	.101	.023	**.486**	− .065	− .088
2	私は今の状況に対処するため，どのように今の状況に至ったのかを理解しようとする	.292	.215	.093	**.592**	− .012	− .013
3	私は，好ましくない状況の良い面を見つけようとする	.291	.217	.101	**.362**	.036	.079
4	私は，自分が抱えている問題を解決するまで投げ出さない	**.443**	**.340**	.158	**.416**	.082	.184
5	私は何かをするときに，あらかじめ計画を立てる	**.332**	**.339**	− .004	**.356**	− .071	.209
6	私は何かをするときに，危ない橋を渡るようなことはしない	.182	.208	− .054	.209	− .090	.119
7	子どものころ，私は自分の実の母親と，温かく親密な関係を築いていた	**.554**	**.438**	.153	.200	.118	**.355**
8	子どものころ，私は自分の実の父親と，温かく親密な関係を築いていた	**.490**	**.325**	.210	.189	.180	.242
10	私は自分のパートナーと，温かく親密な，互いに愛し合う関係を築いている	**.470**	**.354**	.169	.146	.145	.287
11	私は同時に複数のパートナーと性的な関係を持つより，一人の人と関係を持っていたい	**.389**	**.339**	.074	.176	.045	.262
12	私は人と親密な関係を築かなければ，その人と抵抗なく性的な関係を持つことができない	.235	.294	− .081	.088	− .095	.254
13	私は自分と血のつながった親戚とよく連絡を取ったりする	**.451**	.009	**.695**	− .087	**.713**	.045
14	私と血のつながった親戚は，私の気持ちを支えてくれたり，手助けをしてくれたりする	**.544**	.007	**.885**	.044	**.873**	− .004
15	私は，自分と血のつながった親戚の気持ちを支えたり，何かしらの手助けをしたりする	**.519**	− .026	**.892**	.001	**.894**	− .025
16	私は友達とよく連絡を取ったりする	**.636**	**.699**	− .016	− .036	− .016	**.723**
17	私の友だちは，私の気持ちを支えてくれたり，手助けをしてくれたりする	**.743**	**.823**	.009	− .049	− .001	**.878**
18	私は友達の気持ちを支えたり，何かしらの手助けをしたりする	**.683**	**.791**	− .048	.007	− .056	**.798**
19	私は自分が住む地域に愛着を持っているし，積極的に関わっている	**.481**	**.434**	.086	.147	.059	**.376**
因子間相関	F2	**.385**			**.295**		
	F3				**.350**	**.391**	
	F4						
	F5						
	F6						

測定時に除外された項目

9 私は自分の子どもと，温かく親密な関係を築いている。

20 私は自分の信じる宗教を大事にしているし，積極的に関わっている。

Note. 30以上の因子負荷量を太字で示した。また，5％水準で有意な因子間相関を太字で示した。

	4				6				
F1	F2	F3	F4	F1	F2	F3	F4	F5	F6
.517	− .049	− .033	− .071	**.552**	− .044	− .014	− .054	− .053	.022
.591	.077	.004	− .039	**.689**	.045	.024	− .013	.009	− .043
.371	− .010	.061	.087	**.312**	− .020	.018	.060	.109	.026
.427	.002	.112	.184	.251	.039	.231	.120	.139	.055
.360	.000	− .045	.211	.018	− .027	**.962**	− .001	.008	− .023
.126	.206	− .113	.058	− .070	.063	.289	− .058	− .049	.293
.023	**.695**	− .006	.141	.040	**.381**	.072	.083	.244	.084
− .030	**.888**	.020	− .047	− .006	**1.343**	− .016	− .012	− .009	− .014
.080	.179	.130	.227	.100	.064	− .050	.140	.202	.254
.117	.109	.046	.230	.038	− .037	− .015	.039	− .015	**.892**
.042	.069	− .090	.232	− .071	.014	.024	− .096	.071	**.551**
− .098	.056	**.695**	.029	− .085	.037	− .005	**.702**	.035	− .012
.053	− .007	**.872**	.007	.043	− .023	.005	**.883**	.003	.004
.012	− .011	**.894**	− .015	− .011	.002	.003	**.893**	− .024	.005
− .033	.036	.000	**.695**	− .014	.021	.011	− .012	**.707**	− .016
− .035	− .014	.025	**.880**	− .050	− .012	.010	.011	**.888**	− .009
.026	− .019	− .025	**.792**	.029	− .018	− .029	− .044	**.798**	.024
.134	.059	.069	**.352**	.070	.025	.106	.080	**.359**	− .008
.250				.147					
.228	.363			.292	.121				
.316	.422	.352		.238	.259	.126			
				.273	.269	.317	.375		
				.187	.190	.065	.189	.352	

Table 2.7
各モデルにおける CFA による因子負荷量 （$n = 455$）

		Model 0	Model 1	Model 2	Model 3
	F1 先読み・計画性・統制性				
1	私は何かできごとが起きたときに，そのできごとが次にどうなるか分かる	.313	.319	.319	.320
2	私は今の状況に対処するため，どのように今の状況に至ったのかを理解しようとする	.485	.493	.493	.493
3	私は，好ましくない状況の良い面を見つけようとする	.446	.446	.446	.447
4	私は，自分が抱えている問題を解決するまで投げ出さない	.664	.654	.654	.654
5	私は何かをするときに，あらかじめ計画を立てる	.484	.486	.486	.484
	F2 両親との関係の質				
7	子どものころ，私は自分の実の母親と，温かく親密な関係を築いていた	.887	.893	.893	.893
8	子どものころ，私は自分の実の父親と，温かく親密な関係を築いていた	.736	.731	.731	.731
	F3 パートナー間の絆				
11	私は同時に複数のパートナーと性的な関係を持つより，一人の人と関係を持っていたい	.928	.949	.949	.949
12	私は人と親密な関係を築かなければ，その人と抵抗なく性的な関係を持つことができない	.523	.512	.512	.512
	F4 親族との関わり				
13	私は自分と血のつながった親戚とよく連絡を取ったりする	.699	.699	.699	.699
14	私と血のつながった親戚は，私の気持ちを支えてくれたり，手助けをしてくれたりする	.890	.889	.889	.889
15	私は，自分と血のつながった親戚の気持ちを支えたり，何かしらの手助けをしたりする	.882	.882	.882	.882
	F5 友人との関わり				
16	私は友達とよく連絡を取ったりする	.698	.698	.698	.698
17	私の友だちは，私の気持ちを支えてくれたり，手助けをしてくれたりする	.872	.873	.873	.873
18	私は友達の気持ちを支えたり，何かしらの手助けをしたりする	.784	.783	.783	.783
19	私は自分が住む地域に愛着を持っているし，積極的に関わっている	.452	.452	.452	.452
	ソーシャルサポート				
F2	両親との関係の質		.634	.634	
F4	親族との関わり		.522	.522	
F5	友人との関わり		.755	.755	
	K-factor				
F1	先読み・計画性・統制性			.606	
F3	パートナー間の絆			.403	
	ソーシャルサポート			1.049	
	K-factor				
F1	先読み・計画性・統制性				.630
F2	両親との関係の質				.635
F3	パートナー間の絆				.416
F4	親族との関わり				.523
F5	友人との関わり				.757

Table 2.8
ベースモデル（Model 0）の因子間相関（$n = 455$）

	F1	F2	F3	F4
F1. 先読み・計画性・統制性				
F2. 両親との関係の質	.354			
F3. パートナー間の絆	.249	.275		
F4. 親族との関わり	.359	.368	.207	
F5. 友人との関わり	.500	.484	.333	.367

サポート因子を仮定する方がより倹約的なモデルであることが示された。また，ソーシャルサポート因子と，残りの2因子の高次因子としてK-factorを仮定したモデル（Model 2）も Richardson et al.（2017）を支持した（適合度：$\chi^2(98) = 176.06$，$p < .001$；CFI $= .964$；TLI $= .956$；RMSEA $= .042$；SRMR $= .043$；ベースモデルとの差：$\Delta\chi^2(4) = 3.54$，$p = .47$）。

　これらの知見から，Richardson et al.（2017）の因子構造がわが国においても再現されたと考えられる。しかし一方で，ベースモデルの相関係数の傾向から，Richardson et al.（2017）とは異なり，極端な相関係数を示す組み合わせはない。したがって，下位の5因子はそれぞれ同一次元であり，ソーシャルサポート因子を仮定せず，単一の高次因子としてK-factorを仮定できる可能性が考えられる。そのため，下位5因子の高次因子として単一のK-factorを仮定したモデル（Model 3）の検証を行った。適合度は良好であり（$\chi^2(99) = 176.24$，$p < .001$；CFI $= .965$；TLI $= .957$；RMSEA $= .041$；SRMR $= .043$），ベースモデル（モデル 0：$\Delta\chi^2(5) = 3.72$，$p = .59$），ソーシャルサポート因子を含めたK-factorモデル（モデル 2：$\Delta\chi^2(1) = 0.18$，$p = .67$）ともに有意な差は示されなかった。したがって，Richardson et al.（2017）の示したモデルの適合度は良好であるが，各下位因子の次元レベルは同一であると捉え，単一の高次因子としてK-factorを仮定するほうがより倹約的なモデルであるといえる（Figure 2.4）。

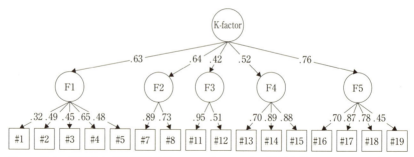

Figure 2.4　最終的な高次因子分析モデル（Model 3）。観測変数はMini-K-Jの各項目を示す。下位因子はそれぞれ，F1＝先読み・計画性・統制性；F2＝両親との関係の質；F3＝パートナー間の絆；F4＝親族との関わり；F5＝友人との関わりを示す。

K-factorの妥当性

　Mini-K-Jの因子構造から，Mini-K-Jの項目の総計はK-factorを反映すると考えられる。そのため，第2の目的を検証するために，各下位因子の項目の平均得点および除外項目を除いた全項目の平均得点をそれぞれの下位因子およびK-factorの尺度得点とした。

　記述統計，性差，相関　K-factorの内的整合性は許容できる係数であった（a = .79）。各下位因子では低い係数を示すものもあったが，許容できる範囲内であると判断した（$a_{先読み・計画性・統制性}$ = .60; $a_{両親との関係の質}$ = .78; $a_{パートナー間の絆}$ = .65; $a_{親族との関わり}$ = .86; $a_{友人との関わり}$ = .78）。各下位因子，K-factor，その他の測定指標の平均値と標準偏差および性差を算出した（Table 2.9）。Mini-K-Jの各下位因子およびK-factorを目的変数，性別を説明変数としたt検定を行った結果，先読み・計画性・統制性を除くすべてのMini-K-J下位側面およびK-factorにおいて男性よりも女性の方が高い得点を示した（Table 2.9）。つまり，男性は女性に比べて早い生活史戦略であることを示し，先行研究を支持した（Figueredo et al., 2006; Kawamoto, 2015）。

　生活史戦略の各下位因子およびK-factorとその他の測定指標との相関係数を算出したところ，パーソナリティでは，サイコパシー，反社会性パーソ

第2章　測定尺度　129

Table 2.9
本研究で測定した指標の記述統計量，性差，生活史戦略との相関係数（$n=455$）

| | 女性($n=247$) | 男性($n=208$) | | | Correlations | | | | | |
	M （SD）	M （SD）	t	d	1	2	3	4	5	6
1. K-factor	5.04(0.65)	4.69(0.93)	4.58**	0.44						
2. 先読み・計画性・統制性	4.45(0.87)	4.51(1.04)	-0.67	-0.06	.66**					
3. 両親との関係の質	5.74(1.18)	5.22(1.64)	3.81	0.37	.61**	.24**				
4. パートナー間の絆	5.80(1.18)	4.95(1.55)	6.49	0.62	.45**	.14**	.19**			
5. 親族との関わり	4.41(1.64)	3.96(1.56)	2.98	0.28	.67**	.22**	.33**	.12*		
6. 友人との関わり	5.51(1.02)	5.04(1.27)	4.23	0.40	.76**	.36**	.39**	.27**	.33**	
Dark Triad	3.70(0.65)	3.84(0.62)	-2.30*	-0.22	.00	.20**	-.01	-.25**	.01	-.05
マキャベリアニズム	4.70(0.85)	4.79(0.92)	-1.04	-0.10	.01	.20**	.06	-.05	-.10*	-.07
ナルシシズム	3.13(0.89)	3.36(0.95)	-2.62**	-0.25	.14**	.23**	.05	-.14**	.07	.13**
サイコパシー	3.24(0.80)	3.35(0.86)	-1.44	-0.14	-.16**	.01	-.14**	-.36**	.05	-.18**
境界性パーソナリティ[a]	0.40(0.20)	0.37(0.20)	1.19	0.11	-.27**	-.14**	-.21**	-.23**	-.10*	-.25**
反社会性パーソナリティ[a]	0.25(0.15)	0.27(0.18)	-1.44	-0.14	-.38**	-.20**	-.26**	-.30**	-.22**	-.30**
これまでの交際人数[b]	1.99(2.00)	2.33(2.39)	-1.60	-0.15	.06	.10*	.02	-.15**	.01	.12**
喫煙の程度	1.13(0.69)	1.32(1.02)	-2.27*	-0.22	-.14**	-.07	-.12*	-.21**	.00	-.12**
飲酒の程度	2.44(1.58)	2.74(1.73)	-1.94†	-0.19	-.03	.06	-.07	-.13**	-.06	.04

† $p<.10$, * $p<.05$, ** $p<.01$
[a] 得点がとりうる値の範囲は0から1である。
[b] 得点がとりうる値の範囲は0以上である。
Note. 添え字のない変数の得点が取りうる値の範囲は1から7である。

ナリティ，境界性パーソナリティとの負の関連が示された（Table 2.9）。一方で，ナルシシズムは K-factor，先読み・計画性・統制性，友人との関わりとの正の関連が示され，パートナー間の絆と負の関連を示した。また，マキャベリアニズムは先読み・計画性・統制性との正の関連，親族との関わりとの負の関連以外に有意な関連は示されなかった。行動指標との関連では，喫煙の程度と K-factor および下位尺度得点との負の関連が示されたものの，飲酒の程度ではパートナー間の絆との負の関連，交際したパートナー数では，先読み・計画性・統制性，友人との関わりとの正の関連，パートナー間の絆との負の関連のみが示された。

第4項　考察

本研究では，はじめに，Mini-K-J によって測定される変数が，高次因子と

して K-factor を仮定することで仮説的構成概念と適合するかどうかを検証した。次に，大学生を対象とした場合でも，また，早い生活史戦略特徴を反映する指標を用いた場合にも Mini-K-J が有効であることを検証した。

分析の結果，高次因子として K-factor を想定し，5つの下位因子を想定した高次因子分析モデルは良好な適合度を示した。そのため，単一の高次因子として K-factor を仮定することの妥当性が検証されたといえる（Figueredo et al., 2006; Richardson et al., 2017）。

次に，平均得点を尺度得点とした K-factor とその下位因子ごとの性差および早い生活史特徴との関連を示した。分析の結果，男性がより早い生活史戦略であるという知見を支持した（Buss, 2009; Jonason, Li, et al., 2013）。また，パーソナリティに関する指標では，サイコパシー，境界性パーソナリティ，反社会性パーソナリティが K-factor，各下位因子との負の関連を示し，仮説を支持した。なお，Dark Triad の内，ナルシシズムとマキャベリアニズムは明確な負の関連が示されなかった。ナルシシズムは，ファセットによっては必ずしも早い生活史戦略ではなく，むしろ遅い生活史戦略を示すことが指摘されている（McDonald et al., 2012）。また，マキャベリアニズムと生活史戦略の関連は一貫しない（Jonason Koenig, et al., 2010）。そのため，本研究の知見は先行研究を支持するとともに，今後の研究の発展の必要性を示すものといえる。

一方で，行動指標との関連では，下位因子ではパートナー間の絆との負の関連が一貫して示されたものの，K-factor との関連では喫煙の程度のみが負の関連を示した。この点について，大学生を対象とした場合には生活史戦略と行動指標との関連を示すにあたり，注意が必要である可能性を示す[69]。すなわち，パーソナリティは年齢に制限されない内的な変数であるため（McCrae et al., 2000），年齢が若い場合においても K-factor との関連を検出可能で

---

[69] 特に，本研究では平均年齢が20歳未満であった。

ある一方で，本研究で測定した行動指標が表出されることはある程度年齢に制限される可能性が考えられ，したがって，K-factorとの関連が検出されなかった可能性が考えられる。ただし，飲酒，これまで交際したパートナー数の分散は喫煙に比べて大きい。実際に，喫煙の程度は分布が大きく左に偏る（ほとんどが喫煙をしない）ため，むしろ，大学生においてより極端に早い生活史戦略をとるものが特異的に喫煙をしている可能性も考えられる。いずれにせよ，行動指標に関して生活史戦略との関連は注意深く扱うことに加え，今後のさらなる研究が必要である。

限界点　限界点の1つ目として，本研究では，測定段階においてMini-K-Jの20項目のうち2項目を除外したことが挙げられる。しかし，これらの項目は日本の大学生にはそぐわないと考えられる項目であり，この項目が含まれることで測定値にバイアスがかかるかもしれない。したがって，この限界点は本質的な問題ではないだろう。限界点の2つ目として，因子分析の過程でMini-K-Jからさらに2項目を除外した。この点について，生活史戦略は広範な概念であるため，多くの研究を通して知見を積み重ねた上で，構成概念とそれを反映すると考えられる項目を注意深く選定する必要がある。ただし，除外した項目は先行研究と一致しているため，本研究そのものの問題というよりも，尺度構成に関する問題であると考えられる。限界点の3つ目として，単一の大学のみを対象としていることが挙げられる。本研究では，大学生においても（少なくともパーソナリティについては）Mini-K-Jの有効性が示されたものの，その知見がわが国の大学生全体に一般化できるか否かについては検証されていない。

　これらを踏まえ，Mini-K-Jの構成概念，項目の選定，大学生への適用可能性について，今後の研究知見を積み重ねることが必要かもしれない。しかし，2つの大学を対象としたRichardson et al.（2017）の知見を概ね再現したことや，早い生活史戦略との関連が予測される変数との関連が示されたことは，Mini-K-Jの適用可能性を示す一つの指標となると考えられる。

第3節　第2章の総合考察

　本章では，モデル検証で用いる測定尺度の整備を行った。Dark Triad，パートナー関係維持行動を測定する尺度は，大学生において妥当性の検証がなされている一方で，生活史戦略を K-factor として測定する Mini-K-J は，大学生における妥当性検証がなされていなかった。さらに，国外においては，Mini-K の因子構造に関する問題が指摘されてきた。また，IPV を測定する尺度はわが国において確立されていなかった。そのため，IPV 尺度の確立と，Mini-K-J の大学生における測定の妥当性および構造の妥当性を検証した。

　IPV を測定する尺度では，越智他 (2014) を基に，3 つの調査を通して，IPV の 7 形態（身体的暴力，間接的暴力，支配・監視，言語的暴力，経済的暴力，性的暴力，ストーキング）を各 3 項目で測定する尺度を作成した。また，これらの 7 形態の高次概念として，単一の一般 IPV を仮定できることを示した。さらに，一般 IPV 得点を用いた潜在ランク分析により，IPV の程度を 3 カテゴリに分類できることを示した。わが国において，IPV を測定する尺度の作成が急務であるという状況に鑑み（赤澤，2015），本研究の知見は研究の発展に寄与すると考えられる。

　また，Mini-K-J の大学生における測定の妥当性の検証は，3 つの観点から行った。1) まず，Mini-K-J によって測定された得点は，K-factor として単一の概念を反映するかどうかを検証した。次に，2) 大学生を対象に，パーソナリティ，行動指標との関連を通して，Mini-K-J で測定される K-factor が，理論的概念と一致することを検証した。ここで，3) Mini-K-J の妥当性は遅い生活史戦略を反映する指標によってなされていたため（Kawamoto, 2015），本研究ではパーソナリティおよび行動指標として早い生活史戦略を反映する指標を用いた。分析の結果，まず，生活史戦略に基づく下位因子

の高次概念として単一の K-factor が仮定できることを示した。次に，大学生を対象に，また，早い生活史戦略を反映する指標と K-factor との関連性の検証において，パーソナリティでは予測される関連が示された一方で，行動指標では明確な関連が示されないものもあった。これは，パーソナリティが年齢に制限されない内的な指標である一方で，行動指標は年齢に制限される表出的な変数であることが原因である可能性が考えられる。したがって，大学生を対象として Mini-K-J と何らかの行動指標との関連を検証する場合に，大学生においてすでに表出していると考えられる適切な行動指標を選択する必要があるだろう。

　なお，本研究では大学生を対象とする調査を行い，測定する IPV は行動指標である。したがって，Mini-K-J の使用には注意を要する。しかし，IPVは大学生以前であっても示されるため（Giordano et al., 2010），大学生においても一定の分散が示されると考えられる。そのため，実際に IPV と K-factor が関連するならば，Mini-K-J によって測定される K-factor と IPV との関連も同様に示されると考えられる。

　これらを踏まえ，次章では，IPV のリスクファクターに関して至近要因と究極要因両面からのアプローチによるモデル検証を行う。

第3章　モデル検証

　本章は，第1章，第2章を踏まえ，IPV，生活史戦略，Dark Triad，パートナー関係維持行動の関連を検証する。はじめに，至近要因として Dark Triad が IPV を予測するかどうかを検証し，さらに，Dark Triad と IPV の関連は，生活史戦略によって説明できることを検証する（第3章1節）。次に，この関連性をさらに詳細に検証した。至近要因である Dark Triad の個人差は，その進化的基盤として生活史戦略が影響すると考えられる（Jonason, Koenig, et al., 2010）。また，IPV の進化的基盤はパートナー関係維持行動であることが指摘されている（Buss & Duntley, 2011）。したがって，生活史戦略（K-factor）が Dark Triad を説明し，一方で，IPV にはパートナー関係維持行動が先行すると考えられる。また，パートナー関係維持行動は Dark Triad の個人差によってその程度が規定される可能性が考えられる。これらを踏まえ，K-factor から IPV の関連を，Dark Triad，パートナー関係維持行動が媒介するか否かを検証する（第3章2節）。

第1節　モデル検証1：至近・究極要因からの IPV メカニズムへのアプローチ[70]

第1項　問題と目的

　IPV がパートナー関係維持行動の一つである可能性が示されているが（第1章2節），IPV がパートナー維持行動として選択されることは稀であり（Buss & Duntley, 2011），選択には個人差が生じる。本研究では，パートナー関係維持行動として IPV を選択しやすいと考えられる個人特性として Dark

Triad に着目し，IPV との関連を明らかにする。また，この個人差は生活史戦略の個人差に媒介されることを検証する。仮説は次の通りである。1) Dark Traid の各側面は各 IPV 形態と正の関連を示す，2) IPV は早い生活史戦略による行動であると考えられるため，K-factor と負の関連を示す，3) K-factor は Dark Triad と IPV の関連を媒介する。ただし，先行研究では，パートナー関係維持行動としての IPV は，男性において理論的な説明が可能である一方で，女性における理論的説明が困難であることが指摘されている（Buss & Duntley, 2011）。また，男性はより Dark Triad が高く（Furnham et al., 2013），K-factor が低い，つまり早い生活史戦略である一方で（Buss, 2009; Jonason, Li, et al., 2013），IPV は男女において双方向的であることが指摘されている（Straus, 2008）。そのため，本研究では女性参加者については探索的に研究を行う。

第2項　方法

参加者

　事前に研究趣旨を説明し，同意の得られた大学生467名が参加した。回答に不備のあった者およびこれまでに交際経験がないものを除いた344名を分析対象とした（女性182名，M_{age} = 19.0，SD = 1.25）。

測定

Short Dark Triad 日本語版（SD3-J：下司・小塩，2017）[70]　SD3-J は27項目

---

[70] 本節は，「Kiire, S. (2017). Psychopathy rather than Machiavellianism or narcissism facilitates intimate partner violence via fast life strategy. *Personality and Individual Differences, 104,* 401-406.」を一部加筆・修正したものである。また，データは第2章1節の調査2および第2章2節で測定されたものと同様である。

[71] 第1章4節で用いた Dark Triad を測定する尺度は DTDD-J であったが，さらに新しい尺度として SD3-J が開発された（下司・小塩，2017）。また，DTDD と SD3 の精度を比較した際に，SD3 がより精度の高い尺度であることが指摘されている（Maples et al., 2014; 下司・小塩，2017）。したがって，モデル検証では Dark Triad を測定するために SD3-J を用いた。

第3章 モデル検証 137

の尺度であり，マキャベリアニズム（たとえば，「他の誰かに自分の秘密を教え
ないということは賢明なことだ」などの項目で構成される），ナルシシズム（たとえ
ば，「周りの人は私を生まれながらのリーダーだと思っている」などの項目で構成さ
れる），サイコパシー（たとえば，「私は目上の人に仕返しや報復をしたいと思うこ
とがある」などの項目で構成される）を各9項目で測定する。本研究では7件
法で測定した（1＝まったくあてはまらない，7＝とてもあてはまる）。Dark Triad
の各側面を反映する項目の平均得点を各側面の尺度得点とし，全項目の平均
得点を Dark Triad 尺度得点とした。

　IPV 尺度　第2章1節で作成した IPV 尺度を用いた。この尺度は，IPV
について，身体的暴力（たとえば，「相手の身体を平手で打ったことがある」など
の項目で構成される），間接的暴力（たとえば，「大声で怒鳴りつけたり，叫んだり，
罵ったことがある」などの項目で構成される），支配・監視（たとえば，「一日に何
回もメールや電話をしたことがある」などの項目で構成される），言語的暴力（たと
えば，「相手を見下すような言い方をしたことがある」などの項目で構成される），性
的暴力（たとえば，「いやがっているのに性的な接触をしたことがある」などの項目
で構成される），経済的暴力（たとえば，「借りたお金やものを返さなかったことが
ある」などの項目で構成される），ストーキング（たとえば，「相手が別れようとし
たとき困ることを言って脅したことがある」などの項目で構成される）の7形態を
測定する。測定では，各項目の加害経験の程度について，5件法での自己評
定を行う（1＝まったくない，5＝よくある）。各 IPV 形態を反映する項目の平均
得点を各 IPV 加害経験の尺度得点とし，また，すべての項目の平均得点を
一般 IPV 加害経験の尺度得点とした。

　Mini-K-J（Kawamoto, 2015）　Mini-K-J は20項目の尺度であり，K-factor
を測定する（たとえば，「私は何かできごとが起きたときに，そのできごとが次にど
うなるか分かる」などの項目で構成される）[72]。第2章2節において，項目6（私

---

72) K-factor は，高いほど遅い生活史戦略を，低いほど早い生活史戦略であることを示す。

は何かをするときに，危ない橋を渡るようなことはしない），項目9（私は自分の子どもと，温かく親密な関係を築いている。），項目10（私は自分のパートナーと，温かく親密な，互いに愛し合う関係を築いている），項目20（私は自分の信じる宗教を大事にしているし，積極的に関わっている。）が除外されたが（Table 2.6, 2.7），K-factor をより広範な観点から捉えるために，わが国の大学生にはそぐわないと考えられる項目9と項目20のみを除外した18項目を使用した。なお，測定は7件法で行った（1＝まったくあてはまらない，7＝よくあてはまる）。18項目の平均得点を K-factor の尺度得点とした。

手続き

　調査は首都圏の大学の授業時間内に実施した。回答は一斉に，かつ個別に行った。参加者は，SD3-J，IPV 尺度，Mini-K-J，PDQ-R（切池・松永，1995；第2章2節参照），行動指標（第2章2節参照）の順ですべての項目に回答した。なお，本研究では PDQ-R および行動指標以外の変数を分析に使用した。

分析

　はじめに，測定した指標の記述統計量を算出し，性差を検証する。次に，各 IPV 形態および一般 IPV 得点，Dark Triad および Dark Triad の各側面との相関係数を算出する。そして，各 IPV 形態を目的変数，Dark Triad の各側面を説明変数とした多変量重回帰分析を行う。また，一般 IPV 得点を目的変数，Dark Triad の各側面を説明変数とした重回帰分析を行った。最後に，Dark Triad の各側面と一般 IPV との関連を K-factor が媒介するか否かの検証を行った。なお，すべての分析で年齢を統制変数として扱った。また，性別ごとに分析を行った。

第3項　結果

記述統計および性差　Table 3.1に各変数の記述等計量を示した。各変数を目的変数，性別を説明変数とした t 検定を行った結果，Dark Triad は女性に比べて男性が高く，特に，ナルシシズムがこの関連に寄与した（Table 3.1）。しかし一方で，マキャベリアニズムおよびサイコパシーに性差は示されなかった。また，K-factor は男性に比べて女性で高かった（Table 3.1）。

IPV については，性的暴力およびストーキングの加害経験は男性でより高く，経済的暴力の加害経験は女性でより高かったが，多くの IPV 形態および一般 IPV 得点に性差は示されなかった。この知見は，IPV が双方向的であるという先行研究を支持する（Giordano et al., 2010; Straus, 2008）。性差のあった IPV 形態については，男性が女性パートナーに生殖資源としての性関係を求め，女性が男性パートナーに物理的資源を求めるという進化心理学

Table 3.1

モデル検証1で測定した指標の記述統計量と性差（$n = 344$）

	a	女性（$n = 182$）		男性（$n = 162$）		t^a	g
		M	(SD)	M	(SD)		
マキャベリアニズム	.74	4.72	−0.85	4.75	−0.91	−0.32	−0.03
ナルシシズム	.73	3.24	−0.90	3.48	−0.88	−2.54*	−0.27
サイコパシー	.63	3.27	−0.82	3.41	−0.89	−1.57	−0.17
Dark Triad	.80	3.74	−0.66	3.88	−0.62	−2.02*	−0.22
K-factor	.81	5.03	−0.61	4.73	−0.96	3.49**	0.39
身体的暴力	.68	1.10	−0.31	1.16	−0.43	−1.47	−0.16
間接的暴力	.70	1.19	−0.44	1.23	−0.52	−0.68	−0.07
支配・監視	.59	1.81	−0.83	1.81	−0.79	−0.04	−0.004
言語的暴力	.61	1.52	−0.62	1.56	−0.69	−0.47	−0.05
性的暴力	.78	1.07	−0.23	1.43	−0.75	−5.87***	−0.66
経済的暴力	.67	1.60	−0.78	1.28	−0.51	4.50***	0.47
ストーキング	.63	1.23	−0.43	1.37	−0.57	−2.67**	−0.29
一般 IPV	.85	1.36	−0.37	1.41	−0.43	−1.04	−0.11

*$p < .05$. **$p < .01$. ***$p < .001$

Note. IPV の各形態および一般 IPV のとりうる値の範囲は1から5である。Dark Triad の各側面および K-factor のとりうる値の範囲は1から7である。

的知見に一致する（Buss & Schmitt, 1993）。

相関分析 次に，Dark Triad，K-factor，IPV の相関分析を行った（Table 3.2）。男性において，サイコパシーは多くの IPV 形態と正の関連を示し，先行研究を支持した（Ryan et al., 2008）。加えて，ナルシシズムは言語的暴力，性的暴力，一般 IPV と正の関連を示した。一方で，マキャベリアニズムは性的暴力とのみ正の関連を示した。Dark Triad 得点は身体的暴力，支配・監視以外の IPV 形態との正の関連を示した。K-factor は支配・監視，言語的暴力を除く IPV 形態と負の関連を示した。

女性において，マキャベリアニズムと身体的暴力および性的暴力，ナルシシズムと性的暴力およびストーキングを除き，すべての Dark Triad の側面と IPV 形態との関連が示された。一方で，K-factor と IPV の関連は，経済的暴力とのみ負の関連が示された。

これらの知見から，男性においてはサイコパシーが IPV と特に関連し，一方で，女性においてはすべての Dark Triad 側面が IPV と関連することが示された。また，K-factor と IPV の関連は男性でのみ示された。

Table 3.2
モデル検証 1 で測定した指標同士の年齢を統制した偏相関係数（$n = 344$）

	1	2	3	4	5	6	7	8	9	10	11	12	13
1．マキャベリアニズム	－	.32**	.43**	.75**	-.10	.10	.17*	.23**	.16*	.05	.27**	.17*	.27**
2．ナルシシズム	.03	－	.44**	.77**	.04	.18*	.23**	.20**	.16*	.06	.25**	.13†	.27**
3．サイコパシー	.20*	.47**	－	.79**	-.24**	.21**	.25**	.23**	.19*	.16*	.28**	.26**	.33**
4．Dark Triad	.59**	.71**	.80**	－	-.12	.21**	.28**	.28**	.22**	.12	.34**	.24**	.37**
5．K-factor	.21**	.19*	-.20*	.10	－	.01	-.07	.11	-.04	-.12	-.20**	-.13†	-.08
6．身体的暴力	-.03	.03	.19*	.09	-.22**	－	.62**	.24**	.48**	.25**	.29**	.31**	.58**
7．間接的暴力	.02	.10	.33**	.22**	-.20*	.63**	－	.46**	.70**	.28**	.48**	.44**	.80**
8．支配・監視	.07	.06	.14†	.13	-.05	.32**	.38**	－	.38**	.23**	.37**	.43**	.72**
9．言語的暴力	.06	.18*	.29**	.25**	-.10	.45**	.59**	.30**	－	.30**	.50**	.30**	.76**
10．性的暴力	.18*	.16*	.37**	.34**	-.18*	.31**	.34**	.34**	.44**	－	.33**	.38**	.47**
11．経済的暴力	-.01	.14†	.20*	.16*	-.21**	.37**	.49**	.26**	.41**	.46**	－	.49**	.77**
12．ストーキング	-.03	.12	.26**	.16*	-.25**	.55**	.48**	.61**	.36**	.50**	.43**	－	.67**
13．一般 IPV	.07	.16*	.36**	.28**	-.22**	.67**	.76**	.69**	.71**	.71**	.66**	.79**	－

† $p < .10$, * $p < .05$, ** $p < .01$

Note. 上段が女性（$n = 182$），下段が男性（$n = 162$）。また，年齢は統制した。

回帰分析　各 IPV 形態を目的変数，Dark Triad の各側面を説明変数とした多変量重回帰分析を行った結果，モデルは有意であった（Table 3.3; 女性：$R^2 = .22$, $p < .05$; 男性：$R^2 = .30$, $p < .01$）。偏回帰係数では，サイコパシーが多くの IPV 形態と正の関連を示す一方で，マキャベリアニズムは女性においてのみ経済的暴力と正の関連を示し，ナルシシズムと IPV の有意な関連はいずれの性別においても示されなかった。

次に，一般 IPV を目的変数，Dark Triad の側面を説明変数とした重回帰分析を行った結果，モデルは有意であった（Table 3.3; Female: $R^2 = .14$, $p < .01$; Male: $R^2 = .14$, $p < .01$）。偏回帰係数では，男女ともサイコパシーが一般 IPV と正の関連を示した。

Table 3.3
Dark Triad の各側面を説明変数，各 IPV 形態を目的変数とした回帰分析の結果（$n = 344$）

	マキャベリアニズム				ナルシシズム				サイコパシー				R^2
	95%CI				95%CI				95%CI				
	B	LL	UL	b^*	B	LL	UL	b^*	B	LL	UL	b^*	
女性（$n = 182$）													
身体的暴力	-0.001	[-0.06	, 0.06]	.00	0.04	[-0.02	, 0.09]	.11	0.06	[-0.001	, 0.12]	.16†	.06†
間接的暴力	0.03	[-0.05	, 0.11]	.06	0.07	[-0.01	, 0.15]	.14†	**0.09**	**[0.001**	**, 0.18]**	**.17***	.09*
支配・監視	0.13	[-0.02	, 0.29]	.14†	0.09	[-0.06	, 0.23]	.10	0.13	[-0.03	, 0.30]	.13	.09*
言語的暴力	0.06	[-0.05	, 0.18]	.09	0.06	[-0.06	, 0.17]	.08	0.09	[-0.04	, 0.21]	.12	.05
性的暴力	-0.01	[-0.05	, 0.04]	-.02	-0.003	[-0.04	, 0.04]	-.01	**0.05**	**[0.002**	**, 0.10]**	**.17***	.05
経済的暴力	**0.14**	**[0.003**	**, 0.28]**	**.16***	0.11	[-0.02	, 0.24]	.13	0.15	[-0.002	, 0.30]	.16†	.12**
ストーキング	0.04	[-0.04	, 0.11]	.07	0.01	[-0.07	, 0.08]	.01	**0.12**	**[0.03**	**, 0.20]**	**.23***	.08*
一般 IPV[a]	0.06	[-0.01	, 0.12]	.13†	0.05	[-0.01	, 0.11]	.13	**0.10**	**[0.03**	**, 0.17]**	**.22***	.14**
男性（$n = 162$）													
身体的暴力	-0.04	[-0.11	, 0.04]	-.08	-0.04	[-0.13	, 0.04]	-.09	**0.12**	**[0.04**	**, 0.20]**	**.25***	.05
間接的暴力	-0.03	[-0.11	, 0.06]	-.05	-0.04	[-0.14	, 0.05]	-.07	**0.22**	**[0.12**	**, 0.32]**	**.37****	.13*
支配・監視	0.04	[-0.10	, 0.18]	.05	-0.004	[-0.16	, 0.15]	-.01	0.12	[-0.04	, 0.27]	.13	.02
言語的暴力	0.01	[-0.11	, 0.12]	.01	0.04	[-0.09	, 0.17]	.05	**0.21**	**[0.08**	**, 0.34]**	**.27***	.09*
性的暴力	0.09	[-0.03	, 0.21]	.11	-0.01	[-0.14	, 0.13]	-.01	**0.29**	**[0.15**	**, 0.43]**	**.35****	.16**
経済的暴力	-0.03	[-0.11	, 0.06]	-.05	0.04	[-0.07	, 0.13]	.06	**0.10**	**[0.002**	**, 0.20]**	**.18***	.06
ストーキング	-0.06	[-0.15	, 0.04]	-.09	-0.01	[-0.12	, 0.10]	-.02	**0.18**	**[0.07**	**, 0.29]**	**.28***	.09*
一般 IPV[a]	0.00	[-0.07	, 0.07]	.00	-0.004	[-0.08	, 0.08]	-.01	**0.18**	**[0.10**	**, 0.26]**	**.36****	.14**

†$p < .10$, *$p < .05$, **$p < .01$, ***$p < .001$
[a] 一般 IPV のみを目的変数とした単変量重回帰分析を行った。
Note. 年齢は統制した。

Table 3.4
Dark Triad の各側面を説明変数，一般 IPV を目的変数，K-factor を媒介変数とした
媒介分析の結果（$n = 344$）

	女性（$n = 182$）			男性（$n = 162$）		
	95%CI (5000 bootstraps)			95%CI (5000 bootstraps)		
	b	LL	UL	b	LL	UL
直接効果						
一般 IPV ←						
マキャベリアニズム	0.06	[−0.001,	0.12]	0.03	[−0.07,	0.11]
ナルシシズム	0.05	[−0.02,	0.14]	0.03	[−0.11,	0.17]
サイコパシー	**0.10**	**[0.02,**	**0.18]**	**0.13**	**[0.01,**	**0.27]**
K-factor	−0.01	[−0.10,	0.09]	−0.09	[−0.18,	0.004]
K-factor ←						
マキャベリアニズム	−0.02	[−0.13,	0.10]	0.31	[0.09,	0.52]
ナルシシズム	0.13	[0.01,	0.27]	0.43	[0.27,	0.61]
サイコパシー	**−0.23**	**[−0.37,**	**−0.09]**	**−0.48**	**[−0.68,**	**−0.28]**
間接効果						
一般 IPV ← K-factor ←						
マキャベリアニズム	0.00	[−0.01,	0.01]	**−0.03**	**[−0.08,**	**−0.002]**
ナルシシズム	−0.002	[−0.02,	0.01]	−0.04	[−0.08,	0.00]
サイコパシー	0.003	[−0.02,	0.03]	**0.04**	**[0.002,**	**0.09]**

Note. 年齢は統制した。

媒介分析　一般 IPV を目的変数，Dark Triad の各側面を説明変数とし，
K-factor を媒介変数とした媒介分析を行った（5000 bootstraps; Table 3.4)[73]。
女性において，サイコパシーから IPV への直接効果が示されたが，間接効
果および他の Dark Traid の IPV への効果は有意ではなかった。男性におい
ては，サイコパシーから IPV への正の直接効果および間接効果が示された。
一方で，マキャベリアニズムは IPV への負の間接効果のみを示し，ナルシ

---

[73] 最も単純な間接効果の検定としてソベル検定が用いられることが多いが，間接効果は一般的に正
規分布せず，したがって，正規分布を仮定するソベル検定は適切ではない可能性がある。一方で，
ブートストラップ法はシミュレーションによって分布を擬似的に形成し，その信頼区間を求める
という方法であり，この方法では分布が正規分布しない場合にも適用可能であるため，本研究で
の間接効果の検定はすべてブートストラップ法を用いた。

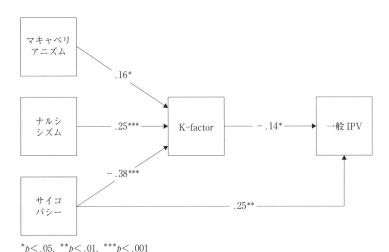

$^{*}p<.05,\ ^{**}p<.01,\ ^{***}p<.001$

Figure 3.1 性別をプールした媒介分析モデルの結果（$n=344$）。係数は標準偏回帰係数を示す。また，年齢は統制した。

シズムはIPV，K-factorともに有意な関連が示されなかった。ただし，K-factorからIPVへの効果が有意ではなかった。しかし，男女別に分析を行ったことによるサンプルサイズの減少がタイプIIエラーを生じさせた可能性が考えられる。K-factorが男女いずれの場合においても負の係数を示していたため，性別をプールし，再度媒介分析を行った。分析の結果，サイコパシーの間接効果が示され（$b_{indirect}=0.03$，95%CI=[0.003, 0.05]），K-factorからIPVへの効果も示された（$b_{direct}=-0.07$，95%CI=[-0.13, -0.005]；Figure 3.1）。

第4項　考察

得られた知見　本研究では，IPVの個人差をDark Triadの個人差が説明できるかどうかを検証し，同時に，Dark TriadとIPVの関連を生活史戦略の個人差が説明するかどうかを検証した。相関分析の結果，Dark TriadのサイコパシーとIPVの関連（Swogger et al., 2007），ナルシシズムとIPVの関

連（Ryan et al., 2008）が示され，先行研究を支持した。マキャベリアニズムでは，有意な関連は女性でのみ示された。

回帰分析の結果，サイコパシーが一般 IPV および各 IPV 形態に特有の関連を示した。サイコパシーは，Dark Triad の他の 2 側面を統制した場合に，衝動性や刺激追求，反社会行動に特徴づけられる（Jones, 2013; Jones & Paulhus, 2011）。本研究の知見はこれらの先行研究を支持するものと考えられる。一方で，マキャベリアニズムは計画性に特徴づけられ，また，自身の評判を傷つけられる行動を避けるため（Jones & Paulhus, 2014），本研究では IPV との明確な関連が示されなかった可能性が考えられる。また，ナルシシズムは注目や賞賛欲求に特徴づけられるため，他者との良好な関係性も重視する傾向にある可能性が考えられる（Jonason, Strosser, et al., 2015）。IPV はパートナー関係を崩壊させる可能性が考えられるため，ナルシシズムと IPV の特有の関連が示されなかった可能性が考えられる。

媒介分析の結果，男性において，生活史戦略がサイコパシーと一般 IPV との関連を媒介した。この知見は，特に男性のサイコパシーから IPV への効果は早い生活史戦略が説明することを示す（Jonason, Koenig, et al., 2010; Jonason, Baughman, et al., 2015）。なお，マキャベリアニズムは生活史戦略を媒介する一般 IPV への負の間接効果を示したが，媒介変数を含めない場合のマキャベリアニズムから一般 IPV への効果は有意ではなかった。そのため，解釈は慎重に行う必要があるが，マキャベリアニズムは遅い生活史戦略を示し，そのため IPV を行わない可能性があるかもしれない（Furnham et al., 2013）。

女性において，生活史戦略はサイコパシーと一般 IPV との関連を媒介しなかった。そのため，女性においては，サイコパシーは生活史戦略にかかわらず IPV のリスクファクターである可能性が考えられる。

これらの知見から，本研究は Dark Triad，特にサイコパシーが IPV のリスクファクターであることを示した。また，男性においてこの関連を生活史

戦略が媒介することを示した。今後の研究では，これまで示された多くの IPV リスクファクターとしての至近要因との関連を Dark Triad が統一的に説明し，さらに，これらの関連が生活史戦略によって説明可能かどうかを検証する必要があるかもしれない。

限界点　本研究には次の限界点が挙げられる。第1に，自己評定式の質問紙調査であるにもかかわらず，社会的望ましさなどのバイアスとなる要因を統制していない。そのため，仮説から導き出される相関関係が示されなかった可能性は否定できない。しかし，本研究で用いた尺度は自己評価であっても十分な妥当性が示されているため，本研究の知見を大きく揺るがすものではないと考えられる。第2に，K-factor を測定する Mini-K-J から2項目を除外した。今後の研究では Mini-K-J の項目をすべて用いた K-factor との関連を検証する必要もあるだろう。ただし，この点は第2章1節で述べたとおり，含めることでバイアスが生じる可能性も考えられるため，項目の取捨選択は慎重に行うべきである。第3に，本研究では IPV リスクファクターは男性において進化的基盤が影響する可能性を示したが，女性においては明確な関連を示すことができなかった（Archer, 2013）。今後の研究では，女性の IPV に関する進化的基盤を明らかにする必要があるだろう。最後に，本研究では，IPV はパートナー関係維持行動であるという前提に基づき，研究を行った。しかし，実際にパートナー関係維持行動として IPV が発生しているかどうか，また，Dark Triad の個人差やその進化的基盤である生活史戦略の個人差がパートナー関係維持行動として IPV を選択しているかどうかが不明である。したがって，続く研究では，この点を検証する。

第2節　モデル検証2：IPVメカニズムのさらなる検証

第1項　問題と目的

　上記のモデル検証1（第3章1節）から，Dark Triadが IPV の個人差を説明し，この関連の進化的基盤としての生活史戦略が影響することが示された。しかし一方で，Dark Triad と IPV の関連が，パートナー関係維持行動の選択の個人差であるかどうかについての検証がなされていない。言い換えれば，パートナー関係維持行動と IPV の関連を Dark Triad が説明できるかどうか，また，その関連は生活史戦略によって説明されるかどうかについての検証がなされていない。そのため，本研究では，生活史戦略，Dark Triad，パートナー関係維持行動，IPV を同時に扱い，関連を検証する。早い生活史戦略の特徴に鑑みれば，早い生活史戦略であるほどパートナー関係維持行動を行うことが予測される。なぜなら，早い生活史戦略の場合には，一時的なパートナー関係維持が重要な点であり，長期的な関係維持は相対的に軽視されるためである。つまり，過剰なパートナー関係維持による関係崩壊に注意が払われないため，パートナー関係維持行動に制限がかからないことが予測される。

　また，モデル検証1には，理論的なパスの問題点と変数の扱いに関する問題点がある。まず，K-factor は生活史戦略を反映する変数であると考えられる。そして，生活史戦略は，遺伝的基盤に加えて幼少期の環境状態によって形成される，行動パターン，認知スタイル，心理的傾向などを含む，その個人の戦略である。したがって，理論的なパスに関して，K-factor が Dark Triad，IPV の進化的基盤として想定できることを踏まえるならば，K-factor から IPV へのパスをはじめに想定し，この関連を Dark Triad が媒介するモデルが妥当であると考えられる。また，パートナー関係維持行動は，Dark Triad と IPV の媒介変数として機能すると考えられる。そのため，K-factor → Dark Triad → パートナー関係維持行動 → IPV というパスが想定される。

　次に，変数の扱いであるが，生活史理論に基づく生活史戦略とその他の変数の関連では，より高次の概念が用いられる（Figueredo et al., 2004, 2005, 2014）[74]。したがって，Dark Triad の各側面ではなく，高次因子として Dark Triad の各側面の共通要素である Dark Triad 因子を抽出し，Dark Triad 因子との関連を検証する必要があるだろう。同様に，パートナー関係維持行動，IPV についても，それぞれの概念の下位因子ではなく，それらの共通要素としての高次因子同士の関連を捉える必要があると考えられる。IPV の各形態はそれぞれ相関し，共通要素として一般 IPV 因子を仮定できる。また，パートナー関係維持行動の 5 領域についてもそれぞれ相関しており，各領域に共通する要素を抽出してパートナー関係維持行動因子を高次に想定できると考えられる。そして，第 2 章 2 節で示したとおり，生活史戦略の指標である K-factor も，下位の 5 因子の高次因子として想定できる。

　これらの点を踏まえ，本研究では，SEM を用いて，因子として抽出された K-factor が，同様に因子として抽出された Dark Triad，パートナー関係維持行動を媒介し，因子として抽出された一般 IPV に影響することを検証する。

第 2 項　方法

参加者

　事前に研究趣旨を説明し，同意の得られた大学生651名が参加した。回答に不備のあった者およびこれまでに交際経験がない者を除いた380名を分析対象とした（女性212名，M_{age} = 18.9, SD = 1.20）。

---

[74] 5 因子性格モデルの上位概念であるパーソナリティの一般因子（General Factor of Personality: GFP），精神的・身体的健康の上位概念である Covitality などである。

測定

Short Dark Triad 日本語版（SD3-J: 下司・小塩, 2017）　SD3-J は27項目の尺度であり，マキャベリアニズム（たとえば，「他の誰かに自分の秘密を教えないということは賢明なことだ」などの項目で構成される），ナルシシズム（たとえば，「周りの人は私を生まれながらのリーダーだと思っている」などの項目で構成される），サイコパシー（たとえば，「私は目上の人に仕返しや報復をしたいと思うことがある」などの項目で構成される）を各9項目で測定する。本研究では7件法で測定した（1＝まったくあてはまらない，7＝とてもあてはまる）。Dark Triad の各側面を反映する項目の平均得点を各側面の尺度得点とし，全項目の平均得点をDark Triad 尺度得点とした。

IPV 尺度　第2章1節で作成した IPV 尺度を用いた。この尺度は，IPVについて，身体的暴力（たとえば，「相手の身体を平手で打ったことがある」などの項目で構成される），間接的暴力（たとえば，「大声で怒鳴りつけたり，叫んだり，罵ったことがある」などの項目で構成される），支配・監視（たとえば，「一日に何回もメールや電話をしたことがある」などの項目で構成される），言語的暴力（たとえば，「相手を見下すような言い方をしたことがある」などの項目で構成される），性的暴力（たとえば，「いやがっているのに性的な接触をしたことがある」などの項目で構成される），経済的暴力（たとえば，「借りたお金やものを返さなかったことがある」などの項目で構成される），ストーキング（たとえば，「相手が別れようとしたとき困ることを言って脅したことがある」などの項目で構成される）の7形態を測定する。測定では，各項目の加害経験の程度について，5件法での自己評定を行う（1＝まったくない，5＝よくある）。各 IPV 形態を反映する項目の平均得点を各 IPV 加害経験の尺度得点とし，また，すべての項目の平均得点を一般 IPV 加害経験の尺度得点とした。

パートナー関係維持尺度（Mate Retention Inventory: MRI; 寺島, 2010）　この尺度は38項目からなり，パートナー関係維持行動の5領域を測定する（たとえば，「行くと言った場所に本当に行ったかどうか確認した」などの項目で構成され

る)[75]。各項目について，経験の程度を4件法で測定する（1＝一度もおこなっ
たことはない，4＝しばしばおこなったことがある）。なお，各領域におけるファ
セットはそれぞれ2項目で測定されるが，本研究では領域ごとに平均化した
得点を尺度得点として扱った。

Mini-K 日本語版（Mini-K-J: Kawamoto, 2015）　Mini-K-J は20項目の尺度で
あり，K-factor を測定する（たとえば，「私は何かできごとが起きたときに，その
できごとが次にどうなるか分かる」などの項目で構成される）[76]。測定は7件法で
行った（1＝まったくあてはまらない，7＝よくあてはまる）。ただし，項目6，9，
10，20（Table 2.6 参照）は，第2章2節の知見を踏まえ，分析では用いなか
った。第2章2節の知見に基づき，K-factor の5つの下位因子を反映する項
目の平均得点を各々の尺度得点とした。

手続き

　調査は首都圏の大学の授業時間内に実施した。回答は一斉に，かつ個別に
行った。参加者は，SD3-J，Mini-K-J，嫉妬尺度（未公刊），パートナー関係
維持行動尺度，IPV 尺度の順で各尺度すべてに回答した。なお，本研究で
は，SD3-J，Mini-K-J，パートナー関係維持行動尺度，IPV 尺度で測定した
変数を分析した。

分析

　はじめに，高次概念，下位概念とも各々の尺度の平均得点を用いて，性差
の検証および相関分析を行う。次に，潜在変数間の関連の検証を行う。これ

---

75) 6項目でパートナーの監視（direct guarding：パートナーの束縛など）を，10項目でパートナー
　への否定的な関わり（intersexual negative inducements：脅迫など）を，10項目でパートナーへ
　の肯定的な関わり（positive inducements：コミットメントのサインなど）を，6項目で公への
　所有のサイン（public signs of possession：他者に対する交際関係のアピールなど）を，6項目
　でライバルへの否定的な関わり（intrasexual negative inducement：同性への攻撃など）を測定
　する。
76) K-factor は，高いほど遅い生活史戦略を，低いほど早い生活史戦略であることを示す。

までの研究では，Dark Triad，パートナー維持行動，IPV は主に観測変数として用いられたが，本来，生活史戦略は中間レベルの理論であり，より高次の概念との関連を想定する（Figueredo et al., 2004, 2005, 2014）。また，Dark Triad，パートナー関係維持行動，IPV は，下位の因子を想定し，その高次の概念として想定されている（Paulhus & Williams, 2002; Buss et al., 2008; 第2章2節参照）。そのため，本研究では，各下位概念については観測変数として尺度得点を用い，高次概念（K-factor，Dark Triad 因子，パートナー維持行動因子，一般 IPV 因子）を SEM によって抽出し，モデルの検証を行う。

　上記の点を踏まえ，本研究では，次の媒介モデルの検証を行う。すなわち，K-factor が Dark Triad，パートナー維持行動を媒介し，一般 IPV に影響することを示す。

第3項　結果

観測変数同士の関連

　本研究の目的は，潜在変数間の媒介モデルの検証である。しかし，多くの先行研究では，観測変数としての尺度得点同士の関連性も多く示されているため，本研究においても先行研究の知見が再現されるかどうかを，観測変数同士の関連性から検証する。

　記述統計および性差　測定した変数の記述統計量および性差を Table 3.5 に示した。α 係数は概ね許容できる範囲内であったが，K-factor の下位概念である先読み・計画性・統制性の信頼性は低かった（$\alpha = .48$）。しかし，できる限りオリジナルおよび Richardson et al.（2017）で示された因子構造に従うため，本研究ではこれらの項目も含めて分析を行った[77]。

　性差について，各変数を目的変数，性別を説明変数とした t 検定を行った結果，Dark Triad は男性でより高く，各側面ではマキャベリアニズムおよびサイコパシーが男性で高い得点が示され，それぞれの効果の大きさは中程度未満であった一方で，ナルシシズムには性差は示されなかった（Table

Table 3.5

モデル検証 2 で測定した指標の記述統計量と性差 （n = 380）

	a	全体 (n = 380) M (SD)		女性 (n = 212) M (SD)		男性 (n = 168) M (SD)		t	d
マキャベリアニズム	.72	4.86	(0.79)	4.74	(0.55)	5.01	(0.69)	-3.23^{**}	$-.338$
ナルシシズム	.78	3.33	(0.94)	3.26	(0.83)	3.42	(0.94)	-1.57	$-.163$
サイコパシー	.64	3.28	(0.85)	3.13	(0.61)	3.46	(0.79)	-3.99^{***}	$-.418$
Dark Triad	.82	3.82	(0.65)	3.71	(0.36)	3.96	(0.46)	-3.84^{***}	$-.401$
パートナーの監視	.71	1.49	(0.52)	1.42	(0.27)	1.58	(0.25)	-3.02^{**}	$-.310$
パートナーへの否定的な関わり	.86	1.49	(0.55)	1.46	(0.32)	1.53	(0.27)	-1.29	$-.132$
パートナーへの肯定的な関わり	.84	2.13	(0.59)	2.02	(0.36)	2.28	(0.30)	-4.38^{***}	$-.449$
公への所有のサイン	.75	1.89	(0.60)	1.82	(0.38)	1.98	(0.33)	-2.89^{**}	$-.296$
ライバルへの否定的な関わり	.70	1.41	(0.47)	1.40	(0.24)	1.42	(0.19)	-0.43	$-.044$
パートナー関係維持行動	.93	1.71	(0.46)	1.65	(0.24)	1.79	(0.18)	-3.14^{**}	$-.319$
身体的暴力	.84	1.19	(0.56)	1.17	(0.30)	1.21	(0.32)	-0.79	$-.083$
間接的暴力	.81	1.20	(0.54)	1.20	(0.30)	1.20	(0.28)	-0.17	$-.018$
支配・監視	.66	1.76	(0.87)	1.66	(0.71)	1.90	(0.79)	-2.61	$-.272$
言語的暴力	.72	1.45	(0.72)	1.44	(0.48)	1.46	(0.56)	-0.29	$-.030$
性的暴力	.82	1.23	(0.57)	1.11	(0.16)	1.38	(0.50)	-4.73^{***}	$-.527$
経済的暴力	.71	1.35	(0.52)	1.42	(0.48)	1.28	(0.34)	2.21^{*}	$.225$
ストーキング	.78	1.33	(0.63)	1.31	(0.41)	1.35	(0.39)	-0.72	$-.074$
一般IPV	.93	1.36	(0.52)	1.33	(0.26)	1.39	(0.29)	-1.37	$-.143$
先読み・計画性・統制性	.48	4.54	(0.65)	4.57	(0.61)	4.52	(0.70)	0.60	$.061$
両親との関係の質	.69	5.51	(1.86)	5.56	(2.18)	5.44	(1.45)	0.83	$.083$
パートナー間の絆	.65	5.43	(2.05)	5.79	(1.53)	4.99	(2.34)	5.57^{***}	$.580$
親族との関わり	.86	4.19	(2.42)	4.24	(2.60)	4.13	(2.18)	0.74	$.074$
友人との関わり	.75	5.46	(1.00)	5.64	(0.79)	5.25	(1.17)	3.81^{***}	$.396$
K-factor	.78	4.94	(0.53)	5.05	(0.47)	4.80	(0.57)	3.38^{***}	$.347$

$^{*}p$ < .05, $^{**}p$ < .01, $^{***}p$ < .001

Note. Dark Triad，生活史戦略の各側面のとりうる値の範囲は 1 から 7 である。パートナー関係維持行動の各領域のとりうる値の範囲は 1 から 4 である。IPV の各形態のとりうる値の範囲は 1 から 5 である。

3.5）。サイコパシーおよびマキャベリアニズムの性差は，多くの先行研究を支持するものである（Muris et al., 2017）。一方で，多くの研究ではナルシシズムの性差が示されていること，しかしわが国における研究では示されない

77）予備的に，交際経験がない参加者を含めた565名のデータを用いて第 2 章 2 節における Mini-K-J の因子構造を仮定した確証的因子分析を行ったところ，5 つの下位概念のみのモデル（$\chi^2(94)$ = 211.22，p<.001；CFI = .951；TLI = .937；RMSEA = .047；SRMR = .043），高次因子として単一の K-factor を想定するモデル（$\chi^2(99)$ = 219.11，p<.001；CFI = .949；TLI = .939；RMSEA = .046；SRMR = .045）それぞれで良好な適合度が示された。

ともあることを踏まえ（下司・小塩，2017；第1章4節参照），今後の研究において文化的な要因なども含めてより詳細に検証する必要があるかもしれない。

　パートナー関係維持行動は女性に比べて男性で高く，領域ごとの性差ではパートナーの監視，パートナーへの肯定的な関わり，公への所有のサインにおいて男性が女性よりも高かった。ただし，いずれも中程度未満の効果であった。一方で，パートナーへの否定的な関わり，ライバルへの否定的な関わりに性差は示されなかった。K-factor は男性よりも女性の方が高いことから，女性は男性に比べて遅い生活史戦略であることが示された。また，K-factorの下位概念では，パートナー間の絆および友人との関わりが男性に比べて女性の方が高かった。K-factor および下位概念である友人との関わりの性差の効果は中程度未満であったが，パートナー間の絆の性差は中程度以上の効果が示された。また，IPV については，一般 IPV に性差は示されず，各 IPV形態では，性的暴力で男性が高い得点を（効果は中程度），経済的暴力で女性が高い得点を示したものの（弱い効果），その他の IPV 形態に性差は示されなかった。この知見は，IPV が性別に特有ではなく，双方向的であることを示唆する先行研究を支持する（Giordano et al., 2010; Straus, 2008）。ただし，先行研究では IPV 形態特有の性差には言及されていない一方で（Straus, 2008），本研究では IPV 形態によっては性差が認められた。性差のあったIPV 形態については，男性が女性パートナーに生殖資源としての性関係を求め，女性が男性パートナーに物理的資源を求めるという進化的知見に一致するものと考えられる（Buss & Schmitt, 1993）。したがって，IPV とその他の変数の関連性の検証にあたり，IPV 形態特有の側面に着目することも必要だろう。

　相関分析　各観測変数の相関係数および高次因子の因子間相関を算出した（Table 3.6）。観測変数同士の相関では，生活史戦略の各特徴同士の相関，Dark Triad の各側面同士の相関，パートナー関係維持行動の各領域同士の

相関，各 IPV 形態同士の有意な相関がそれぞれ示され，先行研究を支持した（Buss et al., 2008; Paulhus & Williams, 2002; Richardson et al., 2017）。また，Dark Triad は各 IPV 形態と正の関連を示し，この関連には主にナルシシズムとサイコパシーが寄与した。一方で，マキャベリアニズムはいずれの IPV とも有意な関連を示さなかった。この関連は，モデル検証 1 を再現するものである。ナルシシズムとサイコパシーは，パートナー関係維持行動とも正の関連を示した。また，マキャベリアニズムは，弱い関連ながら，パートナーの監視，パートナーへの否定的な関わり，パートナーへの肯定的な関わりと正の関連を示した。これらの結果は，先行研究を支持するものと考えられる（Jonason, Kavanagh, et al., 2011; Jonason, Li, & Buss, 2010）。なお，パートナー関係維持行動の各領域と各 IPV 形態はいずれも正の関連を示し，先行研究を再現し，支持する結果であった（Buss et al., 2008; Buss & Duntley, 2011）。

　生活史戦略との関連については，Dark Triad の内サイコパシーが負の関連を示した。一方で，ナルシシズムは正の関連を示し，マキャベリアニズムは有意な関連を示さなかった。この点についても，モデル検証 1 を再現し，また，Dark Triad と生活史戦略に関する先行研究を支持した（Jonason, Li, et al., 2013; McDonald et al., 2012）。特に，マキャベリアニズム，ナルシシズムと先読み・計画性・統制性との正の関連は，マキャベリアニズムの計画性や，ナルシシズムの機能的衝動性に関する知見を支持する（Jones & Paulhus, 2009, 2011）。また，ナルシシズムと親族との関わり，友人との関わりとの正の関連は，対人関係維持の傾向を示すものだろう（Jonason, Strosser, et al., 2015）。一方で，マキャベリアニズムは友人との関わりとの負の関係を示した。この点については，マキャベリアニズムの敵意やシニカルな世界観などの特性に一致する（Jones & Paulhus, 2009; Jones & Neria, 2015）。そのため，K-factor との関連は，Dark Triad の各側面で異なる関連が示されたと考えられる。ただし，パートナー間の絆との関連では，Dark Triad の各側面はいずれも負

154

Table 3.6
モデル検証 2 で測定した指標同士の相関分析の結果（$n=380$）

	1	2	3	4	5	6	7	8	9	10
1. マキャベリアニズム	—	.22**	.38**	.69**	.06	.07	.09†	.04	.11*	.04
2. ナルシシズム	.21**	—	.42**	.76**	.12*	.14**	.16**	.12*	.13**	.08
3. サイコパシー	.36**	.41**	—	.80**	.24**	.28**	.19**	.24**	.25**	.19**
4. Dark Triad	.67**	.76**	.79**	—	.19**	.21**	.21**	.18**	.23**	.14**
5. 身体的暴力	.05	.12*	.24**	.18**	—	.75**	.43**	.55**	.61**	.59**
6. 間接的暴力	.06	.14**	.28**	.21**	.75**	—	.49**	.64**	.63**	.67**
7. 支配・監視	.06	.15**	.19**	.18**	.43**	.49**	—	.58**	.50**	.54**
8. 言語的暴力	.03	.12*	.24**	.18**	.55**	.57**	.57**	—	.62**	.62**
9. 性的暴力	.07	.12*	.25**	.20**	.61**	.64**	.48**	.63**	—	.51**
10. 経済的暴力	.05	.09†	.22**	.16**	.59**	.66**	.56**	.61**	.55**	—
11. ストーキング	-.03	.18**	.29**	.21**	.59**	.66**	.61**	.59**	.63**	.64**
12. 一般 IPV	.05	.16**	.30**	.23**	.78**	.83**	.77**	.82**	.79**	.82**
13. パートナーの監視	.13*	.20**	.22**	.25**	.41**	.47**	.49**	.39**	.39**	.48**
14. パートナーへの否定的な関わり	.13**	.18**	.30**	.28**	.46**	.54**	.60**	.52**	.50**	.53**
15. パートナーへの肯定的な関わり	.15**	.23**	.24**	.28**	.27**	.35**	.55**	.43**	.37**	.41**
16. 公への所有のサイン	.07	.34**	.28**	.32**	.29**	.35**	.51**	.38**	.30**	.41**
17. ライバルへの否定的な関わり	.09†	.22**	.27**	.26**	.40**	.50**	.41**	.50**	.45**	.49**
18. パートナー関係維持行動	.14**	.27**	.31**	.33**	.43**	.52**	.63**	.54**	.48**	.55**
19. 先読み・計画性・統制性	.13*	.29**	.00	.19**	-.14**	-.12*	.04	-.06	-.12*	-.12*
20. 両親との関係の質	.00	.05	-.21**	-.07	-.12*	-.09†	-.01	-.12*	-.16**	-.07
21. パートナー間の絆	-.10†	-.16**	-.37**	-.28**	-.23**	-.19**	-.07	-.19**	-.24**	-.17**
22. 親族との関わり	-.06	.13*	-.06	.01	.05	-.02	.03	-.06	-.02	.01
23. 友人との関わり	-.11*	.11*	-.15**	-.06	-.10*	-.22**	-.08	-.16**	-.20**	-.16**
24. K-factor	-.04	.17**	-.22**	-.03	-.15**	-.19**	-.02	-.17**	-.22**	-.15**

†$p<.10,$ *$p<.05,$ **$p<.01$
Note. Dark Triad，生活史戦略の各側面のとりうる値の範囲は 1 から 7 である。パートナー関係維
5 である。上三角行列はゼロ次相関，下三角行列は性別と年齢を統制した偏相関である。

の関連を示した。短期的配偶戦略は Dark Triad の特徴的な行動パターンで
あり，Dark Triad を Dark Triad たらしめる核となる特徴かもしれない
(Jonason et al., 2009; Jones & Weiser, 2014)。

　また，生活史戦略と IPV との関連では，IPV は一貫して K-factor と負の
関連を示し，IPV が早い生活史戦略の特徴であることが示された。特に，
生活史戦略の下位概念であるパートナー間の絆，友人との関わりと IPV に
は一貫して負の関連が示された。また，家族との関わりを除く生活史戦略の
その他の下位概念とも多くの IPV 形態において負の関連が示された。

11	12	13	14	15	16	17	18	19	20	21	22	23	24	sex	age
-.01	.07	.16**	.15**	.18**	.10†	.10†	.17**	.12*	-.01	-.14**	-.07	-.14**	-.07	.17**	.03
.18**	.17**	.21**	.19**	.24**	.35**	.22**	.28**	.28**	.05	-.17**	.12*	.09†	.15**	.08	.01
.29**	.30**	.25**	.31**	.27**	.29**	.27**	.33**	-.01	-.22**	-.41**	-.06	-.18**	-.24**	.20**	.00
.21**	.24**	.28**	.28**	.31**	.34**	.26**	.35**	.18**	-.08	-.32**	.00	-.10†	-.06	.20**	.02
.60**	.78**	.42**	.46**	.28**	.29**	.41**	.44**	-.15**	-.13**	-.23**	.04	-.12*	-.16**	.03	.10*
.68**	.84**	.48**	.54**	.36**	.35**	.50**	.53**	-.13*	-.10*	-.18**	-.03	-.24**	-.21**	.00	.18**
.62**	.77**	.51**	.61**	.57**	.52**	.41**	.64**	.03	-.02	-.10*	.02	-.12*	-.05	.13**	.12*
.61**	.83**	.41**	.52**	.44**	.38**	.50**	.54**	-.07	-.14**	-.18**	-.07	-.18**	-.19**	.01	.18**
.62**	.78**	.42**	.50**	.41**	.32**	.45**	.50**	-.13*	-.18**	-.28**	-.04	-.25**	-.26**	.23**	.11*
.64**	.81**	.47**	.52**	.38**	.39**	.48**	.53**	-.12*	-.08	-.13*	.01	-.16**	-.14**	-.11*	.17**
—	.84**	.48**	.56**	.42**	.40**	.47**	.56**	-.08†	-.13*	-.23**	.01	-.16**	-.17**	.03	.19**
.84**	—	.57**	.67**	.52**	.48**	.57**	.67**	-.10*	-.13*	-.23**	-.01	-.21**	-.20**	.06	.19**
.47**	.55**	—	.69**	.59**	.59**	.58**	.80**	-.05	-.08	-.22**	.02	-.13*	-.13*	.15**	.13**
.56**	.66**	.69**	—	.65**	.64**	.65**	.89**	-.01	-.09†	-.15**	.01	-.08	-.09†	.06	.08
.41**	.51**	.57**	.65**	—	.71**	.49**	.87**	.11*	-.10†	-.14**	.07	-.05	.00	.22**	.10†
.40**	.48**	.58**	.64**	.70**	—	.57**	.84**	.11*	-.06	-.15**	.14**	.03	.05	.14**	.02
.47**	.57**	.58**	.65**	.50**	.57**	—	.75**	-.06	-.09†	-.19**	.01	-.09†	-.12*	.02	.04
.55**	.67**	.80**	.89**	.86**	.84**	.75**	—	.04	-.10*	-.19**	.06	-.07	-.06	.15**	.09†
-.07	-.09†	-.04	.00	.12*	.12*	-.06	.05	—	.15**	.18**	.22**	.28**	.61**	-.03	-.05
-.11*	-.11*	-.07	-.08	-.08	-.05	-.09†	-.09†	.15**	—	.16**	.28**	.38**	.57**	-.04	-.08
-.23**	-.22**	-.19**	-.14**	-.08	-.12*	-.19**	-.16**	.18**	.15**	—	.11*	.23**	.46**	-.28**	.02
.02	.00	.04	.02	.09†	.15**	.02	.08	.22**	.27**	.10†	—	.41**	.71**	-.04	-.07
-.14**	-.18**	-.08	-.06	.01	.06	-.08	-.03	.27**	.37**	.18**	.41**	—	.75**	-.19**	-.13*
-.15**	-.17**	-.09†	-.07	.05	.08	-.11*	-.02	.61**	.56**	.44**	.71**	.73**	—	-.17**	-.10*

持行動の各領域のとりうる値の範囲は1から4である。IPV の各形態のとりうる値の範囲は1から

　パートナー関係維持行動と生活史戦略の関連では，特に，パートナー間の絆と負の関係を示した。一方で，先読み・計画性・統制性はパートナー関係維持行動のうちパートナーへの肯定的な関わり，公への所有のサインと正の関連を示した。また，K-factor との関連では，ライバルへの否定的な関わりとの負の関連のみが示された。

潜在変数同士の関連

　潜在変数同士の関連では，本研究の仮説を検証する。すなわち，SEM に

Table 3.7
モデル検証 2 において SEM により抽出した因子間の相関係数（$n = 380$）

	1	2	3	4
1. Dark Triad	—	$.40^{**}$	$.34^{**}$	$-.29^{**}$
2. Mate Retention Behavior	$.39^{**}$	—	$.73^{**}$	$-.11^{\dagger}$
3. General IPV	$.36^{**}$	$.69^{**}$	—	$-.29^{**}$
4. K-factor	$-.23^{**}$	$-.02$	$-.23^{**}$	—

$^{\dagger}p < .10, ^{**}p < .01$
Note. 上三角行列はゼロ次相関，下三角行列は性別と年齢を統制した偏相関を示す。

より，潜在変数として抽出された K-factor が，潜在変数として抽出された一般 IPV 因子に負の効果を示し，この関連は，同様に潜在変数として抽出される Dark Triad 因子，パートナー関係維持行動因子に媒介されることを検証する。

相関分析 SEM により，各潜在変数の因子間相関を算出した（Table 3.7）。K-factor は，Dark Triad 因子，一般 IPV 因子との中程度の有意な負の相関が示され，仮説が支持された。すなわち，Dark Triad 因子，一般 IPV 因子は，早い生活史戦略であることを示す。一方で，K-factor とパートナー関係維持行動因子との相関は示されなかった。したがって，パートナー関係時行動そのものは，生活史戦略に関わらずとられる行動であり，進化的適応についての理論的観点からも整合的である。しかし，パートナー関係維持行動因子は Dark Triad 因子および一般 IPV 因子とは中程度から強い相関が示されるため，本研究ではパートナー関係維持行動を含めてモデルの検証を行うこととした。

媒介分析 SEM により，高次因子として K-factor，Dark Triad，パートナー関係維持行動，一般 IPV を抽出し，K-factor が，Dark Triad，パートナー関係維持行動を媒介して一般 IPV に影響することを検証した（5000 bootstraps）。結果を Table 3.8，3.9，Figure 3.2 に示した。はじめに，K-factor を説明変数，一般 IPV を目的変数とした回帰分析を行った結果，早

第 3 章　モデル検証　　157

Table 3.8
各高次因子から各下位因子（平均得点による観測変数）への負荷量（$n = 380$）

高次因子	下位因子（観測変数）	負荷量
一般 IPV 因子 ←		
	身体的暴力	.71
	間接的暴力	.81
	支配・監視	.68
	言語的暴力	.75
	性的暴力	
	経済的暴力	.75
	ストーキング	.79
パートナー関係維持行動因子 ←		
	パートナーの監視	.76
	パートナーへの否定的な関わり	.85
	パートナーへの肯定的な関わり	.77
	公への所有のサイン	.77
	ライバルへの否定的な関わり	.70
Dark Triad 因子 ←		
	マキャベリアニズム	.44
	ナルシシズム	.46
	サイコパシー	.89
K-factor ←		
	先読み・計画性・統制性	.37
	両親との関係の質	.50
	パートナー間の絆	.32
	親族との関わり	.51
	友人との関わり	.76

い生活史戦略であるほど一般 IPV が高まることが示された（$b = -0.28$，95％ CI $= [-0.43, -0.11]$，$b^* = -.23$）。次に，Dark Triad，パートナー関係維持行動を媒介変数とした媒介分析を行った。分析の結果，K-factor から一般 IPV への直接効果に加え（$b_{direct} = -0.25$，95％CI $= [-0.35, -0.11]$，$b^* = -.20$），Dark Triad とパートナー関係維持行動を媒介した間接効果が示された（$b_{indirect} = -0.08$，95％CI $= [-0.25, -0.02]$）。なお，Dark Triad のみを媒介する間接効果や（$b_{indirect} = -0.02$，95％CI $= [-0.11, 0.02]$），パートナー関係維持行動のみを媒介する間接効果は有意ではなかった（$b_{indirect} = 0.06$，95％CI $= [-0.04,$

Table 3.9
媒介分析の結果 ($n = 380$)

		b	95%CI (5000 bootstraps) LL	UL
直接効果				
一般 IPV ←				
	パートナー関係維持行動因子	0.63	[0.39,	0.90]
	Dark Triad 因子	0.06	[−0.10,	0.26]
	K-factor	−0.25	[−0.47,	−0.12]
	(K-factor	−0.28	[−0.60,	−0.11])
パートナー関係維持行動 ←				
	Dark Triad 因子	0.44	[0.28,	0.68]
	K-factor	0.10	[−0.07,	0.31]
Dark Triad 因子 ←				
	K-factor	−0.28	[−0.72,	−0.04]
間接効果				
一般 IPV 因子 ← パートナー関係維持行動因子 ←				
	Dark Triad	0.28	[0.15,	0.51]
	K-factor	0.06	[−0.04,	0.21]
一般 IPV 因子 ← Dark Triad 因子 ←				
	K-factor	−0.02	[−0.11,	0.02]
一般 IPV 因子 ← パートナー関係維持行動因子 ← Dark Triad 因子 ←				
	K-factor	−0.08	[−0.25,	−0.02]

Note. ( ) 内は媒介変数を含めない場合の係数を示す。ここで示される変数はすべて潜在変数である。なお，各偏回帰係数は年齢と性別が統制されている。

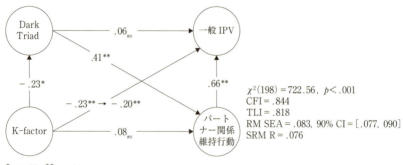

$^*p<.05, ^{**}p<.01$

Figure 3.2 SEM による媒介分析モデルの結果 ($n = 380$)。係数は標準偏回帰係数を示し，有意性検定はブートストラップ法による (5000 bootstraps)。なお，各観測変数は煩雑になるため記載していない。年齢と性別は統制した。

0.21])。

第4項 考察

得られた知見 本研究では，モデル検証1の結果を受け，Dark Triad と IPV の関連はパートナー関係維持行動が媒介すること，また，これらの関連には K-factor が影響している可能性を検証した。

観測変数同士の関連では，各変数の性差の検証と相関分析を行った。Dark Triad の各変数は，ナルシシズムを除いて女性よりも男性が高く，小から中程度の効果が示された。各 Dark Triad の性差は基本的には男性が高いことが示されているものの（Furnham et al., 2013），そのような知見が必ずしも頑健であるわけではないため（Carter et al., 2014a; Muris et al., 2017），今後の更なる検証が必要である。

パートナー関係維持行動については，全体としては男性のほうが女性よりも高かったが，その効果は弱かった。しかし，パートナー関係維持行動の領域ごとの性差では，パートナーの監視，パートナーへの肯定的な関わり，公への所有のサインにおいて男性のほうが女性よりも高く，その効果は小から中程度であった。一方で，パートナーへの否定的な関わり，ライバルへの否定的な関わりには性差はなかった。したがって，領域ごとに異なる機能を持つ可能性が考えられる。各領域の機能の特有性について，今後の検証が必要であろう。ただし，パートナーへの肯定的な関わりを除き，いずれの領域の得点も両性において平均値が意味的中央値（2.5）を下回る，つまり，パートナー関係維持行動をとりにくいということに注意する必要がある。パートナー関係維持行動には極端な項目も含まれており（たとえば，「行くと言った場所に本当に行ったかどうか確認した」），そのような項目が全体のパートナー関係維持行動の低さに寄与している可能性がある。したがって，今後の研究では尺度そのものに関しても精査する必要があるだろう。

同様に，IPV 尺度についても，性的暴力（男性でより高く，中程度の効果），

経済的暴力（女性でより高く，弱い効果）にのみ性差が示されたが，いずれも意味的中央値（3.0）を下回っている。IPV は正規分布しないことが予測され，実際の得点にも反映されたと考えられる。しかしそのために，性差とその解釈に注意を要するかもしれない。性差が示された IPV 形態は，進化的アプローチにより解釈は可能であったが，いずれも床効果が生じている状態での解釈であるため，この解釈が妥当であるか否かを今後の研究によってより注意深く検証する必要があるだろう。

　生活史戦略の性差について，すべての尺度項目の平均得点である K-factor は，男性よりも女性で高く，その効果は小から中程度であった。つまり，一般的に女性の方が男性に比べて遅い生活史戦略を示す（Figueredo et al., 2006）。しかし，生活史戦略の下位概念では，先読み・計画性・統制性，両親との関係の質，親族との関わりについての性差は示されず，パートナー間の絆における中程度以上の効果と友人との関わりにおける小から中程度の効果が全体の K-factor の性差に寄与していることが示された。したがって，今後の研究では，生活史戦略を多次元的に捉えるアプローチも必要かもしれない。

　観測変数同士の相関分析の結果，モデル検証 1 を再現し，また，先行研究を支持する結果が示された。具体的な知見は次の通りである。まず，Dark Triad は早い生活史戦略である，つまり，K-factor と負の関連を示したが，特にサイコパシーがこの関連に寄与する一方で，ナルシシズムは遅い生活史戦略を示す，つまり，K-factor と正の関連を示すことが示唆され，マキャベリアニズムは明確な関連が示されなかった（Jonason, Li, et al., 2013; McDonald et al., 2012）。しかし，K-factor および生活史戦略の下位概念と Dark Triad とその各側面との関連はいずれも中程度に満たない効果量であることに留意する必要がある。この知見は，進化的基盤として生活史戦略が想定できる可能性を支持する一方で，それだけでは説明できないその他の要因もまた含まれることを意味する。ただし，生活史戦略の下位概念であるパートナー間の絆とは Dark Triad のいずれの側面も小から中程度以上の負の関連を示し，

Dark Triad の核として短期配偶戦略に着目することを提案する先行研究を支持した (Jonason et al., 2009; Jones & Weiser, 2014)。

また，Dark Triad は IPV と正の関連を示し，特に，先行研究と同様，ナルシシズム (Ryan et al., 2008)，サイコパシー (Swogger et al., 2007) がこの関連に寄与した一方で，マキャベリアニズムは明確な関連が示されなかった。ただし，各 IPV 形態および一般 IPV とナルシシズムの相関の効果は弱く，サイコパシーとの相関の効果も中程度に満たないことに留意する必要がある。また，マキャベリアニズムにおいて有意な関連が示されないことは，マキャベリアニズムの行動のフレキシビリティによる可能性が考えられる (Jonason, Strosser, et al., 2015; Jones & Paulhus, 2009)。

Dark Triad の個人差とパートナー関係維持行動との中程度の正の関連も，先行研究を支持する (Jonason, Kavanagh, et al., 2011; Jonason, Li, & Buss, 2010)。また，Dark triad と生活史戦略の関連性を踏まえると，早い生活史戦略を示すサイコパシーが，よりパートナー関係維持行動をすることが考えられる。ただし，マキャベリアニズムは生活史戦略との明確な関連が示されず，ナルシシズムは遅い生活史戦略を示す一方で，いずれもパートナー関係維持行動と中程度未満の正の関連を示した。サイコパシーに加え，マキャベリアニズム，ナルシシズムは生活史戦略の下位概念であるパートナー間の絆との負の関連を示すため，パートナー間の絆という下位概念が特異的にパートナー関係維持行動に影響した可能性が考えられる。そのため，生活史戦略と Dark Triad との関連は，下位概念ごとに異なる関連を仮定する研究が必要かもしれない。本研究ではこの点について言及できないため，今後の研究の課題としたい。

また，生活史戦略と IPV の関連では，IPV は一貫して K-factor と弱い負の関連を示し[78]，IPV が早い生活史戦略の特徴であることが示された。生活

---

[78] ただし，K-factor と支配・監視の相関は有意ではない。

史戦略の下位概念では，特にパートナー間の絆とIPVの一貫した小から中程度未満の負の関連が示され[79]，IPVの発生に関する進化心理学的知見と整合する（Buss & Duntley, 2011）。同時に，両親との関係の質，友人との関わりとの弱い負の関連もいくつかのIPV形態で示されており，IPVのリスクファクターとして家庭環境，友人関係の劣悪さが影響することを支持するだろう（Vagi et al., 2013）。また，先読み・計画性・統制性との弱い負の関連は，IPVを含む攻撃が衝動的になされることと整合的である（Holtzworth-Munroe & Stuart, 1994）。一方で，親族との関わりとの有意な関連は示されなかった。ここでの親族とは，第一次集団としての家族というよりも，むしろ両親以外の親戚（血縁者）などとの関係を指すものである。わが国においては，このような親戚関係ではなく，第一次集団である家庭環境の方がIPVのリスクファクターとして重要であることを示唆する。ただし，いずれも弱い効果が大部分であり，また，有意ではない場合もあることに留意する必要がある。IPVは基本的に発生率が低いという現状も踏まえ（Buss & Duntley, 2008），今後の研究において，環境的・状況的要因が，生活史戦略とどのように関連しながらIPVの発生に結びつくのかという点についての検討などが必要だろう。

　パートナー関係維持行動と生活史戦略との関連について，パートナーへの肯定的な関わりを除くパートナー関係維持行動と生活史戦略の下位概念であるパートナー間の絆との弱い負の関係は，早い生活史戦略であるほどパートナーとの長期的関係を軽視するという仮説を支持する。また，同じく生活史戦略の下位概念である先読み・計画性・統制性と，パートナー関係維持行動の下位領域であるパートナーへの肯定的な関わり，公への所有のサインとの弱い正の関連は，長期的な協力関係を重視する遅い生活史戦略の特徴を反映するものと考えられる。そして，K-factorはライバルへの否定的な関わりと

---

[79]ただし，性別と年齢を統制した偏相関では，パートナー間の絆と支配・監視の相関は有意ではない。

の弱い負の関連を除き，パートナー関係維持行動との有意な関連は示されなかったものの，遅い生活史戦略でより重要な長期的な協力関係を促すと考えられるパートナーへの肯定的な関わり，公への所有のサインとの正の係数が，また，早い生活史戦略でより重要な短期的であっても強力なパートナー関係維持を促すと考えられるパートナーの監視，パートナーへの否定的な関わりとの負の係数が示されている。これらは，概ね仮説を支持する結果であるといえよう。ただし，有意でない係数であるため，今後の研究において詳細に検証する必要がある。

　これらのことから，観測変数間の関連について，概ね先行研究の知見と一致すると考えられる。ただし，多くは弱い関連であり，また，有意ではない相関も示されているため，研究を積み重ねる必要があるだろう。

　高次因子同士の関連については，概ね仮説を支持する結果であった。すなわち，K-factor と Dark Triad 因子，一般 IPV 因子との中程度未満の負の関連は，Dark Triad および各 IPV 形態の共通要素が早い生活史戦略であることを示唆する (Figueredo et al., 2011; Jonason, Koenig, et al., 2010)。また，Dark Triad 因子とパートナー関係維持行動因子，一般 IPV 因子との中程度以上の正の関連は，先行研究を支持する (Carton & Egan, 2017; Jonason, Kavanagh, et al., 2011)。そして，パートナー関係維持行動因子と一般 IPV 因子との強い関連は，IPV がパートナー関係維持行動のうちの一つであるという指摘に一致する (Buss et al., 2008; Buss & Duntley, 2011)。一方で，K-factor とパートナー関係維持行動因子との有意な関連が示されなかった。この点について，パートナー関係維持行動はさまざまであるあるため，パートナー関係維持行動そのものは生活史戦略によらない可能性が考えられるかもしれない。しかし一方で，観測変数間の関連においてパートナー関係維持行動の下位領域同士の相関が示されているため，今後の研究でこの矛盾を明らかにする必要があるだろう。また，有意ではないものの，ゼロ次相関，性別と年齢を統制した偏相関とも負の係数が示されているため，今後の研究においても効果の方向は

負であることが予測される。

　次に，高次因子の媒介モデルの検証を行った。具体的には，SEM により，K-factor が，潜在変数としての Dark Triad，パートナー関係維持行動を媒介して一般 IPV に影響するか否かを検証した。分析の結果，この関連が示され，仮説は支持された。つまり，個人差の進化的基盤である早い生活史戦略が，至近要因である Dark Triad を説明し，Dark Triad が高いほどパートナー関係維持行動を行い，特にパートナー関係維持行動として IPV を選択する可能性を示した。

　観測変数間の関連性と，高次因子同士の関連性には若干の差異が示された。すなわち，Dark Triad と K-factor との関連では，観測変数同士の場合には有意な関連が示されなかった一方で，潜在変数同士の場合には，中程度未満の負の関連が示された。この結果は，Dark Triad の各側面に特有な要素は必ずしも早い生活史戦略であるとはいえない一方で，共通要素として早い生活史戦略が各 Dark Triad の基盤である可能性を示す。また，Dark Triad と IPV，パートナー関係維持行動においても，観測変数同士の場合には中程度かそれ以下の正の相関であった一方で，潜在変数同士の関連では中程度以上の正の関連が示された。これらの結果も同様に，各側面に特有な要素を除外した共通要素を抽出することにより，各変数の中核となる要素同士の関連として示されたと考えられる。

　しかし，これらの知見はあくまで共通要素としての潜在変数に着目した結果であり，各変数は共通要素と独自の要素の組み合わせによって成り立つ。したがって，今後の研究では共通要素と独自の要素を統合的に検証する必要があるだろう。

　全体として，本研究の知見はモデル検証 1 を支持する。また，IPV がパートナー関係維持行動としての機能を持つ可能性の実証と，IPV にはパートナー関係維持行動が先行する可能性が示された。また，パートナー関係維持行動や IPV の個人差は Dark Triad，およびその進化的基盤である生活史戦略

によって規定される可能性が示された。

　限界点　本研究では次のような限界点が挙げられる。第1に，生活史戦略を測定する Mini-K-J から4項目を除外した点である。このうち2項目は，モデル検証1と同様に，大学生を対象とする場合には不適切な項目であると考えられる。また，残る2項目は，第2章2節および Richardson et al. (2017) の知見から，より高い精度で生活史戦略を測定するという観点から，本質的な問題ではないと考えられる。第2に，K-factor の下位概念である先読み・計画性・統制性の α 係数が.48と低かった。そのため，K-factor の効果の解釈には注意を要するかもしれない。本研究では，先読み・計画性・統制性に含まれる項目は概念的構造が一致していたため，オリジナルの構造に従って扱ったが，今後の研究では，尺度の改善の余地があるかもしれない。第3に，K-factor から一般 IPV への間接的な効果が示されたが，その効果は強い効果ではない。また，K-factor と一般 IPV の単相関においても同様に，強い効果は示されていない。したがって，一般 IPV への効果は，生活史戦略による効果に加え，異なる要因の効果が寄与していると考えられる。今後の研究では，このような異なる要因の効果を明らかにするとともに，その進化的基盤も同様に明らかにする必要があるだろう。第4に，性別と年齢を統制変数として扱った点である。本研究では，生活史戦略，Dark Triad，パートナー関係維持行動，IPV との関連を明らかにすることを目的としたため，年齢や性別は統制変数として扱った。しかし，進化的観点から，年齢や性別は重要な変数であるため (Buss, 2015)，今後の研究では，生活史戦略と IPV の関連に関する理論的・実証的な性差の知見が必要かもしれない[80]。第5に，モデル構築に関する限界点として，K-factor を外生変数として扱う

---

[80] 本研究では性別をグループ化変数とした多母集団同時分析も行った。しかし，等値モデルと非等値モデルで適合度に有意な差が示されなかったため ($\Delta \chi^2(9) = 13.57$, $p = .14$)，倹約性に基づき性別をプールすると共に，補助的に性別を統制変数として投入した。なお，本研究では大学生を対象としたため，年齢による効果の詳細な検討は行えなかった。

か，Dark Triad を外生変数として扱うか，という問題がある。本来，K-factor は生活史戦略を反映すると考えられるため，理論的には外生変数として扱うことに問題はないと考えられる。しかし，K-factor を測定する Mini-K の項目は，ほとんどが行動や認知を問う項目であり，むしろ，Dark Triad というパーソナリティに規定される内生変数であると考えることもできる。したがって，生活史戦略をより本質的に捉える尺度の開発や，低年齢であっても適用可能な尺度の開発が必要かもしれない。

第3節　第3章の総合考察

　第3章では，IPV のメカニズムを明らかにするための実証研究を行った。特に，モデル検証1，2を通して，至近要因と究極要因の両要因からアプローチした。モデル検証1では個人差の究極要因として生活史戦略を想定し，モデル検証2では，モデル検証1に加えて IPV の究極要因であるパートナー関係維持行動を変数に含めた。具体的には，IPV のリスクファクターとしての至近要因を包括すると考えられる Dark Triad に着目し，その効果を検証した（モデル検証1）。また，Dark Triad や IPV の個人差を説明する進化心理学的理論として生活史理論に依拠し，このような個人差の究極要因として生活史戦略が影響する可能性を示した（モデル検証1）。さらに，IPV が進化的適応問題の対処であるパートナー関係維持行動の一つであるという仮説と（Buss & Duntley, 2011），モデル検証1の知見に基づき，Dark Triad の個人差はパートナー関係維持行動を媒介して IPV を予測する可能性を示し，また，この関連の進化的基盤には，生活史戦略の個人差が寄与することを明らかにした（モデル検証2）。

　一連のモデル検証の結果，本研究の仮説が支持された。すなわち，IPV はパートナー関係維持行動の一つであり，その個人差には，至近要因として Dark Triad が，究極要因として生活史戦略が影響することを示した。特に，

モデル検証 2 では，各々の共通側面を潜在変数として抽出することで，より純粋な関連性を示すことができたと考えられる。

　しかし一方で，より下位の概念に着目した場合には，それぞれで異なる知見も示された。まず，Dark Triad のうち，サイコパシーの進化的基盤が一貫して早い生活史戦略である可能性を示したが，ナルシシズムは一貫して遅い生活史戦略である可能性を示した。また，マキャベリアニズムは結果が一貫しなかった。これらの知見は，先行研究を支持するものであり（Jonason, Li, et al., 2013; McDonald et al., 2012），下位概念についての詳細な研究の必要性を示しているといえるだろう。ただし，パートナーとの短期的関係志向はDark Triad のいずれも頑健に示しており，Dark Triad に関する研究はこの点を核として行うことにも意義があるかもしれない（Jonason et al., 2009; Jones & Weiser, 2014）。

　次に，IPV の各形態は本研究で扱った変数と一貫した関連を示したが，生活史戦略との関連では IPV 形態ごとに異なる関連を示すものもあった。また，IPV 形態のうち支配・監視は生活史戦略ともその下位概念とも有意な関連が示されなかったため，この点についての今後の研究が必要かもしれない。また，Dark Triad との関連においても，マキャベリアニズムとの関連が示されなかったため，Dark Triad の各側面に関する詳細な研究が必要だろう。さらに，本研究では生活史戦略の一次元性に鑑み，Dark Triad に共通する配偶戦略は早い生活史戦略に基づく短期的配偶であるという前提で研究を行った。しかし一方で，長期的配偶と短期的配偶は状況によって使い分けられる可能性も示されているため（Adams et al., 2014; Brewer et al., 2015; Jones & Weiser, 2014），今後のより詳細な検証が必要であると考えられる。

　最後に，パートナー関係維持行動の 5 領域は，ネガティブな方略（パートナーの監視，パートナーへの否定的な関わり，ライバルへの否定的な関わり）とポジティブな方略（パートナーへの肯定的な関わり，公への所有サイン）に大別できると考えられる。いずれの方略も強く相関しているが，これらがどのように

弁別されるのかという点についても研究が必要かもしれない。

　このような，いくつかの限界点が挙がれるものの，モデル検証を通して，IPV のリスクファクターに関する新たな知見を示すと同時に，新たな疑問点や解決すべき点も示された。次章では，本研究におけるモデル検証の知見を踏まえ，限界点と今後の展望や，研究の応用可能性について述べる。

第4章 総括と展望

　本研究は，IPV のメカニズムを明らかにするために，IPV リスクファクターを包括すると考えられる至近要因である Dark Triad の影響を示し，また，それらの個人差の究極要因として生活史戦略の影響を検証した。本研究の知見は，IPV メカニズムの統合的理解に資すると考えられる一方で，いくつかの限界点も同時に示される。本章では，はじめに本研究の知見をまとめ（第1節），その上で，限界点と今後の展望について述べる（第2節）。しかし，本研究の知見は IPV のメカニズムの解明に資するだけでなく，心理学的研究における有意義なアプローチを浮き彫りにしたと考えられる。第3節では，本研究のアプローチの有効性と，それに付随する人間の本質的理解への可能性について提言する。

第1節　知見のまとめ

　一連の研究では，IPV のリスクファクターについて，個人特性に着目し，至近要因，究極要因の両観点から検証した（Figure 4.1）。

第1項　研究の背景と目的のまとめ

　一連の研究では，第1章において，IPV，Dark Triad についての現状の研究をそれぞれ概観し，今後の発展性として進化的基盤の検証の必要性を示した。これまでの多くの研究では，IPV のリスクとなるさまざまな個人特性や個人を取り巻く環境の効果が示されている（Vagi et al., 2013）。したがって，多くの IPV リスクファクターに関する至近要因は，現在明らかになりつつあるだろう。しかし一方で，このような至近要因を包括する要因についての

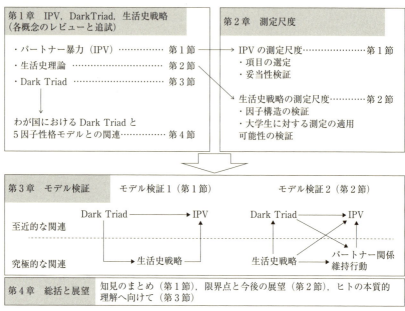

Figure 4.1　本稿の全体像

検討がなされておらず，そのため，至近要因間の関連性や，これらの至近要因の統合的な説明に関する研究は不十分であったといえる。本研究では，IPV の至近要因について概観した上で（第1章1節），これらの至近要因の包括的な説明が可能であると考えられる個人特性として，Dark Triad に着目した（第1章3節）。また，多くの進化心理学的アプローチによる知見から，IPV，Dark Triad はそれぞれ進化的適応機能を持つことが示唆されている（Buss & Duntley, 2011; Furnham et al., 2013）。そのため，IPV のリスクとなる至近要因の包括的な説明だけではなく，その進化的基盤である究極要因を明らかにする必要がある。さらに，進化心理学的アプローチはヒトの一般性に着目した研究が多く行われてきた一方で，個人差の進化的基盤に対するアプローチの重要性が指摘されている（Buss, 2009）。そこで，本研究では進化心

理学的アプローチの中でも特に個人差の進化的基盤に関する理論である生活史理論に着目し，Dark Triad，IPV の個人差に対する進化心理学的アプローチの有効性を示した（第1章2節，3節）。ただし，Dark Triad パーソナリティは比較的新しい概念であり，わが国において各側面に関する個別の研究がなされている一方で，これらを Dark Triad として統合的に扱い，国外における知見と一致するか否かを検証する研究知見が不足している。そのため，わが国においても国外と同様の理論的な関連が示されるか否かを，5因子性格モデルとの関連により検証した（第1章4節）。

　これらの先行研究から，IPV のリスクとなる至近要因は，他者に対するネガティブな感情，攻撃性や衝動性，反社会性などに加え，恋愛関係の不安定性，性関係の非制限性や，精神的・身体的な不健康さなどが挙げられた。一方で，IPV が発生する状況は，パートナー関係が崩壊する可能性が顕在化する場合に特に顕著であることから，進化的適応の観点から IPV はパートナー関係維持の一つであるということが指摘されている（Buss & Duntley, 2011）。ただし，同時に，パートナー関係維持行動として IPV を選択することは，自身が社会的な排斥を受けたり，評判を落とす可能性などから，稀であることも同時に指摘されている（Buss & Duntley, 2011）。ここで，パートナー関係維持行動や，特にその行動の選択肢から IPV を選択することには個人差が生じる。また，実際に IPV のリスクファクターとして示された至近要因は，多くが個人特性に影響される。これらの至近要因を包括的に捉える個人特性として，Dark Triad が挙げられることが示された。特に，Dark Triad は暴力を促進すると考えられる特性に加え，恋愛関係や性関係の不安定性や，精神的・身体的不健康を示し，Vagi et al.（2013）によってまとめられた IPV のリスクファクターをすべて網羅する特性である。したがって，IPV の個人差を説明する至近要因として，Dark Triad が包括的な要因となりうる可能性が示された。さらに，Dark Triad の進化的基盤には，生活史戦略の個人差が反映されていることが指摘されている（Jonason, Koenig, et al., 2010）。特

に，IPV のリスクファクターや，Dark Triad の心理メカニズム・行動パターンは，生活史理論における早い生活史戦略を反映する（Jonason, Li, et al., 2013）。したがって，Dark Triad の個人差や，パートナー関係維持行動として IPV を選択することの個人差の究極要因として，生活史戦略による説明が可能であると考えられる。

　そこで，本研究では，IPV の至近要因を捉える Dark Triad と，IPV の究極要因であるパートナー関係維持行動に着目し，これらの個人差の究極要因として生活史理論に依拠して関連性を検証した。

第2項　測定尺度のまとめ

　第2章では，本研究で扱う概念の測定に関する研究を行った。まず，IPV の測定については，わが国において測定尺度が確立しておらず，特に，精神的暴力の多様性が測定されていないことが指摘されてきた（赤澤, 2015）。本研究では，このような現状に鑑み，IPV の7形態（身体的暴力, 間接的暴力, 支配・監視, 言語的暴力, 性的暴力, 経済的暴力, ストーキング）を測定する尺度を作成した。調査1から3を通した確証的因子分析の結果，調査3では若干適合度が低かったものの，調査1，2では良好な適合度が示された。また，高次因子として一般 IPV 因子を仮定した高次因子分析では，すべての調査を通して良好な適合度が示された。また，デモグラフィック特徴, 行動指標, パーソナリティに加え，パートナー関係維持行動との関連を示すことで，妥当性を検証した。デモグラフィックデータとの関連では，いくつかの IPV 形態との弱い正の関連が示されたものの，多くは有意ではなかった。また，行動指標として，危険行動を反映すると考えられる飲酒および喫煙の程度との関連では，喫煙の程度のみが各 IPV 形態と弱い正の関連を示した。一方で，パーソナリティとの関連では，境界性パーソナリティ，反社会性パーソナリティとも，概ね小から中程度の相関が示され，パートナー関係維持行動との関連では，ほとんどの IPV 形態において小から大きな程度の相関を示

第 4 章　総括と展望　　173

した。これらのことから，本研究ではその後の研究に用いたが，理論的な関連が示されない点もあるため，今後，尺度を洗練する必要があるかもしれない。

　本研究ではさらに，全項目の得点を用いた潜在ランク分析により，IPV のレベルを 3 ランクに分類可能であることを示した。これらの知見は，今後のIPV の研究を発展させることが可能であると考えられるとともに，臨床レベルと一般レベルとの弁別も可能であると考えられ[81]，IPV レベルに基づく，最も効果的な予防・介入などを解明するというような研究にも貢献できると考えられる。ただし，どの項目がどのように各レベルへの割り当てに寄与しているのかという点については今後の検証が必要である。

　生活史戦略の指標である K-factor を測定する Mini-K の構造について，1 因子構造の問題点が指摘されてきた（Richardson et al., 2017）。また，Mini-K の邦訳版である Mini-K-J の妥当性検証では，一般サンプルを対象に，主に遅い生活史戦略を反映する変数が用いられていた（Kawamoto, 2015）。しかし，心理学における調査研究では，対象を大学生とすることも多く（小塩他,2014），また，多くの研究で早い生活史戦略を反映する変数が用いられるため（Figueredo et al., 2014），これらを踏まえた測定の適用可能性を示す必要があった。本研究では，これらの問題点に対して，1) Mini-K-J は，下位因子を想定した上で，高次因子として K-factor を仮定することで適合することを示し，2) 大学生を対象とした調査を行い，3) 早い生活史戦略を反映する変数であっても Mini-K-J で測定される K-factor と理論的に整合する関連を示すことで，Mini-K-J の有効性を示した。具体的には，Mini-K-J は K-factor を単一の高次因子とし，下位因子として 5 因子（先読み・計画性・統制性，両親との関係の質，パートナー間の絆，親族との関係，友人との関係）を仮定した高次因子分析において，良好な適合度が示された。これらの知見は，先行研

---

81) ただし，一般レベルは許容できるレベルということではない。IPV は暴力であり，積極的に対処する必要のある行動形態である。

究を支持する結果であった（Richardson et al., 2017）。また，K-factorと，生活史戦略に関連する変数としてのパーソナリティおよび行動指標との関連を検証した。そこでは，パーソナリティ変数は先行研究を支持する結果を示した。すなわち，サイコパシー，境界性パーソナリティ，反社会性パーソナリティは生活史戦略との小から中程度以上の負の相関，つまり早い生活史戦略であることが示された。一方で行動指標は，喫煙の程度との弱い負の相関を除き，明確な関連性が示されなかった。この点について，パーソナリティが年齢に制限されない内的な変数である一方で，行動については，大学生，特に20歳に満たない場合には関連性を検証するほどの分散が生じていない可能性が考えられる。したがって，Mini-K-Jを大学生に実施することは可能であるものの，行動指標を扱う場合には，適切な行動指標を選択することが必要だろう。

第3項　モデル検証のまとめ

上記の理論的背景を踏まえ，また，測定尺度を整備した上で，モデル検証を行った。ここで，Dark Triadはパーソナリティ概念であるため，年齢に制限されないと考えられる一方で，IPVおよびパートナー維持行動は行動指標であるため，K-factorとの関連を検証するにあたり，大学生への適用が適切か否かという問題が持ち上がる。しかし，交際関係は大学生以前に形成されることが多くあること，パートナーに対する暴力は，大学生においても見られることが示されているため（Ohnishi et al., 2011），使用することとした。

はじめに，IPVの多くの至近要因を包括すると考えられるパーソナリティ群としてDark Triadに着目し，IPVとの関連を検証した。相関分析および重回帰分析の結果，Dark TriadがIPVと小から中程度の相関を示し，IPVのリスクとなることが示唆され，特に，Dark Triadの内のサイコパシー傾向がこの関連に寄与した。一方で，マキャベリアニズム，ナルシシズムは，サイコパシーを統制した場合には[82]，IPVと関連しなかった[83]。サイコ

パシーと IPV の関連については先行研究を支持する結果である一方で
(Swogger et al., 2007)，ナルシシズムと IPV の関連については先行研究を支
持しない結果となった（Ryan et al., 2008)。この知見について，次の要因が考
えられる。すなわち，ナルシシズムは攻撃性と関連が示されるものの，
Dark Triad の中では最も対人関係の維持を必要とするパーソナリティであ
り（Jonason, Strosser, et al., 2015)，サイコパシーを統制することでナルシシズ
ム特有の効果が抽出されなかったことから，ナルシシズムに特有な側面は
IPV とは関連せず，むしろ，サイコパシーの側面が IPV と関連することを
示唆する。

　マキャベリアニズムと IPV の関連についての知見も一貫せず（Carton &
Egan, 2017; Webster et al., 2016; Westhead & Egan, 2015)，本研究でも IPV との
有意な関連は示されなかった。マキャベリアニズムは，自身の利益のための
合理的な選択をするパーソナリティであるため，いずれの行動も文脈に依存
する可能性が考えられる（Jones & Paulhus, 2009)。今後の研究では，マキャ
ベリアニズムが IPV を行う文脈の特定が重要な課題となろう。

　しかし，IPV と Dark Triad の関連は至近的な関連であり，究極要因の検
証も必要である。そこで，進化的適応機能であるパートナー関係維持行動と
して IPV を選択する個人差，および Dark Triad の個人差の究極要因として，
生活史理論に基づき説明を試みた。具体的には，Dark Triad と IPV の関連
が，生活史戦略に媒介されるかどうかを検証した。媒介分析の結果，男性に
おいて，Dark Triad の内，特にサイコパシーが早い生活史戦略を媒介して
IPV に正の効果を示した。サイコパシーは早い生活史戦略をとる代表的な
パーソナリティであり，先行研究の知見を支持するとともに（Jonason, Koe-
nig, et al., 2010)，早い生活史戦略が IPV のリスクとなることが示された。早

82）偏回帰係数を算出することにより，当該変数以外を統制した場合の，当該変数特有の効果を示す
　　ことができる。
83）ただし，女性において，マキャベリアニズムと経済的暴力は有意な正の関連を示した。

い生活史戦略は，繁殖における配偶努力と養育努力のトレードオフにおいて，前者をより重視する（Figueredo et al., 2006）。裏を返せば，長期的な関係は相対的に軽視されると考えられるため，長期的な関係形成よりも短期的な生殖成功が重要である。生殖成功において，特に男性では父性不確実性の問題を回避する必要があるため，早い生活史戦略は遅い生活史戦略よりもこの適応問題への対処がより重要であると考えられる。そのため，男性で早い生活史戦略であるほど，パートナーの支配行動としての IPV をより行う可能性が考えられる。しかし一方で，女性において生活史戦略の媒介効果は示されず，サイコパシーから IPV への直接効果のみが示された。したがって，男女によって IPV の進化的適応機能が異なる可能性が考えられる（Archer, 2013）。ただし，サイコパシーから IPV への間接効果の係数は性別にかかわらずに正であった。今後の研究では，パートナー関係維持行動としての IPV が男女でどのような進化的適応機能を持つのかという点について明らかにする必要があるだろう（Archer, 2013; Buss & Duntley, 2011）。

　モデル検証 1 では，Dark Triad と IPV の関連に加え，その進化的基盤としての生活史戦略の影響を明らかにした。しかし一方で，IPV がパートナー関係維持行動であるか否かを含めた検証がなされていない。そのため，モデル検証 2 では，生活史戦略，Dark Triad から IPV への効果はパートナー関係維持行動に媒介されるかどうかを検証した。また，モデル検証 1 では，Dark Triad の各側面と一般 IPV の関連を生活史戦略が媒介するというモデルを，それぞれ観測変数を用いて検証した。一方で，生活史理論は中間レベルの理論であり，各概念の下位側面同士の関連よりも，むしろ高次概念同士の関連性の検証がなされている（Figueredo et al., 2004, 2005, 2006）。また，生活史戦略が Dark Triad，パートナー関係維持行動，IPV の個人差の根本的な進化的要因であると想定するならば，生活史戦略から IPV の関連を，Dark Triad およびパートナー関係維持行動が媒介するというモデルがより自然であると考えられる。したがって，モデル検証 2 では，各概念において

それぞれの下位概念を観測変数とし，高次概念である K-factor，Dark Triad，パートナー関係維持行動，一般 IPV を潜在変数として抽出し，K-factor から一般 IPV への効果が Dark Triad，パートナー関係維持行動に媒介されるかどうかを検証した。SEM による媒介分析の結果，仮説どおり，K-factor から一般 IPV への負の間接効果が示された。すなわち，IPV はパートナー維持行動に媒介された Dark Triad の個人差に規定され，この関連の進化的基盤として K-factor が影響することを示した。

第2節　限界点と今後の展望

　本研究では，IPV を促進させるメカニズムについて，個人特性に着目し，さらに，その個人特性の進化的基盤を明らかにした。しかし一方で，限界点も多くある。ここでは，大きな8つの限界点を挙げ，今後の IPV に関する研究の方向性について提言したい。

　第1の限界点として，本研究で扱った IPV リスクファクターは，個人特性のみであることが挙げられる。個人特性は実際に IPV のリスクファクターとして頑健なものである一方で（Vagi et al., 2013），特性だけではなく，状態変数も同様に IPV のリスクとなる強力な要因であることが示されている（Birkley & Eckhardt, 2015）。特に，怒り感情は古典的な IPV の研究においても言及され（Walker, 1979 齋藤訳 1997），さらに，進化心理学的観点によれば，嫉妬感情などが重要な変数であることが示されている（Buss & Duntley, 2011）。状態変数は必ずしも特性と切り分けられる要因ではなく，むしろ，このような状態の表出されやすさには，個人特性が少なからず影響することが考えられる（Sherman, Figueredo, & Funder, 2013）。したがって，今後の研究では，個人特性がどのような状態変数を引き起こし，IPV が発生するかという問題についての検討を行う必要があるだろう。また，同時にその関連の進化的基盤にアプローチすることで，IPV の原因をより包括的に捉えることができる

かもしれない。

　また，状態変数と同様に，パートナー関係要因も扱っていない。IPV はパートナー関係において発生する事象であり，対象は一般他者ではなく少なくとも恋愛や性関係などのなんらかの関係を持つ特定の他者である。また，パートナー関係が IPV のリスクファクターとなることも示されている。特に，パートナー間のパワーバランスや支配性の乖離は，IPV が発生する要因となる（Giordano et al., 2010; Straus, 2008）。また，パートナー関係形成についても，個人特性と必ずしも切り離せる要因ではなく，むしろ個人特性に基づくパートナー選好が指摘されている（Jonason, Lyons, et al., 2015; Smith et al., 2014）。同時に，本研究において個人差の進化的基盤として扱った生活史戦略によるパートナー選好の違いについても明らかにされている（Olderbak & Figueredo, 2012）。したがって，個人特性がどのようにパートナー関係形成に寄与し，また，それがどのように IPV の発生に繋がるのかという点について包括的に研究するとともに，その関連性の進化的基盤を明らかにする必要があるだろう。

　第 2 の限界点として，本研究では横断調査のみを実施したため，個人特性の変化に伴う IPV の変化については検証できていない。個人特性は一般的に短期間での変動は示されないものの，生涯発達という観点からは変動する可能性が指摘されている（遠藤，2005; Kawamoto & Endo, 2015）。また，生活史戦略も同様に，基本的には安定しているが（Brumbach et al., 2009），長期的には変動する可能性が示されている（Ellis, 2011）。特に，生活史戦略の変化が生じる一因として，その個人を取り巻く環境の変化や心理的にインパクトのあるイベントの生起などが挙げられる（Ellis, 2011）。そのため，今後の研究では，横断的な調査だけでなく，縦断的な調査を行い，個人特性や生活史戦略の変化がどのような場合に生じ，また，それに伴い IPV の発生が変化するか否かを検証する必要があるだろう。

　また，個人特性や生活史戦略は，遺伝的要因と環境要因の交互作用によっ

て形成されると考えられる（安藤，2014；遠藤，2005；Figueredo et al., 2006）。同様に，IPV，Dark Triad に関してもそれぞれ遺伝的要因の効果が示されている（Barnes, TenEyck, Boutwell, & Beaver, 2013; Vernon et al., 2008）。したがって，環境の変化や心理的なインパクトのあるイベントが，遺伝的要因とどのように関連し，どのように個人特性や生活史戦略を形成し，どのように IPV に関連するかを示す必要があるかもしれない。

　第 3 の限界点として，女性の IPV の進化的基盤について，本研究では明確な結論を下せていない。男性の IPV や，それを包括するパートナー関係維持行動に関しては，短期配偶戦略と父性不確実性の適応問題の観点から合理的な説明が可能である。すなわち，短期的配偶戦略を示す早い生活史戦略と，それが反映されるパーソナリティである Dark Triad は，長期的でコミットする関係を軽視するため，父性不確実性への対処が相対的に重要になると考えられる。そのため，過剰なパートナー関係維持行動であっても行うと考えられ，その最たる行動が IPV であると考えられる（Archer, 2013; Buss & Duntley, 2011）。一方で，女性においては母性不確実性がない。また，女性にとっては男性からの継続的な投資が必要であるため，男性に比べてより長期的・排他的な配偶戦略をとる（Buss & Schmitt, 1993）。一方で，女性においても短期的配偶戦略の利益がないわけではない。しかし，多くは長期的な関係維持を前提とした短期的配偶や[84]，一時的なパートナー関係形成すら必要ない，性関係を持つのみの短期的配偶である[85]（Buss, 2015）。つまり，一時的なパートナー関係が必要で，かつ，短期的配偶であることの利益の解釈が困難

---

[84] 長期的な関係を前提とした短期的配偶には，短期配偶によるパートナーの査定や（長期配偶のための短期配偶仮説），パートナーを変更するための行動などが挙げられる（パートナー交換仮説）。

[85] このような短期的配偶の進化的適応機能は，なんらかの遺伝的な利益を得ることである（遺伝的ベネフィット仮説）。たとえば，健康で生殖能力の高い男性と性関係を持つことで，その男性に由来する繁殖力の高い子どもを出産する確率を上げ，結果として女性自身の遺伝子も維持される（セクシーな息子仮説）。また，子どもの異なる男性と性関係を持つことで，自身の子どもの遺伝的多様性が高まるため，環境変化に有利になるかもしれない（異なる遺伝子仮説）。

である。しかし，その中でも，リソース仮説は女性のIPVの進化的適応機能としての解釈を可能にするかもしれない。リソース仮説とは，短期配偶をすることで相手の男性からリソースを引き出すという進化的適応機能を想定した仮説である。女性の短期配偶では，早期の段階でより多くの投資をする男性が好まれる（Buss, 2015）。しかし，男性は長期的な関係性になると，投資が減衰する可能性があり，初期の投資が大きい男性ほど顕著であることが推測される。したがって，女性のIPVについて，一時的なリソースの独占のために過剰なパートナー関係維持行動を行い，短期的なパートナー関係形成を繰り返すという解釈が可能かもしれない。しかし，本研究においては，この仮説は検証できておらず，今後の研究が必要である。

　第4の限界点として，本研究で示した知見は，IPVのメカニズムに関する基礎的知見であり，実務への応用には至っていない。しかし一方で，これらの基礎的知見は，実際の臨床場面や，教育的予防に応用することが必要であろう。本研究では一般的に健常者であると考えられるサンプルを対象に研究を行ったが，実際の臨床場面に応用可能かどうかは，この種の研究において最も重要な論点の一つである（杉浦, 2005）。実際に，本研究で扱ったDark Triadは，健常群と臨床群に連続性が示され，日常生活に支障をきたす場合にはパーソナリティ障害と診断されるものである。同様に，IPVについてもその程度は軽度から重度まで広く及ぶと考えられる。実際に，本研究では，IPVの程度によって3つのレベルにカテゴライズができた。ただし，この3つのレベルの背後に，質的に異なる要因が作用するのか，または同一次元上の要因の程度によって異なるのかは，より詳しく検証する必要があると考えられる。本研究で扱ったDark Triadや，生活史戦略は，同一次元上における程度の差異を示すものであるため，IPVは同一次元上の程度の差異である可能性が示されたが，Dark Triadと他の要因との交互作用効果などについては検証しきれていない。

　第5の限界点として，実際にIPVリスクファクターがDark Triadおよび

生活史戦略に収束するか否かの検証がなされていない。本研究では，これまでの Dark Triad に関する研究，および生活史戦略に関する研究を概観し，IPV のリスクファクターがこれらの要因に収束するという前提のもと，モデル検証を行ったに過ぎない。したがって，これらを同時に扱い，リスクファクターと Dark Triad がどのような経路で IPV のリスクとなるのかという点についても検証する必要があるだろう。

第6の限界点として，構成概念の概念的枠組みについて挙げられる。本研究では生活史戦略，Dark Triad，パートナー関係維持行動，IPV のより高次な次元同士の関連性を検証した。一方で，各下位次元との関連についての検討は不十分である。また，一連の研究で示されたように，各々の下位次元同士は，高次元同士の関連とは異なる場合も多く示された。したがって，今後の研究ではこれらの下位次元同士の関連性についてもより精細に示す必要があるかもしれない。同時に，高次元同士の関連では，少なくともゼロではない効果が各々示されているが，説明力は大きくない。この点について，下位次元同士の関連性に加え，先の限界点で挙げた，状態変数やパートナー関係との交互作用効果を検証する必要があるかもしれない。

第7の限界点として，サンプルの一般性の問題が挙げられる。本研究は単一の大学からデータを収集しており，また，そのサンプルの平均年齢は20歳未満であった。そのため，本研究の知見が同年齢の異なるサンプルや，年齢の幅を拡張したサンプルに対しても一般化可能かどうかについては注意が必要である。今後の研究では，より複数のサンプルや，年齢の幅を拡張したサンプルを対象とした検証が必要であると考えられる。

第8の限界点として，本研究はすべて自己報告によるデータを扱った。したがって，認知能力などによるバイアスを統制できていない可能性が考えられる。本研究で用いた尺度は，妥当性が検証されたものであるため，重大なバイアスが生じている可能性は低いものと考えられるが，今後の研究においては，自己評価に加え，実験によるデータ測定や他者評価などを併せて実施

182

する必要があるかもしれない。

　今後の研究では，これらの限界点を解決する必要があるだろう。特に，第
1から第4の限界点は，IPV メカニズムの精細な解明および実務的応用とい
う観点から，早急に取り組むべき課題であろう。また，第5，第6の限界点
は，上記の課題を検討するに当たり，対処しておくべき課題であろう。そし
て，第7，第8の限界点は，本研究に限らず，調査研究において留意すべき
重要な点であると考えられる。したがって，これらの限界点を対処した今後
の研究の発展によって，IPV のメカニズムや，そのリスクファクターに関す
る知見が蓄積されることで，IPV の本質的理解の促進に加え，臨床的・教育
的応用を可能にすると考えられる。

第3節　ヒトの本質的理解へ向けて

　本研究の知見は，Dark Triad，IPV を扱い，その進化的基盤に着目した。
このようなアプローチは，本研究で扱った概念だけではなく，心理学的研究
全般に対するアプローチの拡張や，統合的理解の促進に資すると考えられる
（Buss, 2015）。すなわち，1）進化心理学的視点を導入し，至近要因の背後に
ある究極要因にもアプローチしたこと，また，2）進化心理学的視点におい
てなおざりにされてきた，個人差に対する進化心理学的アプローチが重要な
点である。進化心理学的視点は，さまざまな心理的メカニズム，行動パター
ンについて，自然選択理論に基づき，進化的適応機能という観点から合理的
な説明を導き出す。また，このような説明は，ある特定の心理学分野に限定
されるものではなく，分野横断的に共通し，人間理解における統合的視点を
提供するものと考えられる（Buss, 2015）。自然選択理論に基づく統合的知見
によって，これまで矛盾の生じていた知見についての謎を紐解き，さらには，
分野横断的な新たな仮説・予測が導出されるかもしれない（Buss, 2015）。こ
れは，これまで示された至近要因の本質的理解を再考することの必要性の示

唆も含む。序章ではパーソナリティを例に挙げ，至近要因のみに目を向けてしまうと本質的理解に迫ろうとする場合にトートロジーに陥る可能性を指摘したが，このような現象はパーソナリティだけではなく，社会・文化や，発達のプロセス，生理学的指標についてもいえるだろう。心理学領域においてこれまでさまざまな現象が解明された一方で，上記のような至近要因に留まる知見は多くある。至近要因と同時に，究極要因にアプローチしてこそ，ヒトの本質的理解に一歩前進すると考えられる。

　また，個人差への進化心理学的アプローチは，なおざりにされてきた一方で，研究対象とすべき重要な要因である（Buss, 2009）。第1章2節で述べたように，個人差が，各個体特有の進化的適応機能を反映する可能性が考えられるためである。本研究では，個人差を説明する進化心理学的理論として，生活史理論に依拠した。生活史理論は，心理メカニズム，行動パターンに広く影響することが示されており（Figueredo et al., 2006, 2014），Dark Triad だけではなく，その他のパーソナリティや，アタッチメントをはじめとする特性，うつなどの精神疾患，性行動などの行動パターンに示される個人差の進化的基盤として位置づけられる（Figueredo et al., 2014）。したがって，このような個人差の示される要因同士の関連や，その個人差によるアウトカムは，進化心理学的視点に基づき合理的に説明可能であり，実証されてきた（Figueredo et al., 2014）。これらの知見は，さまざまな心理メカニズムや行動パターンの個人差を含めたより統合的・本質的な理解を促進するアプローチとして重要な意義を持つ。本研究においても，IPV についてヒトに一般的な進化的適応機能（i.e., パートナー関係維持行動）に加え，その機能の個人差として生活史戦略を導入することで，IPV に関する統一的なメカニズムの解明の可能性と，各個人に特有な側面に踏み込んだ，より詳細な知見を示すことが可能となった。今後の研究においても，ヒトに一般的な進化的適応機能へのアプローチに加え，その個人差に着目することが，研究を展開し発展させる上で重要な領域であると考えられる。

しかし一方で，生活史理論はさまざまな仮説の上位に位置する中間レベルの理論である。そのため，さまざまな要因の関連性を統一的に説明する上位概念へのアプローチにおいてはより一般化可能な知見を提供すると考えられるが，個々の要因の弁別性についての進化的基盤も同時に考える必要があろう。たとえば，上位概念である Dark Triad は早い生活史戦略であることが示されたものの，その下位側面であるナルシシズムは，遅い生活史戦略特徴も備えることが，また，マキャベリアニズムは，おそらく状況要因による戦略のフレキシビリティが示された。また，生物種間の戦略の差異の説明や，それをヒトの個人差に応用する試みでは（Rushton, 1985），生活史戦略は，一次元で表現された一方で，因子構造としては下位の次元が仮定されることが示されている（Richardson et al., 2017）。したがって，中間レベルの理論である生活史理論の下位理論についても精査し，個人差に関する概念の進化的基盤についてより精細に示すことが課題として挙げられるだろう。すなわち，生活史理論は，個人差を説明する上位理論であり（Figueredo et al., 2006），今後の研究における，生活史理論に基づく下位理論の構築と，より詳細な個人差の進化的適応機能へのアプローチの必要性を明確化したといえる。

また，性選択理論，養育投資理論など，生活史理論と同じく中間レベルの理論を組み合わせることで，新たな方向性も見えてくる。これまでは，中間レベルの理論はヒトに一般的な側面にアプローチするために依拠されたが，生活史理論と組み合わせることにより，ヒトに一般的な心理メカニズムや行動パターンに加えて，それらのメカニズムの個人差にもアプローチすることができると考えられる。実際に，本研究では IPV の一般的なメカニズムに加え，その個人差のメカニズムには生活史理論を応用した。IPV だけではなく，現代社会におけるその他の不可解な現象や，社会・文化的現象，発達のプロセスに関わる現象，生理学的指標に関わる現象についても，個人差が必ず示されると考えられる。したがって，生活史理論の導入は，このようなさまざまな現象の解明に当たって，強力なツールとなりえるだろう。

第4節　まとめ

　本研究は，IPV のメカニズムを明らかにする基礎的研究である。そして，至近要因と究極要因の両面からアプローチした研究である。特に，至近要因として個人特性である Dark Triad パーソナリティに着目し，IPV はパートナー関係維持行動としての進化的適応機能を持つことを踏まえた上で，Dark Triad，IPV の個人差の究極要因として生活史理論に基づきアプローチし，IPV メカニズムの本質的理解を目指した。一連の研究を通して，Dark Triad は IPV を促進し，その進化的基盤には生活史戦略とパートナー関係維持行動が影響していることを示した。この知見は，IPV のメカニズムについて，本質的理解に一歩近づくための新たな知見を提供したといえよう。このような至近要因および究極要因の両面からのアプローチは，IPV だけではなく，心理学領域におけるさまざまな現象の本質的理解に有効である (Buss, 2015)。したがって，本研究は IPV の本質的メカニズムに一歩近づく知見を提供するとともに，アプローチの有効性と，われわれ人間の本質的理解のための必要性を示した。

References[86)]

Adams, H. M., Luevano, V. X., & Jonason, P. K. (2014). Risky business: Willingness to be caught in an extra-pair relationship, relationship experience, and the Dark Triad. *Personality and Individual Differences, 66,* 204-207. doi:10.1016/j.paid.2014.01.008

Aitken, S. J., Lyons, M., & Jonason, P. K. (2013). Dads or cads? Women's strategic decisions in the mating game. *Personality and Individual Differences, 55,* 118-122. doi:10.1016/j.paid.2013.02.017

赤澤 淳子 (2015). 親密な二者関係のダークサイドとしてのデート DV 発達心理学研究, *26,* 288-299.

赤澤 淳子・井ノ崎 敦子・上野 淳子・松並 知子・青野 篤子 (2011). 衡平性の認知とデート DV との関連 仁愛大学研究紀要. 人間学部篇, *10,* 11-23.

Ames, D. R., Rose, P., & Anderson, C. P. (2006). The NPI-16 as a short measure of narcissism. *Journal of Research in Personality, 40,* 440-450. doi:10.1016/j.jrp.2005.03.002

安藤 寿康 (2011). 第 5 章 認知の個人差と遺伝 箱田裕司 (編) 現代の認知心理学 7 認知の個人差 (pp.103-129) 北大路書房

安藤 寿康 (2014). 遺伝と環境の心理学——人間行動遺伝学入門 (心理学の世界—専門偏)—— 培風館

Archer, J. (2000). Sex differences in aggression between heterosexual partners: A meta-analytic review. *Psychological Bulletin, 126,* 651-680. doi:10.1037/0033-2909.126.5.651

Archer, J. (2013). Can evolutionary principles explain patterns of family violence? *Psychological bulletin, 139,* 403-440. doi:10.1037/a0029114

Ashton, M. C., & Lee, K. (2007). Empirical, theoretical, and practical advantages of the HEXACO model of personality structure. *Personality and Social Psychology Review, 11,* 150-166. doi:10.1177/1088868306294907

Ashton, M. C., Lee, K., & Goldberg, L. R. (2004). A hierarchical analysis of 1,710 English personality-descriptive adjectives. *Journal of Personality and Social*

---

86) 審査学位論文に含めた申請者が第一著者である論文，学会発表，著書には，「*」を付した。

Psychology, 87, 707-721. doi:10.1037/0022-3514.87.5.707

Austin, E. J., Saklofske, D. H., Smith, M., & Tohver, G. (2014). Associations of the managing the emotions of others (MEOS) scale with personality, the Dark Triad and trait EI. *Personality and Individual Differences, 65,* 8-13. doi:10.1016/j.paid.2014.01.060

Azizli, N., Atkinson, B. E., Baughman, H. M., Chin, K., Vernon, P. A., Harris, E., & Veselka, L. (2016). Lies and crimes: Dark Triad, misconduct, and high-stakes deception. *Personality and Individual Differences, 89,* 34-39. doi:10.1016/j.paid.2015.09.034

Bair-Merritt, M. H., Lewis-O'Connor, A., Goel, S., Amato, P., Ismailji, T., Jelley, M., ... & Cronholm, P. (2014). Primary care-based interventions for intimate partner violence: A systematic review. *American Journal of Preventive Medicine, 46,* 188-194. doi:10.1016/j.amepre.2013.10.001

Barlett, C. P., & Barlett, N. D. (2015). The young and the restless: Examining the relationships between age, emerging adulthood variables, and the Dark Triad. *Personality and Individual Differences, 86,* 20-24. doi:10.1016/j.paid.2015.05.024

Barnes, J. C., TenEyck, M., Boutwell, B. B., & Beaver, K. M. (2013). Indicators of domestic/intimate partner violence are structured by genetic and nonshared environmental influences. *Journal of Psychiatric Research, 47,* 371-376. doi:10.1016/j.jpsychires.2012.10.016

Baughman, H. M., Dearing, S., Giammarco, E., & Vernon, P. A. (2012). Relationships between bullying behaviours and the Dark Triad: A study with adults. *Personality and Individual Differences, 52,* 571-575. doi:10.1016/j.paid.2011.11.020

Baughman, H. M., Jonason, P. K., Lyons, M., & Vernon, P. A. (2014). Liar liar pants on fire: Cheater strategies linked to the Dark Triad. *Personality and Individual Differences, 71,* 35-38. doi:10.1016/j.paid.2014.07.019

Baughman, H. M., Jonason, P. K., Veselka, L., & Vernon, P. A. (2014). Four shades of sexual fantasies linked to the Dark Triad. *Personality and Individual Differences, 67,* 47-51. doi:10.1016/j.paid.2014.01.034

Bell, K. M., & Naugle, A. E. (2008). Intimate partner violence theoretical considerations: Moving towards a contextual framework. *Clinical Psychology Review, 28,* 1096-1107. doi:10.1016/j.cpr.2008.03.003

References   189

Benson, J., & Fleishman, J. A. (1994). The robustness of maximum likelihood and distribution-free estimators to non-normality in confirmatory factor analysis. *Quality and Quantity, 28,* 117–136. doi:10.1007/BF01102757

Birkley, E. L., & Eckhardt, C. I. (2015). Anger, hostility, internalizing negative emotions, and intimate partner violence perpetration: A meta-analytic review. *Clinical Psychology Review, 37,* 40–56. doi:10.1016/j.cpr.2015.01.002

Black, P. J., Woodworth, M., & Porter, S. (2014). The big bad wolf? The relation between the Dark Triad and the interpersonal assessment of vulnerability. *Personality and Individual Differences, 67,* 52–56. doi:10.1016/j.paid.2013.10.026

Blair, R. J. R. (2006). The emergence of psychopathy: Implications for the neuropsychological approach to developmental disorders. *Cognition, 101,* 414–442. doi: 10.1016/j.cognition.2006.04.005

Blair, R. J. R., & Mitchell, D. G. V. (2009). Psychopathy, attention and emotion. *Psychological Medicine, 39,* 543–555. doi:10.1017/S003329170800399

Book, A., Visser, B. A., & Volk, A. A. (2015). Unpacking "evil": Claiming the core of the Dark Triad. *Personality and Individual Differences, 73,* 29–38. doi:10.1016/j.paid.2014.09.016

Book, A., Visser, B. A., Blais, J., Hosker-Field, A., Methot-Jones, T., Gauthier, N. Y., ... & D'Agata, M. T. (2016). Unpacking more "evil": What is at the core of the dark tetrad? *Personality and Individual Differences, 90,* 269–272. doi:10.1016/j.paid.2015.11.009

Bosson, J. K., Lakey, C. E., Campbell, W. K., Zeigler-Hill, V., Jordan, C. H., & Kernis, M. H. (2008). Untangling the links between narcissism and self-esteem: A theoretical and empirical review. *Social and Personality Psychology Compass, 2,* 1415–1439. doi:10.1111/j.1751-9004.2008.00089.x

Brankley, A. E., & Rule, N. O. (2014). Threat perception: How psychopathy and Machiavellianism relate to social perceptions during competition. *Personality and Individual Differences, 71,* 103–107. doi:10.1016/j.paid.2014.07.015

Brewer, G., & Abell, L. (2015a). Machiavellianism and sexual behavior: Motivations, deception and infidelity. *Personality and Individual Differences, 74,* 186–191. doi:10.1016/j.paid.2014.10.028

Brewer, G., & Abell, L. (2015b). Machiavellianism in long-term relationships: Competition, mate retention and sexual coercion. *Scandinavian Journal of Psychol-*

ogy, 56, 357-362. doi:10.1111/sjop.12200

Brewer, G., Hunt, D., James, G., & Abell, L. (2015). Dark Triad traits, infidelity and romantic revenge. *Personality and Individual Differences, 83,* 122-127. doi: 10.1016/j.paid.2015.04.007

Brumbach, B. H., Figueredo, A. J., & Ellis, B. J. (2009). Effects of harsh and unpredictable environments in adolescence on development of life history strategies: A longitudinal test of an evolutionary model. *Human Nature, 20,* 25-51. doi:10. 1007/s12110-009-9059-3

Brüne, M. (2016). Borderline Personality Disorder: Why 'fast and furious'? *Evolution, Medicine, and Public Health, 2016,* 52-66. doi:10.1093/emph/eow002

Buffardi, L. E., & Campbell, W. K. (2008). Narcissism and social networking web sites. *Personality and Social Psychology Bulletin, 34,* 1303-1314. doi:10.1177/ 0146167208320061

Buss, D. M. (1988). From vigilance to violence: Tactics of mate retention in American undergraduates. *Ethology and Sociobiology, 9,* 291-317. doi:10.1016/0162-3095(88)90010-6

Buss, D. M. (2009). How can evolutionary psychology successfully explain personality and individual differences? *Perspectives on Psychological Science, 4,* 359-366. doi:10.1111/j.1745-6924.2009.01138.x

Buss, D. M. (2015). *Evolutionary psychology: The new science of the mind* (5th ed.). Psychology Press.

Buss, D. M., & Duntley, J. D. (2008). Adaptations for exploitation. *Group dynamics: Theory, Research, and Practice, 12,* 53-62. doi:10.1037/1089-2699.12.1.53

Buss, D. M., & Duntley, J. D. (2011). The evolution of intimate partner violence. *Aggression and Violent Behavior, 16,* 411-419. doi:10.1016/j.avb.2011.04.015

Buss, D. M., Larsen, R. J., Westen, D., & Semmelroth, J. (1992). Sex differences in jealousy: Evolution, physiology, and psychology. *Psychological Science, 3,* 251-255. doi:10.1111/j.1467-9280.1992.tb00038.x

Buss, D. M., & Schmitt, D. P. (1993). Sexual strategies theory: An evolutionary perspective on human mating. *Psychological Review, 100,* 204-232. doi:10.1037/ 0033-295X.100.2.204

Buss, D. M., & Shackelford, T. K. (1997). From vigilance to violence: mate retention tactics in married couples. *Journal of Personality and Social Psychology, 72,*

346-361. doi:10.1037/0022-3514.72.2.346

Buss, D. M., Shackelford, T. K., & McKibbin, W. F. (2008). The mate retention inventory-short form (MRI-SF). *Personality and Individual Differences, 44*, 322-334. doi:10.1016/j.paid.2007.08.013

Campbell, J., Schermer, J. A., Villani, V. C., Nguyen, B., Vickers, L., & Vernon, P. A. (2009). A behavioral genetic study of the Dark Triad of personality and moral development. *Twin Research and Human Genetics, 12*, 132-136. doi:10.1375/twin.12.2.132

Carter, G. L., Campbell, A. C., & Muncer, S. (2014a). The Dark Triad: Beyond a 'male'mating strategy. *Personality and Individual Differences, 56*, 159-164. doi:10.1016/j.paid.2013.09.001

Carter, G. L., Campbell, A. C., & Muncer, S. (2014b). The dark triad personality: Attractiveness to women. *Personality and Individual Differences, 56*, 57-61. doi:10.1016/j.paid.2013.08.021

Carter, G. L., Montanaro, Z., Linney, C., & Campbell, A. C. (2015). Women's sexual competition and the Dark Triad. *Personality and Individual Differences, 74*, 275-279. doi:10.1016/j.paid.2014.10.022

Carton, H., & Egan, V. (2017). The dark triad and intimate partner violence. *Personality and Individual Differences, 105*, 84-88. doi:10.1016/j.paid.2016.09.040

Christie, R., & Geis, F. L. (1970). *Studies in Machiavellianism*. New York: Academic Press.

Clark, R. D., & Hatfield, E. (1989). Gender differences in receptivity to sexual offers. *Journal of Psychology and Human Sexuality, 2*, 39-55. doi:10.1300/J056v02n01_04

Copp, J. E., Giordano, P. C., Longmore, M. A., & Manning, W. D. (2015). Stay/Leave decision-making in non-violent and violent dating relationships. *Violence and Victims, 30*, 581-599. doi:10.1891/0886-6708.VV-D-13-00176

Crysel, L. C., Crosier, B. S., & Webster, G. D. (2013). The Dark Triad and risk behavior. *Personality and Individual Differences, 54*, 35-40. doi:10.1016/j.paid.2012.07.029

Daly, M., & Wilson, M. (1997). Crime and conflict: Homicide in evolutionary psychological perspective. *Crime and Justice, 22*, 51-100. doi:10.1086/449260

Daly, M., & Wilson, M. (2001). Risk-taking, intrasexual competition, and homicide.

Nebraska Symposium on Motivation, 47, 1-36.

Del Giudice, M. (2014). An evolutionary life history framework for psychopathology. *Psychological Inquiry, 25,* 261-300. doi:10.1080/1047840X.2014.884918

Del Giudice, M., Gangestad, S. W., & Kaplan, H. S. (2015). Life history theory and evolutionary psychology. In D. M. Buss (Ed.), *The handbook of evolutionary psychology,* Chapter 2 (2nd ed., pp. 88-114). Hoboken, NJ: Wiley.

Delsol, C., Margolin, G., & John, R. S. (2003). A typology of maritally violent men and correlates of violence in a community sample. *Journal of Marriage and Family, 65,* 635-651. doi:10.1111/j.1741-3737.2003.00635.x

DeShong, H. L., Grant, D. M., & Mullins-Sweatt, S. N. (2015). Comparing models of counterproductive workplace behaviors: The Five-Factor Model and the Dark Triad. *Personality and Individual Differences, 74,* 55-60. doi:10.1016/j.paid.2014.10.001

Dillon, G., Hussain, R., Loxton, D., & Rahman, S. (2013). Mental and physical health and intimate partner violence against women: A review of the literature. *International Journal of Family Medicine, 2013,* 313909. doi:10.1155/2013/313909

Douglas, K. S., & Dutton, D. G. (2001). Assessing the link between stalking and domestic violence. *Aggression and Violent Behavior, 6,* 519-546. doi:10.1016/S1359-1789(00)00018-5

Dufner, M., Rauthmann, J. F., Czarna, A. Z., & Denissen, J. J. (2013). Are narcissists sexy? Zeroing in on the effect of narcissism on short-term mate appeal. *Personality and Social Psychology Bulletin, 39,* 870-882. doi:10.1177/0146167213483580

Duntley, J. D., & Buss, D. M. (2012). The evolution of stalking. *Sex Roles, 66,* 311-327. doi:10.1007/s11199-010-9832-0

Egan, V., Chan, S., & Shorter, G. W. (2014). The Dark Triad, happiness and subjective well-being. *Personality and Individual Differences, 67,* 17-22. doi:10.1016/j.paid.2014.01.004

Egan, V., Hughes, N., & Palmer, E. J. (2015). Moral disengagement, the dark triad, and unethical consumer attitudes. *Personality and Individual Differences, 76,* 123-128. doi:10.1016/j.paid.2014.11.054

Ellis, B. J. (2011). Toward an evolutionary-developmental explanation of alternative reproductive strategies: The central role of switch-controlled modular systems.

In D. M. Buss & P. H. Hawley (Eds.), *The evolution of personality and individual differences* (pp. 177-209). New York: Oxford University Press.

Ellis, B. J., Figueredo, A. J., Brumbach, B. H., & Schlomer, G. L. (2009). Fundamental dimensions of environmental risk: The impact of harsh versus unpredictable environments on the evolution and development of life history strategies. *Human Nature, 20*, 204-268. doi:10.1007/s12110-009-9063-7

Emmons, R. A. (1984). Factor analysis and construct validity of the narcissistic personality inventory. *Journal of Personality Assessment, 48*, 291-300. doi:10.1207/s15327752jpa4803_11

遠藤 利彦 (2005). 第1章 発達心理学の新しいかたちを探る 遠藤利彦 (編) 発達心理学の新しいかたち (pp. 3-52) 誠信書房

Erik, E., & Bhogal, M. S. (2016). Do the dark triad and self-perceived mate value predict intention to mate poach. *Letters on Evolutionary Behavioral Science, 7*, 1-4. doi:10.5178/lebs.2016.50

Fals-Stewart, W., Leonard, K. E., & Birchler, G. R. (2005). The occurrence of male-to-female intimate partner violence on days of men's drinking: The moderating effects of antisocial personality disorder. *Journal of Consulting and Clinical Psychology, 73*, 239-248. doi:10.1037/0022-006X.73.2.239

Fan, Y., Wonneberger, C., Enzi, B., De Greck, M., Ulrich, C., Tempelmann, C., ... & Northoff, G. (2011). The narcissistic self and its psychological and neural correlates: an exploratory fMRI study. *Psychological Medicine, 41*, 1641-1650. doi:10.1017/S003329171000228X

Figueredo, A. J. (2007). The Arizona life history battery [electronic version]. Unpublished instrument. Retrieved from: http://www.u.arizona.edu/~ajf/alhb.html.

Figueredo, A. J., Garcia, R. A., Menke, J. M., Jacobs, W. J., Gladden, P. R., Bianchi, J., ... & Jiang, Y. (2017). The K-SF-42: A new short form of the Arizona Life History Battery. *Evolutionary Psychology*. doi:10.1177/1474704916676276

Figueredo, A. J., Gladden, P. R., & Beck, C. J. A. (2011). Intimate partner violence and life history strategy. In A. Goetz & T. Shackelford (Eds.), *The Oxford Handbook of Sexual Conflict In Humans, Chapter 5* (pp. 72-99). New York, NY: Oxford University Press.

Figueredo, A. J., Jacobs, W. J., Gladden, P. R., Bianchi, J. M., Patch, E. A., Kavanagh,

P. S., ... & Jiang, F. (2017). Intimate partner violence, interpersonal aggression, and life history strategy.

Figueredo, A. J., Vásquez, G., Brumbach, B. H., & Schneider, R. (2007). The K-factor, covitality, and personality: A psychometric test of life history theory. *Human Nature, 18*, 47-73. doi:10.1007/BF02820846

Figueredo, A. J., Vásquez, G., Brumbach, B. H., & Schneider, S. M. (2004). The heritability of life history strategy: the k-factor, covitality, and personality. *Social Biology, 51*, 121-143. doi:10.1080/19485565.2004.9989090

Figueredo, A. J., Vásquez, G., Brumbach, B. H., Schneider, S. M., Sefcek, J. A., Tal, I. R., ... & Jacobs, W. J. (2006). Consilience and life history theory: From genes to brain to reproductive strategy. *Developmental Review, 26*, 243-275. doi:10.1016/j.dr.2006.02.002

Figueredo, A. J., Vásquez, G., Brumbach, B. H., Sefcek, J. A., Kirsner, B. R., & Jacobs, W. J. (2005). The K-factor: Individual differences in life history strategy. *Personality and Individual Differences, 39*, 1349-1360. doi:10.1016/j.paid.2005.06.009

Figueredo, A. J., Wolf, P. S. A., Olderbak, S. G., Gladden, P. R., Fernandes, H. B. F., Wenner, C., ... & Hohman, Z. J. (2014). The psychometric assessment of human life history strategy: A meta-analytic construct validation. *Evolutionary Behavioral Sciences, 8*, 148-185. doi:10.1037/h0099837

Flexon, J. L., Meldrum, R. C., Young, J. T., & Lehmann, P. S. (2016). Low self-control and the Dark Triad: Disentangling the predictive power of personality traits on young adult substance use, offending and victimization. *Journal of Criminal Justice, 46*, 159-169. doi:10.1016/j.jcrimjus.2016.05.006

Foran, H. M., & O'Leary, K. D. (2008). Alcohol and intimate partner violence: A meta-analytic review. *Clinical Psychology Review, 28*, 1222-1234. doi:10.1016/j.cpr.2008.05.001

Foshee, V. A., Karriker-Jaffe, K. J., Reyes, H. L. M., Ennett, S. T., Suchindran, C., Bauman, K. E., & Benefield, T. S. (2008). What accounts for demographic differences in trajectories of adolescent dating violence? An examination of intrapersonal and contextual mediators. *Journal of Adolescent Health, 42*, 596-604. doi:10.1016/j.jadohealth.2007.11.005

Fox, J., & Rooney, M. C. (2015). The Dark Triad and trait self-objectification as predictors of men's use and self-presentation behaviors on social networking sites. *Personality and Individual Differences, 76*, 161-165. doi:10.1016/j.paid.2014. 12.017

深澤 優子・西田 公昭・浦光 博 (2003). 親密な関係における暴力の分類と促進要因の検討 対人社会心理学研究, *3*, 85-91.

Furnham, A., Richards, S. C., & Paulhus, D. L. (2013). The Dark Triad of personality: A 10 year review. *Social and Personality Psychology Compass, 7*, 199-216. doi:10.1111/spc3.12018

Furnham, A., Richards, S., Rangel, L., & Jones, D. N. (2014). Measuring malevolence: Quantitative issues surrounding the Dark Triad of personality. *Personality and Individual Differences, 67*, 114-121. doi:10.1016/j.paid.2014.02.001

Garcia D., & Rosenberg P. (2016). The dark cube: dark and light character profiles. *PeerJ, 4*, e1675. doi:10.7717/peerj.1675

Giammarco, E. A., & Vernon, P. A. (2014). Vengeance and the Dark Triad: The role of empathy and perspective taking in trait forgivingness. *Personality and Individual Differences, 67*, 23-29. doi:10.1016/j.paid.2014.02.010

Giammarco, E. A., & Vernon, P. A. (2015). Interpersonal Guilt and the Dark Triad. *Personality and Individual Differences, 81*, 96-101. doi:10.1016/j.paid.2014.10. 046

Giordano, P. C., Soto, D. A., Manning, W. D., & Longmore, M. A. (2010). The characteristics of romantic relationships associated with teen dating violence. *Social Science Research, 39*, 863-874. doi:10.1016/j.ssresearch.2010.03.009

Gladden, P. R., Sisco, M., & Figueredo, A. J. (2008). Sexual coercion and life-history strategy. *Evolution and Human Behavior, 29*, 319-326. doi:10.1016/j.evolhumbehav.2008.03.003

Goldberg, L. R. (1990). An alternative "description of personality": the big-five factor structure. *Journal of Personality and Social Psychology, 59*, 1216-1229. doi: 10.1037/0022-3514.59.6.1216

Goncalves, M. K., & Campbell, L. (2014). The Dark Triad and the derogation of mating competitors. *Personality and Individual Differences, 67*, 42-46. doi:10. 1016/j.paid.2014.02.003

Graham-Kevan, N., & Archer, J. (2009). Control tactics and partner violence in heterosexual relationships. *Evolution and Human Behavior, 30*, 445-452. doi:10.

1016/j.evolhumbehav.2009.06.007

Gurtman, M. B. (2009). Exploring personality with the interpersonal circumplex. *Social and Personality Psychology Compass, 3*, 601-619. doi:10.1111/j.1751-9004.2009.00172.x

Halpern, C. T., Oslak, S. G., Young, M. L., Martin, S. L., & Kupper, L. L. 2001 Partner violence among adolescents in opposite-sex romantic relationships: Findings from the National Longitudinal Study of Adolescent Health. *American Journal of Public Health, 91*, 1679-1685. doi:10.2105/AJPH.91.10.1679

Hare, R. D. (2003). *The psychopathy checklist - Revised manual* (2nd ed.). Toronto: Multi-Health Systems.

Hart, S. D., & Hare, R. D. (1989). Discriminant validity of the Psychopathy Checklist in a forensic psychiatric population. *Psychological Assessment: A Journal of Consulting and Clinical Psychology, 1*, 211-218. doi:10.1037/1040-3590.1.3.211

長谷川 眞理子 (2001). 進化心理学の展望 科学哲学, *34*, 11-23. doi:10.4216/jpssj.34.2_11

長谷川 寿一・長谷川 眞理子 (2000). 進化と人間行動 東京大学出版会

橋本 泰央・小塩 真司 (2016). 対人円環モデルに基づいた IPIP-IPC-J の作成 心理学研究, *87*, 395-404. doi:10.4992/jjpsy.87.15215

Haslam, N., Holland, E., & Kuppens, P. (2012). Categories versus dimensions in personality and psychopathology: a quantitative review of taxometric research. *Psychological Medicine, 42*, 903-920. doi:10.1017/S0033291711001966

Hendin, H. M., & Cheek, J. M. (1997). Assessing hypersensitive narcissism: A reexamination of Murray's Narcism Scale. *Journal of Research in Personality, 31*, 588-599. doi:10.1006/jrpe.1997.2204

平石 界 (2011). 第4章 認知の個人差の進化心理学的意味 箱田裕司 (編) 現代の認知心理学7 認知の個人差 (pp. 76-102) 北大路書房

平石 界 (2000). 進化心理学──理論と実証研究の紹介── 認知科学, *7*, 341-356. doi:10.11225/jcss.7.341

Holtzman, N. S., & Strube, M. J. (2013). People with dark personalities tend to create a physically attractive veneer. *Social Psychological and Personality Science, 4*, 461-467. doi:10.1177/1948550612461284

Holtzworth-Munroe, A., Meehan, J. C., Herron, K., Rehman, U. & Stuart, G. L.

(2000). Testing the Holtzworth-Munroe and Stuart (1994) batterer typology. *Journal of Consulting and Clinical Psychology, 68*, 1000-1019. doi:10.1037/0022-006X.68.6.1000

Holtzworth-Munroe, A., & Stuart, G. L. (1994). Typologies of male batterers: Three subtypes and the differences among them. *Psychological Bulletin, 116*, 476-497. doi:10.1037/0033-2909.116.3.476

Hunt, E., Bornovalova, M. A., & Patrick, C. J. (2015). Genetic and environmental overlap between borderline personality disorder traits and psychopathy: evidence for promotive effects of factor 2 and protective effects of factor 1. *Psychological Medicine, 45*, 1471-1481. doi:10.1017/S0033291714002608

市川 玲子・望月 聡 (2013). 境界性・依存性・回避性パーソナリティ間のオーバーラップとそれぞれの独自性 パーソナリティ研究, *22*, 131-145. doi:10.2132/personality.22.131

井合 真海子・矢澤 美香子・根建 金男 (2010). 見捨てられスキーマが境界性パーソナリティ周辺群の徴候に及ぼす影響 パーソナリティ研究, *19*, 81-93. doi:10.2132/personality.19.81

石井 朝子・飛鳥井 望・木村 弓子・永末 貴子・黒崎 美智子・岸本 淳司 (2003). ドメスティックバイオレンス (DV) 簡易スクリーニング尺度 (DVSI) の作成および信頼性・妥当性の検討 精神医学, *45*, 817-823.

Jakobwitz, S., & Egan, V. (2006). The dark triad and normal personality traits. *Personality and Individual Differences, 40*, 331-339. doi:10.1016/j.paid.2005.07.006

James, S., Kavanagh, P. S., Jonason, P. K., Chonody, J. M., & Scrutton, H. E. (2014). The Dark Triad, schadenfreude, and sensational interests: Dark personalities, dark emotions, and dark behaviors. *Personality and Individual Differences, 68*, 211-216. doi:10.1016/j.paid.2014.04.020

Jang, K. L., Livesley, W. J., & Vemon, P. A. (1996). Heritability of the big five personality dimensions and their facets: A twin study. *Journal of Personality, 64*, 577-592. doi:10.1111/j.1467-6494.1996.tb00522.x

Jauk, E., Neubauer, A. C., Mairunteregger, T., Pemp, S., Sieber, K. P., & Rauthmann, J. F. (2016). How Alluring Are Dark Personalities? The Dark Triad and Attractiveness in Speed Dating. *European Journal of Personality, 30*, 125-138. doi:10.1002/per.2040

John, O. P., Naumann, L. P., & Soto, C. J. (2008). Paradigm shift to the integrative big five trait taxonomy: History, measurement, and conceptual issues. In O. P. John, R. W. Robins, & L. A. Pervin (Eds.), *Handbook of personality: Theory and research* (pp. 114-158). New York: Guilford Press.

Jonason, P. K., Baughman, H. M., Carter, G. L., & Parker, P. (2015). Dorian Gray without his portrait: Psychological, social, and physical health costs associated with the Dark Triad. *Personality and Individual Differences, 78*, 5-13. doi:10.1016/j.paid.2015.01.008

Jonason, P. K., & Buss, D. M. (2012). Avoiding entangling commitments: Tactics for implementing a short-term mating strategy. *Personality and Individual Differences, 52*, 606-610. doi:10.1016/j.paid.2011.12.015

Jonason, P. K., Duineveld, J. J., & Middleton, J. P. (2015). Pathology, pseudopathology, and the Dark Triad of personality. *Personality and Individual Differences, 78*, 43-47. doi:10.1016/j.paid.2015.01.028

Jonason, P. K., Foster, J. D., McCain, J., & Campbell, W. K. (2015). Where birds flock to get together: The who, what, where, and why of mate searching. *Personality and Individual Differences, 80*, 76-84. doi:10.1016/j.paid.2015.02.018

Jonason, P. K., Kaufman, S. B., Webster, G. D., & Geher, G. (2013). What Lies Beneath the Dark Triad Dirty Dozen: Varied Relations with the Big Five. *Individual Differences Research, 11*, 81-90.

Jonason, P. K., & Kavanagh, P. (2010). The dark side of love: Love styles and the Dark Triad. *Personality and Individual Differences, 49*, 606-610. doi:10.1016/j.paid.2010.05.030

Jonason, P. K., Kavanagh, P. S., Webster, G. D., & Fitzgerald, D. (2011). Comparing the measured and latent dark triad: Are three measures better than one. *Journal of Methods and Measurement in the Social Sciences, 2*, 28-44.

Jonason, P. K., Koenig, B. L., & Tost, J. (2010). Living a fast life: The dark triad and life history theory. *Human Nature, 21*, 428-442. doi:10.1007/s12110-010-9102-4

Jonason, P. K., & Krause, L. (2013). The emotional deficits associated with the Dark Triad traits: Cognitive empathy, affective empathy, and alexithymia. *Personality and Individual Differences, 55*, 532-537. doi:10.1016/j.paid.2013.04.027

Jonason, P. K., Li, N. P., Buss, D. M. (2010). The costs and benefits of the dark triad: Implications for mate poaching and mate retention tactics. *Personality and In-*

dividual Differences, 48, 373-378. doi:10.1016/j.paid.2009.11.003

Jonason, P. K., Li, N. P., & Czarna, A. Z. (2013). Quick and dirty: Some psychosocial costs associated with the Dark Triad in three countries. *Evolutionary Psychology, 11,* 172-185. doi:10.1177/147470491301100116

Jonason, P. K., Li, N. P., & Teicher, E. A. (2010). Who is James Bond?: The Dark Triad as an agentic social style. *Individual Differences Research, 8,* 111-120.

Jonason, P. K., Li, N. P., Webster, G. D., & Schmitt, D. P. (2009). The dark triad: Facilitating a short-term mating strategy in men. *European Journal of Personality, 23,* 5-18. doi:10.1002/per.698

Jonason, P. K., Luevano, V. X., & Adams, H. M. (2012). How the Dark Triad traits predict relationship choices. *Personality and Individual Differences, 53,* 180-184. doi:10.1016/j.paid.2012.03.007

Jonason, P. K., Lyons, M., Baughman, H. M., & Vernon, P. A. (2014). What a tangled web we weave: The Dark Triad traits and deception. *Personality and Individual Differences, 70,* 117-119. doi:10.1016/j.paid.2014.06.038

Jonason, P. K., Lyons, M., & Bethell, E. (2014). The making of Darth Vader: Parent-child care and the Dark Triad. *Personality and Individual Differences, 67,* 30-34. doi:10.1016/j.paid.2013.10.006

Jonason, P. K., Lyons, M., Bethell, E. J., & Ross, R. (2013). Different routes to limited empathy in the sexes: Examining the links between the Dark Triad and empathy. *Personality and Individual Differences, 54,* 572-576. doi:10.1016/j.paid. 2012.11.009

Jonason, P. K., Lyons, M., & Blanchard, A. (2015). Birds of a "bad" feather flock together: The Dark Triad and mate choice. *Personality and Individual Differences, 78,* 34-38. doi:10.1016/j.paid.2015.01.018

Jonason, P. K., Slomski, S., & Partyka, J. (2012). The Dark Triad at work: How toxic employees get their way. *Personality and Individual Differences, 52,* 449-453. doi:10.1016/j.paid.2011.11.008

Jonason, P. K., Strosser, G. L., Kroll, C. H., Duineveld, J. J., & Baruffi, S. A. (2015). Valuing myself over others: The Dark Triad traits and moral and social values. *Personality and Individual Differences, 81,* 102-106. doi:10.1016/j.paid.2014. 10.045

Jonason, P. K., & Tost, J. (2010). I just cannot control myself: The Dark Triad and

self-control. *Personality and Individual Differences, 49,* 611-615. doi:10.1016/
j.paid.2010.05.031

Jonason, P. K., Valentine, K. A., Li, N. P., & Harbeson, C. L. (2011). Mate-selection
and the Dark Triad: Facilitating a short-term mating strategy and creating a
volatile environment. *Personality and Individual Differences, 51,* 759-763. doi:
10.1016/j.paid.2011.06.025

Jonason, P. K., & Webster, G. D. (2010). The dirty dozen: A concise measure of the
dark triad. *Psychological Assessment, 22,* 420-432. doi:10.1037/a0019265

Jonason, P. K., & Webster, G. D. (2012). A protean approach to social influence:
Dark Triad personalities and social influence tactics. *Personality and Individu-
al Differences, 52,* 521-526. doi:10.1016/j.paid.2011.11.023

Jonason, P. K., Webster, G. D., Schmitt, D. P., Li, N. P., & Crysel, L. (2012). The anti-
hero in popular culture: Life history theory and the dark triad personality
traits. *Review of General Psychology, 16,* 192-199. doi:10.1037/a0027914

Jonason, P. K., Wee, S., & Li, N. P. (2015). Competition, autonomy, and prestige:
Mechanisms through which the Dark Triad predict job satisfaction. *Personali-
ty and Individual Differences, 72,* 112-116. doi:10.1016/j.paid.2014.08.026

Jonason, P. K., Wee, S., Li, N. P., & Jackson, C. (2014). Occupational niches and the
Dark Triad traits. *Personality and Individual Differences, 69,* 119-123. doi:10.
1016/j.paid.2014.05.024

Jones, D. N. (2013). What's mine is mine and what's yours is mine: The Dark Triad
and gambling with your neighbor's money. *Journal of Research in Personality,
47,* 563-571. doi:10.1016/j.jrp.2013.04.005

Jones, D. N., & Figueredo, A. J. (2013). The core of darkness: Uncovering the heart
of the Dark Triad. *European Journal of Personality, 27,* 521-531. doi:10.1002/
per.1893

Jones, D. N., & Neria, A. L. (2015). The Dark Triad and dispositional aggression.
Personality and Individual Differences, 86, 360-364. doi:10.1016/j.paid.2015.
06.021

Jones, D. N., & Paulhus, D. L. (2009). Machiavellianism. In M. R. Leary & R. H.
Hoyle (Eds.), *Handbook of Individual Differences in Social Behavior* (pp.93-
108). New York: Guilford.

Jones, D. N., & Paulhus, D. L. (2010). Different provocations trigger aggression in narcissists and psychopaths. *Social Psychological and Personality Science, 1,* 12-18. doi:10.1177/1948550609347591

Jones, D. N., & Paulhus, D. L. (2011). The role of impulsivity in the Dark Triad of personality. *Personality and Individual Differences, 51,* 679-682. doi:10.1016/j.paid.2011.04.011

Jones, D. N., & Paulhus, D. L. (2014). Introducing the Short Dark Triad (SD3): A brief measure of dark personality traits. *Assessment, 21,* 28-41. doi:10.1177/1073191113514105

Jones, D. N., & Weiser, D. A. (2014). Differential infidelity patterns among the Dark Triad. *Personality and Individual Differences, 57,* 20-24. doi:10.1016/j.paid.2013.09.007

Judge, T. A., & Ilies, R. (2002). Relationship of personality to performance motivation: A meta-analytic review. *Journal of Applied Psychology, 87,* 797-807. doi:10.1037/0021-9010.87.4.797

Kaighobadi, F. Starratt, V. G., Shackelford, T. K., & Popp, D. (2008). Male mate retention mediates the relationship between female sexual infidelity and female-directed violence. *Personality and Individual Differences, 44,* 1422-1431. doi:10.1016/j.paid.2007.12.010

Kaighobadi, F., Shackelford, T. K., & Goetz, A. T. (2009). From mate retention to murder: Evolutionary psychological perspectives on men's partner-directed violence. *Review of General Psychology, 13,* 327-334. doi:10.1037/a0017254

Kajonius, P. J., Persson, B. N., & Jonason, P. K. (2015). Hedonism, achievement, and power: Universal values that characterize the Dark Triad. *Personality and Individual Differences, 77,* 173-178. doi:10.1016/j.paid.2014.12.055

狩野 賢司・古賀 庸憲 (2012). 性・性淘汰 (I) 日本生態学会 (編) 行動生態学 (pp. 120-150) 共立出版

Kaplan, H. S., & Gangestad, S. W. (2005). Life History Theory and Evolutionary Psychology. In D. M. Buss, D. M. Buss (Eds.), *The handbook of evolutionary psychology* (pp. 68-95). Hoboken, NJ, US: John Wiley & Sons Inc.

Kardum, I., Hudek-Knezevic, J., Schmitt, D. P., & Grundler, P. (2015). Personality and mate poaching experiences. *Personality and Individual Differences, 75,* 7-12. doi:10.1016/j.paid.2014.10.048

Kavanagh, P. S., Signal, T. D., & Taylor, N. (2013). The Dark Triad and animal cruelty: Dark personalities, dark attitudes, and dark behaviors. *Personality and Individual Differences, 55*, 666-670. doi:10.1016/j.paid.2013.05.019

Kawamoto, T. (2015). The translation and validation of the Mini-K scale in Japanese. *Japanese Psychological Research, 57*, 254-267. doi:10.1111/jpr.12083

Kawamoto, T., & Endo, T. (2015). Personality change in adolescence: Results from a Japanese sample. *Journal of Research in Personality, 57*, 32-42. doi:10.1016/j.jrp.2015.03.002

警察庁（編）（2014）．警察白書 平成26年版　ぎょうせい

Kerig, P. K., & Stellwagen, K. K. (2010). Roles of callous-unemotional traits, narcissism, and Machiavellianism in childhood aggression. *Journal of Psychopathology and Behavioral Assessment, 32*, 343-352. doi:10.1007/s10862-009-9168-7

*Kiire, S. (2017). Psychopathy rather than Machiavellianism or narcissism facilitates intimate partner violence via fast life strategy. *Personality and Individual Differences, 104*, 401-406. doi:10.1016/j.paid.2016.08.043

*喜入 暁（2016）．Dark Triad と 5 因子性格モデルとの関連 法政大学大学院紀要，*76*, 49-54.

*喜入 暁（2017）．第 8 章 ドメスティック・バイオレンス 越智啓太・桐生正幸（編）テキスト 司法・犯罪心理学（pp. 133-159）北大路書房

*喜入 暁（2017）．パートナーに対する暴力の進化的基盤 法政大学大学院紀要，*79*, 95-105.

*喜入 暁・越智 啓太（2015）．包括的なデートバイオレンス・ハラスメント尺度の開発 日本社会心理学会第56回大会発表論文集，186.

*喜入 暁・越智 啓太（2016a）．親密なパートナーへの暴力（IPV）尺度の作成と妥当性の検証（1）——デモグラフィックデータとリスキー行動（飲酒・喫煙）に焦点を当てた分析—— 日本社会心理学会第57回大会発表論文集，356.

*喜入 暁・越智 啓太（2016b）．親密なパートナーへの暴力（IPV）尺度の作成と妥当性の検証（2）——パーソナリティ（ASPD, BPD, Dark Triad）に焦点を当てた分析—— 日本パーソナリティ心理学会第25回大会発表論文集，110.

切池 信夫・松永 寿人（1995）．摂食障害と関連する人格 季刊精神科診断学，*6*, 447-472.

小泉 奈央・吉武 久美子（2008）．青年期男女におけるデート DV に関する認識についての調査 純心現代福祉研究，*12*, 61-75.

Lee, J. A. (1973). *Colours of love: An exploration of the ways of loving.* New York:

New Press.

Lee, J. A. (1977). A typology of styles of loving. *Personality and Social Psychology Bulletin, 3*, 173-182. doi:10.1177/014616727700300204

Lee, K., & Ashton, M. C. (2005). Psychopathy, Machiavellianism, and narcissism in the Five-Factor Model and the HEXACO model of personality structure. *Personality and Individual Differences, 38*, 1571-1582. doi:10.1016/j.paid.2004.09.016

Lee, K., Ashton, M. C., Wiltshire, J., Bourdage, J. S., Visser, B. A., & Gallucci, A. (2013). Sex, power, and money: Prediction from the Dark Triad and Honesty-Humility. *European Journal of Personality, 27*, 169-184. doi:10.1002/per.1860

Leen, E., Sorbring, E., Mawer, M., Holdsworth, E., Helsing, B., & Bowen, E. (2013). Prevalence, dynamic risk factors and the efficacy of primary interventions for adolescent dating violence: An international review. *Aggression and Violent Behavior, 18*, 159-174. doi:10.1016/j.avb.2012.11.015

Levenson, M. R., Kiehl, K. A., & Fitzpatrick, C. M. (1995). Assessing psychopathic attributes in noninstitutionalized population. *Journal of Personality and Social Psychology, 68*, 151-158. doi:10.1037/0022-3514.68.1.151

Lilienfeld, S. O., & Andrews, B. P. (1996). Development and preliminary validation of a self-report measure of psychopathic personality traits in noncriminal population. *Journal of Personality Assessment, 66*, 488-524. doi:10.1207/s15327752jpa6603_3

Lilienfeld, S. O., Watts, A. L., & Smith, S. F. (2015). Successful psychopathy: A scientific status report. *Current Directions in Psychological Science, 24*, 298-303. doi:10.1177/0963721415580297

Lilienfeld, S. O., & Widows, M. (2005). Professional manual for the psychopathic personality inventory-revised (PPI-R). *Lutz, FL: Psychological Assessment Resources.*

Lyons, M., & Rice, H. (2014). Thieves of time? Procrastination and the Dark Triad of personality. *Personality and Individual Differences, 61*, 34-37. doi:10.1016/j.paid.2014.01.002

Malesza, M., & Ostaszewski, P. (2016a). Dark side of impulsivity: Associations between the Dark Triad, self-report and behavioral measures of impulsivity. *Personality and Individual Differences, 88*, 197-201. doi:10.1016/j.paid.2015.09.

016

Malesza, M., & Ostaszewski, P. (2016b). The utility of the Dark Triad model in the prediction of the self-reported and behavioral risk-taking behaviors among adolescents. *Personality and Individual Differences, 90*, 7-11. doi:10.1016/j.paid. 2015.10.026

Maples, J. L., Lamkin, J., & Miller, J. D. (2014). A test of two brief measures of the dark triad: The dirty dozen and short dark triad. *Psychological Assessment, 26*, 326-331. doi:10.1037/a0035084

Marcinkowska, U. M., Helle, S., & Lyons, M. T. (2015). Dark traits: Sometimes hot, and sometimes not? Female preferences for Dark Triad faces depend on socio-sexuality and contraceptive use. *Personality and Individual Differences, 86*, 369-373. doi:10.1016/j.paid.2015.06.030

Martin, R. A., Lastuk, J. M., Jeffery, J., Vernon, P. A., & Veselka, L. (2012). Relationships between the Dark Triad and humor styles: A replication and extension. *Personality and Individual Differences, 52*, 178-182. doi:10.1016/j.paid.2011. 10.010

桝田 多美 (2011). DV と虐待の被害者/加害者 越智 啓太・藤田 政博・渡邉 和美 (編) 法と心理学の事典——犯罪・裁判・矯正—— 朝倉書店 pp. 598-599.

Mauricio, A. M., & Lopez, F. G. (2009). A latent classification of male batterers. *Violence and Victims, 24*, 419-438. doi:10.1891/0886-6708.24.4.419

Mauricio, A. M., Tein, J-Y., & Lopez, F. G. (2007). Borderline and antisocial personality scores as mediators between attachment and intimate partner violence. *Violence and Victims, 22*, 139-157. doi:10.1891/088667007780477339

McCain, J. L., Borg, Z. G., Rothenberg, A. H., Churillo, K. M., Weiler, P., & Campbell, W. K. (2016). Personality and selfies: Narcissism and the Dark Triad. *Computers in Human Behavior, 64*, 126-133. doi:10.1016/j.chb.2016.06.050

McCrae, R. R., & Costa, P. T. (1987). Validation of the five-factor model of personality across instruments and observers. *Journal of Personality and Social Psychology, 52*, 81-90. doi:10.1037/0022-3514.52.1.81

McCrae, R. R., Costa Jr, P. T., Ostendorf, F., Angleitner, A., Hřebíčková, M., Avia, M. D., ... & Saunders, P. R. (2000). Nature over nurture: temperament, personality, and life span development. *Journal of Personality and Social Psychology, 78*, 173-186. doi:10.1037/0022-3514.78.1.173

McCrae, R. R., & John, O. P. (1992). An introduction to the five-factor model and its applications. *Journal of Personality, 60*, 175-215. doi:10.1111/j.1467-6494.1992. tb00970.x

McDonald, M. M., Donnellan, M. B., & Navarrete, C. D. (2012). A life history approach to understanding the Dark Triad. *Personality and Individual Differences, 52*, 601-605. doi:10.1016/j.paid.2011.12.003

McDonell, J., Ott, J., & Mitchell, M. (2010). Predicting dating violence victimization and perpetration among middle and high school students in a rural southern community. *Children and Youth Services Review, 32*, 1458-1463. doi:10.1016/j.childyouth.2010.07.001

McHoskey, J. W., Worzel, W., & Szyarto, C. (1998). Machiavellianism and psychopathy. *Journal of Personality and Social Psychology, 74*, 192-210. doi:10.1037/0022-3514.74.1.192

Melton, H. C. (2007). Predicting the occurrence of stalking in relationships characterized by domestic violence. *Journal of Interpersonal Violence, 22*, 3-25. doi:10.1177/0886260506294994

Miller, J. D., Dir, A., Gentile, B., Wilson, L., Pryor, L. R., & Campbell, W. K. (2010). Searching for a vulnerable dark triad: Comparing factor 2 psychopathy, vulnerable narcissism, and borderline personality disorder. *Journal of Personality, 78*, 1529-1564. doi:10.1111/j.1467-6494.2010.00660.x

Miller, J. D., Gaughan, E. T., Pryor, L. R., Kamen, C., & Campbell, W. K. (2009). Is research using the narcissistic personality inventory relevant for understanding narcissistic personality disorder? *Journal of Research in Personality, 43*, 482-488. doi:10.1016/j.jrp.2009.02.001

Miller, J. D., Hoffman, B. J., Gaughan, E. T., Gentile, B., Maples, J., & Keith Campbell, W. (2011). Grandiose and vulnerable narcissism: A nomological network analysis. *Journal of Personality, 79*, 1013-1042. doi:10.1111/j.1467-6494.2010.00711.x

Miller, J. D., Hyatt, C. S., Maples-Keller, J. L., Carter, N. T., & Lynam, D. R. (2017). Psychopathy and Machiavellianism: A distinction without a difference? *Journal of Personality, 85*, 439-453. doi:10.1111/jopy.12251

Miller, S., Gorman-Smith, D., Sullivan, T., Orpinas, P., & Simon, T. R. (2009). Parent and peer predictors of physical dating violence perpetration in early adolescence: Tests of moderation and gender differences. *Journal of Clinical Child and Adolescent Psychology, 38*, 538-550. doi:10.1080/15374410902976270

箕浦 有希久・成田 健一 (2013). 2項目自尊感情尺度の開発および信頼性・妥当性の検討 感情心理学研究, *21*, 37-45. doi:10.4092/jsre.21.37

水本 篤・竹内 理 (2011). 効果量と検定力分析入門——統計的検定を正しく使うために—— より良い外国語教育のための方法—外国語教育メディア学会 (LET) 関西支部メソドロジー研究部会2010年度報告論集—, *48*, 47-73.

Molidor, C., & Tolman, R. M. (1998). Gender and contextual factors in adolescent dating violence. *Violence Against Women, 4*, 180-194. doi:10.1177/1077801298004002004

Muris, P., Meesters, C., & Timmermans, A. (2013). Some youths have a gloomy side: Correlates of the dark triad personality traits in non-clinical adolescents. *Child Psychiatry and Human Development, 44*, 658-665. doi:10.1007/s10578-013-0359-9

Muris, P., Merckelbach, H., Otgaar, H., & Meijer, E. (2017). The malevolent side of human nature: A meta-analysis and critical review of the literature on the Dark Triad (Narcissism, Machiavellianism, and Psychopathy). *Perspectives on Psychological Science, 12*, 183-204. doi:10.1177/1745691616666070

Nagler, U. K., Reiter, K. J., Furtner, M. R., & Rauthmann, J. F. (2014). Is there a "dark intelligence"? Emotional intelligence is used by dark personalities to emotionally manipulate others. *Personality and Individual Differences, 65*, 47-52. doi:10.1016/j.paid.2014.01.025

中村 敏健・平石 界・小田 亮・齋藤 慈子・坂口 菊恵・五百部 裕・……・長谷川 寿一 (2012). マキャベリアニズム尺度日本語版の作成とその信頼性・妥当性の検討 パーソナリティ研究, *20*, 233-235. doi:10.2132/personality.20.233

Nicodemus, P., Porter, J. A., & Davenport, P. A. (2011). Predictors of perpetrating physical date violence among adolescents. *North American Journal of Psychology, 13*, 123-132.

Nicolaidis, C., Curry, M. A., Ulrich, Y., Sharps, P., McFarlane, J., Campbell, D., ... & Campbell, J. (2003). Could we have known? A qualitative analysis of data from women who survived an attempted homicide by an intimate partner. *Journal of General Internal Medicine, 18*, 788-794. doi:10.1046/j.1525-1497.2003.21202.x

野口 康彦（2009）．大学生カップル間におけるデート DV と共依存に関する一検討 山梨英和大学紀要, *8*, 105-113.

Oberleitner, L. M. S., Mandel, D. L., & Easton, C. J. (2013). Treatment of co-occurring alcohol dependence and perpetration of intimate partner violence: The role of anger expression. *Journal of Substance Abuse Treatment, 45*, 313-318. doi:10.1016/j.jsat.2013.03.001

O'Boyle, E. H., Forsyth, D. R., Banks, G. C., Story, P. A., & White, C. D. (2015). A meta-analytic test of redundancy and relative importance of the dark triad and five-factor model of personality. *Journal of Personality, 83*, 644-664. doi:10. 1111/jopy.12126

O'Boyle Jr, E. H., Forsyth, D. R., Banks, G. C., & McDaniel, M. A. (2012). A meta-analysis of the dark triad and work behavior: A social exchange perspective. *Journal of Applied Psychology, 97*, 557-579. doi:10.1037/a0025679

越智 啓太（2013）．ケースで学ぶ犯罪心理学 北大路書房

越智 啓太・藤田 政博・渡邉 和美（編）（2011）．法と心理学の事典 朝倉書店

越智 啓太・甲斐 恵利奈・喜入 暁・長沼 里美（2016）．改訂版デートバイオレンス・ハラスメント尺度の作成と分析（3）――恋愛行動パターンと DV との関連―― 法政大学文学部紀要, *73*, 109-126.

越智 啓太・喜入 暁・甲斐 恵利奈・長沼 里美（2015）．女性蔑視的態度とデートハラスメントの関連 法政大学文学部紀要, *70*, 101-110.

越智 啓太・喜入 暁・甲斐 恵利奈・佐山 七生・長沼 里美（2015）．改訂版デートバイオレンス・ハラスメント尺度の作成と分析（1）――被害に焦点を当てた分析―― 法政大学文学部紀要, *71*, 135-147.

越智 啓太・喜入 暁・佐山 七生・甲斐 恵利奈・長沼 里美（2016）．改訂版デートバイオレンス・ハラスメント尺度の作成と分析（2）――加害に焦点を当てた分析―― 法政大学文学部紀要, *72*, 161-171.

越智 啓太・長沼 里美・甲斐 恵利奈（2014）．大学生に対するデートバイオレンス・ハラスメント尺度の作成 法政大学文学部紀要, *69*, 63-74.

Ohnishi, M., Nakao, R., Shibayama, S., Matsuyama, Y., Oishi, K., & Miyahara, H. (2011). Knowledge, experience, and potential risks of dating violence among Japanese university students: A cross-sectional study. *BMC Public Health, 11*, 339-346. doi:10.1186/1471-2458-11-339

Olderbak, S., & Figueredo, A. J. (2009). Predicting romantic relationship satisfaction from life history strategy. *Personality and Individual Differences, 46,* 604-610. doi:10.1016/j.paid.2008.12.019

Olderbak, S. G., & Figueredo, A. J. (2010). Life history strategy as a longitudinal predictor of relationship satisfaction and dissolution. *Personality and Individual Differences, 49,* 234-239. doi:10.1016/j.paid.2010.03.041

Olderbak, S., & Figueredo, A. J. (2012). Shared life history strategy as a strong predictor of romantic relationship satisfaction. *Journal of Social, Evolutionary, and Cultural Psychology, 6,* 111-131. doi:10.1037/h0099221

Olderbak, S., Gladden, P., Wolf, P. S. A., & Figueredo, A. J. (2014). Comparison of life history strategy measures. *Personality and Individual Differences, 58,* 82-88. doi:10.1016/j.paid.2013.10.012

O'Leary, K. D., & Slep, A. M. S. (2003). A dyadic longitudinal model of adolescent dating aggression. *Journal of Clinical Child and Adolescent Psychology, 32,* 314-327. doi:10.1207/S15374424JCCP3203_01

O'Leary, K. D., Slep, A. S., & O'Leary, S. G. (2007). Multivariate models of men's and women's partner aggression. *Journal of Consulting and Clinical Psychology, 75,* 752-764. doi:10.1037/0022-006X.75.5.752

小塩 真司 (1998). 青年の自己愛傾向と自尊感情——友人関係のあり方との関連—— 教育心理学研究, *46,* 280-290. doi:10.5926/jjep1953.46.3_280

小塩 真司・阿部 晋吾・カトローニ ピノ (2012). 日本語版 Ten Item Personality Inventory (TIPI-J) 作成の試み パーソナリティ研究, *21,* 40-52. doi:10.2132/personality.21.40

小塩 真司・岡田 涼・茂垣 まどか・並川 努・脇田 貴文 (2014). 自尊感情平均値に及ぼす年齢と調査年の影響 教育心理学研究, *62,* 273-282. doi:10.5926/jjep.62.273

大隅 尚広・金山 範明・杉浦 義典・大平 英樹 (2007). 日本語版一次性・二次性サイコパシー尺度の信頼性と妥当性の検討 パーソナリティ研究, *16,* 117-120. doi:10.2132/personality.16.117

大隅 尚広・大平 英樹 (2010). 心の闇の側面——サイコパシーにおける感情の機能低下—— 感情心理学研究, *18,* 2-14. doi:10.4092/jsre.18.2

Pailing, A., Boon, J., & Egan, V. (2014). Personality, the Dark Triad and violence. *Personality and Individual Differences, 67,* 81-86. doi:10.1016/j.paid.2013.11.018

Patrick, C. J. (2010). Operationalizing the triarchic conceptualization of psychopathy: Preliminary description of brief scales for assessment of boldness, meanness, and disinhibition. Unpublished test manual, Florida State University, Tallahassee, FL. Test is available on-line at: https://www.phenxtoolkit.org/index. php, 1110-1131.

Paulhus, D. L. (2014). Toward a taxonomy of dark personalities. *Current Directions in Psychological Science, 23*, 421-426. doi:10.1177/0963721414547737

Paulhus, D. L., Neumann, C. S., & Hare, R. D. (2009). *Manual for the self-report psychopathy scale.* Toronto: Multi-health systems.

Paulhus, D. L. & Williams, K. M. (2002). The Dark Triad of personality: Narcissism, Machiavellianism, and psychopathy. *Journal of Research in Personality, 36*, 556-563. doi:10.1016/S0092-6566(02)00505-6

Pianka, E. R. (1970). On r-and K-selection. *The American Naturalist, 104*, 592-597. doi:10.1086/282697

Porter, S., Bhanwer, A., Woodworth, M., & Black, P. J. (2014). Soldiers of misfortune: An examination of the Dark Triad and the experience of schadenfreude. *Personality and Individual Differences, 67*, 64-68. doi:10.1016/j.paid.2013.11. 014

Puente, S., & Cohen, D. (2003). Jealousy and the meaning (or nonmeaning) of violence. *Personality and Social Psychology Bulletin, 29*, 449-460. doi:10.1177/ 0146167202250912

Raskin, R. N., & Hall, C. S. (1979). A narcissistic personality inventory. *Psychological Reports, 45*, 590-590. doi:10.2466/pr0.1979.45.2.590

Raskin, R., & Terry, H. (1988). A principal-components analysis of the Narcissistic Personality Inventory and further evidence of its construct validity. *Journal of Personality and Social Psychology, 54*, 890-902. doi:10.1037/0022-3514.54.5. 890

Rasmussen, K. R., & Boon, S. D. (2014). Romantic revenge and the dark triad: A model of impellance and inhibition. *Personality and Individual Differences, 56*, 51-56. doi:10.1016/j.paid.2013.08.018

Rauthmann, J. F. (2012). The Dark Triad and interpersonal perception: Similarities and differences in the social consequences of narcissism, Machiavellianism, and psychopathy. *Social Psychological and Personality Science, 3*, 487-496. doi:10.

1177/1948550611427608

Rauthmann, J. F., Kappes, M., & Lanzinger, J. (2014). Shrouded in the veil of darkness: Machiavellians but not narcissists and psychopaths profit from darker weather in courtship. *Personality and Individual Differences, 67,* 57-63. doi:10.1016/j.paid.2014.01.020

Rauthmann, J. F., & Kolar, G. P. (2013a). Positioning the Dark Triad in the interpersonal circumplex: The friendly-dominant narcissist, hostile-submissive Machiavellian, and hostile-dominant psychopath? *Personality and Individual Differences, 54,* 622-627. doi:10.1016/j.paid.2012.11.021

Rauthmann, J. F., & Kolar, G. P. (2013b). The perceived attractiveness and traits of the Dark Triad: Narcissists are perceived as hot, Machiavellians and psychopaths not. *Personality and Individual Differences, 54,* 582-586. doi:10.1016/j.paid.2012.11.005

Richardson, G. B., Chen, C. C., Dai, C. L., Brubaker, M. D., & Nedelec, J. L. (2017). The psychometrics of the Mini-K: Evidence from two college samples. *Evolutionary Psychology, 15,* 1-12. doi:10.1177/1474704916682034

Roeser, K., McGregor, V. E., Stegmaier, S., Mathew, J., Kübler, A., & Meule, A. (2016). The Dark Triad of personality and unethical behavior at different times of day. *Personality and Individual Differences, 88,* 73-77. doi:10.1016/j.paid.2015.09.002

Rothman, E. F., Johnson, R. M., Azrael, D., Hall, D. M., & Weinberg, J. (2010). Perpetration of physical assault against dating partners, peers, and siblings among a locally representative sample of high school students in Boston, Massachusetts. *Archives of Pediatrics and Adolescent Medicine, 164,* 1118-1124. doi:10.1001/archpediatrics.2010.229

Rushton, J. P. (1985). Differential K theory: The sociobiology of individual and group differences. *Personality and Individual Differences, 6,* 441-452. doi:10.1016/0191-8869(85)90137-0

Ryan, K. M., Weikel, K., & Sprechini, G. (2008). Gender differences in narcissism and courtship violence in dating couples. *Sex Roles, 58,* 802-813. doi:10.1007/s11199-008-9403-9

Saltzman, L. E., Fanslow, J. L., McMahon, P. M., & Shelley, G. A. (2002). Intimate partner violence surveillance: Uniform definitions and recommended data elements: Version 1.0. Atlanta, GA: Centers for Disease Control and Prevention, National Center for Injury Prevention and Control.

澤田 匡人 (2008). シャーデンフロイデの喚起に及ぼす妬み感情と特性要因の影響 感情心理学研究, *16*, 36-48. doi:10.4092/jsre.16.36

Schafer, J., Caetano, R., & Cunradi, C. B. (2004). A path model of risk factors for intimate partner violence among couples in the United States. *Journal of Interpersonal Violence, 19*, 127-142. doi:10.1177/0886260503260244

Schimmenti, A., Jonason, P. K., Passanisi, A., La Marca, L., Di Dio, N., & Gervasi, A. M. (2017). Exploring the dark side of personality: Emotional awareness, empathy, and the Dark Triad traits in an Italian Sample. *Current Psychology.* doi:10.1007/s12144-017-9588-6

Shackelford, T. K., & Buss, D. M. (1997). Marital satisfaction in evolutionary psychological perspective. In R. J. Sternberg & M. Hojjat (Eds.), *Satisfaction in close relationships* (pp. 7-25). New York: Guilford Press.

Shackelford, T. K., Goetz, A. T., Buss, D. M., Euler, H. A., & Hoier, S. (2005). When we hurt the ones we love: Predicting violence against women from men's mate retention. *Personal Relationships, 12*, 447-463. doi:10.1111/j.1475-6811.2005. 00125.x

Sherman, R. A., Figueredo, A. J., & Funder, D. C. (2013). The behavioral correlates of overall and distinctive life history strategy. *Journal of Personality and Social Psychology, 105*, 873-888. doi:10.1037/a0033772

清水 裕士・大坊 郁夫 (2014). 潜在ランク理論による精神的健康調査票 (GHQ) の順序的評価 心理学研究, *85*, 464-473. doi:10.4992/jjpsy.85.13225

清水 健司・川邊 浩史・海塚 敏郎 (2008) 対人恐怖心性－自己愛傾向 2 次元モデルにおける性格特性と精神的健康の関連 パーソナリティ研究, *16*, 350-362. doi: 10.2132/personality.16.350

下司 忠大・小塩 真司 (2017). 日本語版 Short Dark Triad (SD3-J) の作成 パーソナリティ研究, *26*, 12-22. doi:10.2132/personality.26.1.2

Shojima, K. (2007). Neural test theory. *DNC Research Note*, 07-02.

Smith, C. V., Hadden, B. W., Webster, G. D., Jonason, P. K., Gesselman, A. N., & Crysel, L. C. (2014). Mutually attracted or repulsed? Actor-partner interdependence models of Dark Triad traits and relationship outcomes. *Personality and Individual Differences, 67*, 35-41. doi:10.1016/j.paid.2014.01.044

Smith, S. F., & Lilienfeld, S. O. (2015). The response modulation hypothesis of psychopathy: A meta-analytic and narrative analysis. *Psychological Bulletin, 141*, 1145-1177. doi:10.1037/bul0000024

Soto, C. J., John, O. P., Gosling, S. D., & Potter, J. (2011). Age differences in personality traits from 10 to 65: Big Five domains and facets in a large cross-sectional sample. *Journal of Personality and Social Psychology, 100*, 330-348. doi:10.1037/a0021717

Sotomayor-Peterson, M., De Baca, T. C., Figueredo, A. J., & Smith-Castro, V. (2013). Shared parenting, parental effort, and life history strategy: A cross-cultural comparison. *Journal of Cross-Cultural Psychology, 44*, 620-639. doi:10.1177/0022022112455456

Sprague, J., Javdani, S., Sadeh, N., Newman, J. P., & Verona, E. (2012). Borderline personality disorder as a female phenotypic expression of psychopathy? *Personality Disorders: Theory, Research, and Treatment, 3*, 127-139. doi:10.1037/a0024134

Stith, S. M., Smith, D. B., Penn, C. E., Ward, D. B., & Tritt, D. (2004). Intimate partner physical abuse perpetration and victimization risk factors: A meta-analytic review. *Aggression and Violent Behavior, 10*, 65-98. doi:10.1016/j.avb.2003.09.001

Straus, M. A. (1979). Measuring intrafamily conflict and violence: The Conflict Tactics (CT) Scales. *Journal of Marriage and Family, 41*, 75-88. doi:10.2307/351733

Straus, M. A. (2008). Dominance and symmetry in partner violence by male and female university students in 32 nations. *Children and Youth Services Review, 30*, 252-275. doi:10.1016/j.childyouth.2007.10.004

Straus, M. A., & Douglas, E. M. (2004). A short form of the revised Conflict Tactics Scales, and typologies for severity and mutuality. *Violence and Victims, 19*, 507-520. doi:10.1891/vivi.19.5.507.63686

Straus, M. A., Hamby, S. L., Boney-McCoy, S., & Sugarman, D. B. (1996). The revised Conflict Tactics Scales (CTS2): Development and preliminary psychometric data. *Journal of Family Issues, 17*, 283-316. doi:10.1177/019251396017003001

杉浦 義典 (2009). アナログ研究の方法 新曜社

杉浦 義典・佐藤 徳（2005）．日本語版 Primary and Secondary Psychopathy Scale の妥当性 日本心理学会第69回大会発表論文集，407.

杉山 宙・高橋 翠（2015）．生活史理論のヒト発達への拡張——個人差とその発達に対する新たな視点 東京大学大学院教育研究科紀要，*55*, 247-259.

Swogger, M. T., Walsh, Z., & Kosson, D. S. (2007). Domestic violence and psychopathic traits: Distinguishing the antisocial batterer from other antisocial offenders. *Aggressive Behavior, 33*, 1-8. doi:10.1002/ab.20185

田村 紋女・小塩 真司・田中 圭介・増井 啓太・ジョナソン ピーターカール（2015）．日本語版 Dark Triad Dirty Dozen（DTDD-J）作成の試み パーソナリティ研究，*24*, 26-37. doi:10.2132/personality.24.26

田中 嘉成（2004）．4章 生活史の適応進化 日本生態学会（編）生態学入門 東京化学同人

Temple, J. R., Shorey, R. C., Fite, P., Stuart, G. L., & Le, V. D. (2013). Substance use as a longitudinal predictor of the perpetration of teen dating violence. *Journal of Youth and Adolescence, 42*, 596-606. doi:10.1007/s10964-012-9877-1

寺島 瞳（2010）．操作が二者関係の維持に及ぼす影響の検討 Retrieved from https://kaken.nii.ac.jp/file/KAKENHI-PROJECT-20830011/315115.pdf（2017年3月16日取得）

Thiessen, D., & Gregg, B. (1980). Human assortative mating and genetic equilibrium: An evolutionary perspective. *Ethology and Sociobiology, 1*, 111-140. doi:10.1016/0162-3095(80)90003-5

Turnipseed, D. L., & Cohen, S. R. (2015). Academic entitlement and socially aversive personalities: Does the Dark Triad predict academic entitlement? *Personality and Individual Differences, 82*, 72-75. doi:10.1016/j.paid.2015.03.003

上野 淳子・松並 知子・青野 篤子・赤澤 淳子・井ノ崎 敦子（2011）．大学生の性に対する態度がデート DV に及ぼす影響 四天王寺大学紀要，*53*, 111-122.

Vagi, K. J., Rothman, E. F., Latzman, N. E., Tharp, A. T., Hall, D. M., & Breiding, M. J. (2013). Beyond correlates: A review of risk and protective factors for adolescent dating violence perpetration. *Journal of Youth and Adolescence, 42*, 633-649. doi:10.1007/s10964-013-9907-7

Verbeke, W. J., Rietdijk, W. J., van den Berg, W. E., Dietvorst, R. C., Worm, L., & Bagozzi, R. P. (2011). The making of the Machiavellian brain: A structural MRI analysis. *Journal of Neuroscience, Psychology, and Economics, 4*, 205-

216. doi:10.1037/a0025802

Vernon, P. A., Villani, V. C., Vickers, L. C., & Harris, J. A. (2008). A behavioral genetic investigation of the Dark Triad and the Big 5. *Personality and Individual Differences, 44*, 445-452. doi:10.1016/j.paid.2007.09.007

Veselka, L., Schermer, J. A., Martin, R. A., & Vernon, P. A. (2010). Relations between humor styles and the Dark Triad traits of personality. *Personality and Individual Differences, 48*, 772-774. doi:10.1016/j.paid.2010.01.017

Veselka, L., Schermer, J. A., & Vernon, P. A. (2011). Beyond the big five: The dark triad and the supernumerary personality inventory. *Twin Research and Human Genetics, 14*, 158-168. doi:10.1375/twin.14.2.158

Vize, C. E., Lynam, D. R., Collison, K. L., & Miller, J. D. (2016). Differences among dark triad components: A meta-analytic investigation. *Personality Disorders: Theory, Research, and Treatment.* doi:10.1037/per0000222

Wai, M., & Tiliopoulos, N. (2012). The affective and cognitive empathic nature of the dark triad of personality. *Personality and Individual Differences, 52*, 794-799. doi:10.1016/j.paid.2012.01.008

Walker, L. E. (1979). The Battered Woman. Harper & Row. (ウォーカー, L. E. 斎藤 学 (監訳) (1997). バタードウーマン――虐待される妻たち 金剛出版)

Webster, G. D., Gesselman, A. N., Crysel, L. C., Brunell, A. B., Jonason, P. K., Hadden, B. W., & Smith, C. V. (2016). An actor-partner interdependence model of the Dark Triad and aggression in couples: Relationship duration moderates the link between psychopathy and argumentativeness. *Personality and Individual Differences, 101*, 196-207. doi:10.1016/j.paid.2016.05.065

Weinstein, Y., Gleason, M. E., & Oltmanns, T. F. (2012). Borderline but not antisocial personality disorder symptoms are related to self-reported partner aggression in late middle-age. *Journal of Abnormal Psychology, 121*, 692-698. doi:10.1037/a0028994

Westhead, J., & Egan, V. (2015). Untangling the concurrent influences of the Dark Triad, personality and mating effort on violence. *Personality and Individual Differences, 86*, 222-226. doi:10.1016/j.paid.2015.05.031

Williams, K. M., Paulhus, D. L., & Hare, R. D. (2007). Capturing the four-factor structure of psychopathy in college students via self-report. *Journal of Personality Assessment, 88*, 205-219. doi:10.1080/00223890701268074

Williams, T. S., Connolly, J., Pepler, D., Craig, W., & Laporte, L. (2008). Risk models of dating aggression across different adolescent relationships: A developmental psychopathology approach. *Journal of Consulting and Clinical Psychology, 76*, 622-632. doi:10.1037/0022-006X.76.4.622

Wilson, M. I., & Daly, M. (1996). Male sexual proprietariness and violence against wives. *Current Directions in Psychological Science, 5*, 2-7. doi:10.1111/1467-8721.ep10772668

Wilson, M., & Daly, M. (1985). Competitiveness, risk taking, and violence: The young male syndrome. *Ethology and Sociobiology, 6*, 59-73. doi:10.1016/0162-3095(85)90041-X

Wolf, K. A., & Foshee, V. A. (2003). Family violence, anger expression styles, and adolescent dating violence. *Journal of Family Violence, 18*, 309-316. doi:10.1023/A:1026237914406

Wolf, M., van Doorn, G., Leimar, O., & Weissing, F. J. (2007). Life-history trade-offs favour the evolution of animal personalities. *Nature, 447*, 581-584. doi:10.1038/nature05835

Wolitzky-Taylor, K. B., Ruggiero, K. J., Danielson, C. K., Resnick, H. S., Hanson, R. F., Smith, D. W., ... & Kilpatrick, D. G. (2008). Prevalence and correlates of dating violence in a national sample of adolescents. *Journal of the American Academy of Child and Adolescent Psychiatry, 47*, 755-762. doi:10.1097/CHI.0b013e318172ef5f

Woodley, M. A., & Fernandes, H. B. (2014). Strategic and cognitive differentiation-integration effort in a study of 76 countries. *Personality and Individual Differences, 57*, 3-7. doi:10.1016/j.paid.2013.09.010

Yokota, K. (2012). The validity of a three-factor model in PPI-R and social dominance orientation in Japanese sample. *Personality and Individual Differences, 53*, 907-911. doi:10.1016/j.paid.2012.07.006

Zeigler-Hill, V., Besser, A., Morag, J., & Campbell, W. K. (2016). The Dark Triad and sexual harassment proclivity. *Personality and Individual Differences, 89*, 47-54. doi:10.1016/j.paid.2015.09.048

Zhang, W., Zou, H., Wang, M., & Finy, M. S. (2015). The role of the Dark Triad traits and two constructs of emotional intelligence on loneliness in adolescents. *Personality and Individual Differences, 75*, 74-79. doi:10.1016/j.paid.2014.10.

216

025

謝　辞

　本論文を執筆するにあたり，多くの先生方のご指導とご助力を賜りました。これまでの研究，および本論文の執筆は，先生方のご指導やご支援がなければ到底及ばなかったと実感しております。ここに記して感謝致します。

　指導教員であり，また，博士論文の主査を引き受けていただいた越智啓太先生には，学部の頃から合わせて8年間（学部1年次からあわせれば10年間）に渡り，丁寧かつ的確なご指導を賜りました。越智先生なくして私の研究の道はなかっただろうと思います。また，博士論文の主軸である進化心理学的アプローチの興味深さを教えていただき，そして，パートナー暴力に応用可能であることを気づかせていただきました。これまでに多くのご迷惑をおかけしてきたにも関わらず，見放すことなく，ときに優しく，ときに厳しく成長を導いていただきました。このような環境で研究させていただけたことは，今後の私自身の研究や，その後の人生において替え難い貴重な財産となりました。ここに，感謝の意を表します。

　副査をお引き受けいただいた藤田哲也先生にも，精細で大変丁寧なご指導を賜りました。また，進化心理学という専門外の分野であるにも関わらず，客観的な視点から，否定ではなく論文そのものの質を改善するための批判的で有益なご指摘を賜りました。藤田先生のご指摘がなければ，博士論文の質はもっと低いものになっていたでしょう。そして，博士論文の内容や体裁に関するご意見だけではなく，博士論文審査のプロセスや，そのときに必要な資料などについて，様々なことをご相談させていただきました。ここに，感謝の意を表します。

　広島大学の杉浦義典先生にも，副査をお引き受けいただき，温かいご指導を賜りました。杉浦先生ご自身が，私の研究の主軸である，サイコパシーを

218

はじめとする Dark Triad，パートナー暴力をはじめとする犯罪心理学，そして進化心理学的理論である生活史理論に精通されていました。その専門的知識と応用力による有益なご指摘に加え，今後の展開に関する有益なご意見を賜りました。ここに，感謝の意を表します。

越智先生，藤田先生だけでなく，法政大学心理学科で教鞭をとっていらっしゃる，専攻主任である福田由紀先生をはじめ，吉村浩一先生，高橋敏治先生，渡辺弥生先生，島宗理先生，田嶋圭一先生，そして法政大学多摩キャンパスで教鞭をとっていらっしゃる，荒井弘和先生，林容市先生にも，研究発表会を通じて，また，個別にご相談させていただくことで，多くの有益なご意見を賜りました。ここに，感謝の意を表します。

早稲田大学の小塩真司先生には，本論文の中核となったモデル検証1について，大学の枠を超えて，親身にご相談に乗っていただき，大変有益なご意見を賜りました。小塩先生のアドバイスがなければ，モデル検証1の知見が世に公表されることはなかったことでしょう。ここに，感謝の意を表します。

東京大学の川本哲也先生には，パーソナリティおよび進化心理学の専門的立場から，多くの有益なご意見を賜りました。また，統計解析手法および研究法や，本論文の中核となったモデル検証1，2について，親身にご相談に乗っていただき，有益なご意見を賜りました。さらには，今後の研究についても，大変親身にご相談に乗っていただき，その度に忌憚なくご指摘いただき，改善へ向けた有益なご意見を賜りました。ここに，感謝の意を表します。

本研究のサンプルサイズは，一介の院生が自力で取得するには非常に大きなものです。このサンプルサイズを確保できたことは，ティーチングアシスタントとして講義の補助をさせていただいた，法政大学の松本倫明先生，軽部幸浩先生，名児耶厚先生，首都大学東京の山際勇一郎先生，中央大学の岡嶋裕史先生のお力添えがあってこそ，成し遂げることができました。ここに，感謝の意を表します。

追手門学院大学の増井啓太先生，広島大学の田村紋女先生，早稲田大学の

下司忠大先生には，ダークパーソナリティを研究する仲間として，また，尊敬する先生として，大変お世話になりました。また，様々な議論を通して多くの有益なご意見を賜りました。私が本研究の主軸の一つである Dark Triad の研究に着目したのは，実は，博士後期課程の 2 年目で，当時はダークパーソナリティについてまったくの無知でした。しかし，先生方のおかげでダークパーソナリティについて深く学ぶことができ，さらには，博士論文として主軸にできるまで勉強させていただきました。そして，研究に関する議論はもちろん，日常的な様々なご相談もさせていただいております。ここに，感謝の意を表します。

　栃木県警察科学捜査研究所の萩野谷俊平先生には，唯一の直属の先輩として，博士後期課程までに多くの点でお世話になりました。研究のご相談はもちろんのこと，その後の進路や，日常的なご相談にも親身に乗っていただきました。また，博士号を取得された先輩として，博士論文提出前後にすべきことなどを詳細にご相談させていただきました。ここに，感謝の意を表します。

　日本工業大学の山口剛先生には，山口先生が法政大学に在学中から今日に至るまで，研究室の枠を超えて，多くの有益なご意見を賜りました。特に，多くの高度な統計解析やその実践方法について，大変有益なご意見を賜りました。また，法政大学で博士号を取得した先輩として，詳細なアドバイスを賜りました。ここに，感謝の意を表します。

　法政大学心理学専攻にて，共に研究の道を歩んでいる方々にも大変お世話になりました。

　先輩であり，今はよき飲み仲間である安正鎬さんには，博士論文執筆中も多くのことをご相談させていただき，絶えず温かい励ましの言葉を賜りました。安さんの客観的で達観した人柄に，何度も救われました。ここに，感謝の意を表します。

　同期の研究仲間である押尾恵吾さんには，お互いの研究について気兼ねな

く様々な議論をさせていただき，切磋琢磨してきました。また，英語での論文執筆や学会発表にあたり，様々な有益なアドバイスを賜りました。ここに，感謝の意を表します。

　同期であり同じ研究室の一員である新岡陽光さんには，研究に関する多くの議論をさせていただき，大変有益なご意見をいただきました。また，英語やプログラミングに関する知識など，幅広くご教授いただきました。ここに，感謝の意を表します。

　先輩である梶井直親さんには，同時期に博士の学位を申請した方として多くの情報を共有していただき，また，お互いの論文の質を高めるための議論を重ねていただきました。ここに，感謝の意を表します。

　名古屋大学の松本昇さんには，学部時代から共に研究職を志望してきた腐れ縁もとい戦友として，研究のご相談をはじめ，今後の進路から日常的な細かなことまでここでは書ききれないほど多くのことを議論し，ご相談させていただいております。松本さんは，頼るべきときに安心して頼れる存在であり，博士論文の執筆時のみならず，多種多様の多くの問題に直面した際にも，心強い存在でした。ここに，感謝の意を表します。

　お世話になった方々，挙げればきりがありません。ここで挙げることができなかった方々，先生方をはじめ，調査に協力していただいた研究協力者の方々，そして，これまでの研究生活を見守っていただいた両親ときょうだいに，深謝いたします。

　これまでの研究活動を通して，様々な問題に直面してきました。しかし，どのような問題に直面したときであっても，多くの方々に手を差し伸べていただき，また，温かく，そして優しく見守っていただきました。同時に，多くのことを学ばせていただき，また，多様な人間模様を垣間見ることができました。今後の人生の中で，このような方々に少しでも恩返しできるよう精進していきたいと思います。

　なお，本書は独立行政法人日本学術振興会令和元年度（2019年度）科学研

究費助成事業（科学研究費補助金）（研究成果公開促進費）JP19HP5182の助成を
受けて刊行するものです。最後になりましたが，風間書房の風間敬子様には
出版について多くのご助言をいただきました。深く感謝いたします。
　皆様，ありがとうございました。

喜入　暁

著者略歴

喜入　暁（きいれ　さとる）

2014年　法政大学大学院人文科学研究科心理学専攻修士課程修了
2018年　法政大学大学院人文科学研究科心理学専攻博士後期課程修了
　　　　博士（心理学）
　　　　東京大学大学院教育学研究科附属学校教育高度化・効果検証センター
　　　　特任研究員
2019年　大阪経済法科大学法学部助教
現在に至る

パートナーに対する暴力のメカニズム
　　　―Dark Triad と生活史戦略による個人差に対するアプローチ―

2019年9月30日　初版第1刷発行

　　　　　　　　　　著　者　喜　入　　　暁

　　　　　　　　　発行者　風　間　敬　子

発行所　　株式会社風間書房
〒101-0051　東京都千代田区神田神保町 1-34
電話 03(3291)5729　FAX 03(3291)5757
振替 00110-5-1853

印刷　太平印刷社　　製本　井上製本所

©2019　Satoru Kiire　　　　　　　　　NDC 分類：140
ISBN978-4-7599-2295-0　Printed in Japan
JCOPY〈㈳出版者著作権管理機構　委託出版物〉
本書の無断複製は，著作権法上での例外を除き禁じられています。複製される
場合はそのつど事前に㈳出版者著作権管理機構（電話 03-5244-5088，FAX 03-
5244-5089，e-mail: info@jcopy.or.jp）の許諾を得てください。